크리에이터
이코노미

크리에이터 이코노미

초판 1쇄 발행 2023년 3월 31일

지은이 안정기, 박인영

펴낸이 조기흠
책임편집 박의성 / **기획편집** 이지은, 유지윤, 전세정
마케팅 정재훈, 박태규, 김선영, 홍태형, 임은희, 김예인 / **제작** 박성우, 김정우
디자인 문성미 / **교정교열** 조민영

펴낸곳 한빛비즈(주) / **주소** 서울시 서대문구 연희로2길 62 4층
전화 02-325-5506 / **팩스** 02-326-1566
등록 2008년 1월 14일 제 25100-2017-000062호

ISBN 979-11-5784-652-8 03320

이 책에 대한 의견이나 오탈자 및 잘못된 내용에 대한 수정 정보는 한빛비즈의 홈페이지나
이메일(hanbitbiz@hanbit.co.kr)로 알려주십시오. 잘못된 책은 구입하신 서점에서 교환해드립니다.
책값은 뒤표지에 표시되어 있습니다.

⌂ hanbitbiz.com ❑ facebook.com/hanbitbiz ❑ post.naver.com/hanbit_biz
▶ youtube.com/한빛비즈 ❑ instagram.com/hanbitbiz

지금 하지 않으면 할 수 없는 일이 있습니다.
책으로 펴내고 싶은 아이디어나 원고를 메일(hanbitbiz@hanbit.co.kr)로 보내주세요.
한빛비즈는 여러분의 소중한 경험과 지식을 기다리고 있습니다.

유튜브부터 챗GPT까지
나만의 방식으로
경제적 자유를 획득하는
웹3.0 시대 새로운 수익의 기술

크리에이터 이코노미

안정기·박인영 지음

CREATOR
ECONOMY

HB 한빛비즈
Hanbit Biz, Inc.

크리에이터

창작자라는 의미의 '크리에이터Creator'는 유튜브, 인스타그램, 로블록스처럼 콘텐츠를 제작해 온라인 플랫폼에 올리는 개인이나 집단을 말한다. 자신이 열정을 가진 분야의 콘텐츠로 팬덤 fandom을 형성해 이 일을 지속할 수 있는 사업으로 만드는 창업가 entrepreneur로 그 의미가 확장되고 있다.

오디언스

크리에이터의 콘텐츠를 시청하고, 댓글, 채팅 등에 참여하는 사람들. 디지털에서 오디언스Audience들은 점차 특정 크리에이터에게 강력한 지지를 표명하는 팬의 개념으로 확장되고 있다. 또한 팬으로서 자신이 좋아하는 크리에이터를 후원하고 지지하기 위해 유료구매에 나서는 고객 집단이 되기도 한다.

웹1.0과 웹2.0

웹1.0은 정보를 검색하고 읽게 해 주는 인터넷 기술이다. 1994년부터 2004년까지의 시기에 해당하며 검색, 이메일, 웹사이트가 대표적인 서비스다. 이때 사용자의 활동은 정보의 읽기, 즉 소비에 국한되었다read only web. 2004년 이후 현재까지 계속되고 있는 웹 2.0은 사용자가 직접 콘텐츠를 생산하여 쌍방향으로 소통할 수 있도록 하는 인터넷 기술이다read-write web. 소셜 미디어, 블로그, 온라인 커뮤니티, 온라인 백과사전이 대표적이며, UGC(User-Generated Content, 사용자 제작 콘텐츠)에 의한 정보의 공유와 참여가 특징이다.

웹3.0

탈중앙화와 개인의 콘텐츠 소유가 특징인 차세대 인터넷 기술 read-write-own web. 웹3.0에서는 블록체인 기술을 바탕으로 중개자 없이도 콘텐츠의 디지털 소유권을 검증하고 신뢰성 있게 거래할 수 있다. 웹3.0의 대표적인 요소인 NFT(Non-Fungible Token, 대체 불가능한 토큰)는 디지털 콘텐츠에 소유권과 재산권을 부여해 개인 소비자들이 크리에이터의 콘텐츠를 직접 구매, 소장, 후원, 재판매할 수 있게 하는 기술이다.

블록체인

'블록'이라고 하는 소규모 데이터를 P2P(Peer-to-Peer, 개인 간 네트워크) 방식으로 생성된 체인에 분산 저장하는 기술. 해시 함수, 합의 알고리즘, 디지털 서명 등의 기술을 사용해 중앙 서버에 의한 데이터베이스 운영 및 관리가 없이도 콘텐츠의 원본 진위 및 소유 증명이 가능하다.

메타버스

가상, 추상을 의미하는 '메타meta'와 현실세계를 의미하는 '유니버스universe'의 합성어로 가상 공간에서 사회적 관계를 맺으며 모든 활동을 할 수 있는 시스템을 의미한다. 메타버스에서는 사람들이 실제 모습이 아니라 가상의 자아인 '아바타'의 모습으로 자신을 표현하는 것이 특징이다.

버추얼 인플루언서

실제 존재하지는 않지만 스트리밍 플랫폼을 위주로 활동하는 가상의 캐릭터. 모션캡처 기술로 사람의 표정과 움직임을 모사할 수 있게 되면서 가상으로 만들어진 모습으로 스트리밍 방송에서 활동한다. 엔터테인먼트, 음악, 예능 등의 장르에서 아이돌 못지않은 강력한 팬덤을 형성하기도 한다.

생성형 AI

텍스트, 이미지, 오디오, 코드, 동영상 등 기존 데이터를 학습해 새로운 콘텐츠를 만들어 내는 인공지능 기술이다. 생성형 AIGenerative AI는 딥러닝 기술을 통해 기존 콘텐츠의 패턴을 학습해 이와 유사하면서도 새로운 콘텐츠를 생성한다. 대표적인 생성형 AI로는 인간과 대화를 나누고 질문에 답할 수 있는 대화형 챗봇 기능을 가진 '챗GPT'가 있다.

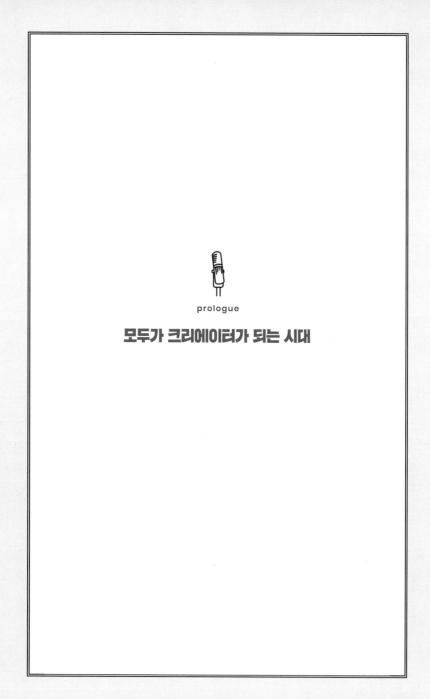

prologue

모두가 크리에이터가 되는 시대

‘창작’은 인류의 역사와 함께 존재해 온 인간의 영원한 유희이자 본능이다. 수만 년 전 선조들은 목탄으로 동굴에 벽화를 남겼고, 오늘날 우리는 스마트폰으로 찍은 사진을 인스타그램에 올리고 있다.

인간은 창작을 통해 가상의 세계를 실체화하고, 평범한 일상을 새롭게 환기하며, 타인이 공감할 수 있는 이야기로 풀어낸다. 그 과정에서 기술의 진화는 창작 도구를 발전시켜 보다 많은 사람이 창작에 쉽게 접근할 수 있게 했고, 인터넷의 등장은 창작의 결과물을 전 세계와 연결했다. 한동안 예술가에게 한정되었던 창작의 영역이 이제 누구나 자신의 창조성과 전문성을 통해 돈과 영향력을 얻을 수 있는 ‘직업’이 된 것이다.

우리는 이처럼 자신만의 콘텐츠를 창작하는 사람을 ‘크리에이터’라고 부른다.

크리에이터는 디지털 시대의 개척자이다. 이들은 기존 미디어들은 생각지도 못한 빠른 속도, 니치한 버티컬 그리고 독창성을 바탕으로 기존에 없던 새로운 콘텐츠를 만들어 냈다. 이들은 개인 혹은 소규모 그룹이지만 자신만의 아이디어를 최신의 기술을 이용해 콘텐츠로 창작하고 커뮤니티를 구축했을 뿐만 아니라 수익화 시스템을 갖추며 생산성과 효율성이라는 측면에서 빠르게 기존의 미디어 시장을 잠식해 나갔다.

또한 이들은 단순히 창작자에 머물지 않고 자신이 만든 콘텐츠를 기반으로 전례 없이 빠른 속도로 새로운 비즈니스를 만들어 가는 창업가로 성장했다. 인스타 셀럽에서 자신만의 화장품 브랜드를 창업해 전 세계 최연소 빌리어네어가 된 카일리 제너, NFT를 통해 음반을 발매해 최초의 웹3.0 뮤지션으로 등극한 대니얼 앨런, 유튜브 크리에이터로 시작해 국내 대표 버추얼 인플루언서 소속사를 창업한 우왁굳 등이 대표적이다. 이들은 콘텐츠에서 시작해 자신만의 업을 만들어 냈다.

이러한 변화의 근간에는 크리에이터 이코노미가 있다. 크리에이터 이코노미는 개인이 콘텐츠 창작을 통해 부가가치를 창출하는 새로운 경제 체제이자 시스템이다. 이 경제 시스템 속에서 다음 세기를 이끌어 갈 가능성과 직업 그리고 부가 만들어지고 있다. 2010년경 시작되어 이제 10여 년이 경과한 크리에이터 이코노미는 일시적인 트렌드가 아니라 자신만의 콘텐츠를 보유한 개인 누구나 창업가로 성장할 수 있는 거대한 경제 시스템으로 자리 잡았다. 즉, 자본이 아닌 콘텐츠를 레버리지해 성장을 달성하는 독자적인 선순환의 플라이휠을 개인도 만들 수 있게 된 것이다.

주변에서 이러한 기회에 올라탄 사람들을 어렵지 않게 찾을 수 있다. 앞으로 자기만의 경험, 생각, 전문성, 표현력이 축적된 '콘텐츠 자본'은 더욱 중요해질 것이다.

평범한 사람들의 비범한 영향력이 도처에 있는 시대.
미래는 모두가 크리에이터가 되는 시대다.

크리에이터 이코노미의 발전 궤적을 살펴보면 크리에이터에게 더 많은 권한empowerment을 주는 방향으로 진화하고 있다. 이를 통해 콘텐츠 자본을 가진 개인들은 더 자유로운 창작의 환경에서 활동하고, 경제적 자유를 누릴 수 있을 만큼의 보상을 기대할 수 있게 될 것이다. 여기서 경제적 자유란 단순히 돈을 빠르게 많이 벌어 은퇴한다는 뜻이 아니다. 바로 나만의 콘텐츠 창작 능력으로 내가 주도하는 경제 활동을 하고, 나의 가치가 인정받고, 나로서 사랑받는다는 것이다. 즉, 크리에이터 이코노미는 단순히 수익의 기술이 아닌, 개인이 콘텐츠를 통해 '나로서의 자유'를 얻을 수 있는 시스템이라고 할 수 있다.

성공하는 크리에이터의 공통적인 특징은 자신만의 크리에이터 이코노미를 구축했다는 것이다. 크리에이터는 자신만의 시스템을 구축할 때까지 탐색하고, 실험하고, 시행착오를 거쳐 자신의 방식을 만들어 내야 한다.

크리에이터 이코노미는 계속 진화하고 있다. 웹2.0과 개인 미디어의 등장이 크리에이터 이코노미를 탄생시켰다면, 웹3.0은 콘텐츠와 데이터의 통제권을 탈중앙화해 더 자유롭고 풍요로운 크리에이터 중심의 경제를 만들어 가고 있다. 메타버스, 웹3.0, NFT, 챗GPT를 필두로 한 생성형 AI 등 다양한 기술과 접목되며 크리에이터 이코노미의 규모와 가능성은 점차 확장되고 있다. 이제는 코딩을 할 줄 몰라도 로블록스에서 제공하는 툴을 사용해 게임을 개발하고 판매할 수 있고, 내가 그린 그림, 창작한 음악, 디지털 아이템을 NFT로 발행할 수도 있다.

특히 인공지능의 발전으로 창작의 장벽이 낮아지고 생산성이 높아지는 속도와 방식에 특이점이 왔다. 챗GPT와 스테이블 디퓨전Stable Diffusion 같은 생성형 AI의 도움을 받으면 블로그, 웹소설, 동영상, 일러스트, 책 집필에 들어가는 시간을 불과 몇 분으로 획기적으로 줄일 수 있으며, 웹툰 AI 페인터, 웹툰미, 투닝 같은 웹툰 창작 인공지능 기술을 통해 누구나 보다 쉽게 웹툰 작가에 도전할 수 있다.

이 책은 4개의 파트로 구성되어 있다. 파트1에서는 전체적인 개론으로서 크리에이터 이코노미의 정의와 규모를 살펴본다. 또한 팬덤 경제에서 중요한 개념인 '1,000명의 찐팬 이론'과 관련 사례들을 다룬다. 크리에이터 이코노미의 3가지 주요 특징인 ① 평범한 개인이 생산자이자 창업가가 되는 경제 ② 팬과의 상호작용으로 만들어지는 팬덤 경제 ③ 다양한 수익 창출 시스템이 있는 경제에 대해서도 자세히 알아볼 것이다. 그리고 최근 큰 화두인 생성형 AI가 크리에이터 이코노미에 미칠 영향을 알아본다.

파트2와 파트3에서는 크리에이터 이코노미의 발전을 총 3단계로 분류하고 크리에이터 이코노미의 진화를 이끄는 요인을 분석한다. 크리에이터 이코노미의 진화 방향은 일관적이다, 바로 크리에이터의 자율권이 강화되어 간다는 것이다. 크리에이터는 점차 방송국, 소속사, 플랫폼 등 모든 중개자에 대한 의존도가 낮아지며, 자신의 오디언스와 더욱 직접적인 관계를 만들어 가게 된다.

크리에이터 이코노미1.0은 '1인 미디어'의 출현이라는 웹2.0 환경에서 태동한 '경제 모델의 탄생' 단계이다. 누구나 자기만의 미디어를 갖게 되는 다多플랫폼, 다채널 환경에서 크리에이터가 콘텐츠 공급의 주역으로 부상하면서 플랫폼 광고와 브랜드 협찬 광고로 수익을 창출하는 크리에이터 중심의 콘텐츠 경제가 탄생한 것이다. 크리에이터가 만든 다양한 사용자 제작 콘텐츠UGC, User Generated Content가 소셜미디어에서 큰 인기를 얻으며 이들의 영향력이 확대되었고, 크리에이터는 인플루언서로서 마케팅 파워를 갖춤으로써 기존 산업을 뒤흔드는 존재가 되었다.

크리에이터 이코노미2.0은 크리에이터가 자신의 영향력을 활용해 팬으로부터 직접 후원, 구독, 커머스의 형태로 수익을 창출하는 'D2C$_{\text{Direct-To-Consumer}}$'로의 진화 단계이다. 크리에이터는 자신의 팬들에게 콘텐츠와 상품을 직접 판매함으로써 크리에이터 이코노미1.0에 비해 수익을 다각화하고 광고주와 플랫폼에 대한 의존성을 낮출 수 있다. 이 과정에서 크리에이터는 수익성 개선 및 구독, 커머스로의 사업 확장을 위해 SaaS$_{\text{Software as a Service}}$ 형태로 자신에게 필요한 서비스를 취사선택하며 스스로 자신의 비즈니스 생태계를 구축해 나간다. 특히 구독은 크리에이터와 팬의 지속적인 경제 관계라는 측면에서 매우 중요한 수익 모델이 된다.

크리에이터 이코노미3.0은 웹3.0 기술과 문화에서 비롯한 '콘텐츠 소유권의 디지털화'와 'P2P 경제 모델'을 특징으로 한다. 크리에이터는 자신의 콘텐츠 소유권을 디지털화해 자유롭게 거래하고 이전할 수 있으며, 특히 여기서 생겨난 데이터 통제권을 자율적으로 행사할 수 있게 된다. 따라서 음악, 아트, 게임, 엔터테인먼트 산업 등 많은 콘텐츠 영역에서 중간 매개자의 힘은 줄어들고, 크리에이터와 오디언스가 콘텐츠 경제의 주인공으로서 성장의 경제적 가치를 함께 나눌 수 있는 구조가 된다.

이런 관점에서 기존에는 콘텐츠 소비자라는 역할에 국한되었던 오디언스가 중요해진다. 오디언스는 NFT를 소유하거나 DAO에 참여함으로써 창작자 발굴과 후원, 크라우드 펀딩, 커뮤니티 운영, 2차 창작 등 콘텐츠 생산 역할에 참여한다. 여기서 주목할 새로운 개념이 바로 OSMCOne Source Multi-Creativity이다. 하나의 IP에 얼마나 많은 다른 크리에이터들의 창의성을 모을 수 있는 지가 콘텐츠의 성공을 결정한다. 즉, 자신이 만든 오리지널 IP를 다른 크리에이터들이 변형해 사용할 수 있도록 권한을 분산하는 것이다. 이를 통해 여러 장르를 넘나들며 오리지널 콘텐츠를 변형하고 재창작하여 더 많은 사람을 끌어모은다. 중앙화된 콘텐츠 경제가 아닌 다양한 사람들의 분권화된 크리에이티비티를 통해 오리지널 IP를 성장시키는 방식이 등장할 수 있는 것이다.

파트4에서는 생성형 AI가 바꿔 갈 크리에이터 이코노미의 미래에 대해 다룬다. 크리에이터가 챗GPT로 대표되는 생성형 AI를 창작 주제에 맞는 샘플들을 빠르게 제작하는 창작 파트너로 활용해 제작 공정과 시간을 단축한다면 생산성을 크게 높일 수 있다. 생성형 AI는 블로그, 팟캐스트, 웹툰 등 텍스트나 동영상, 이미지 기반의 콘텐츠뿐만 아니라 높은 제작 기술이 필요한 애니메이션 캐릭터나 게임, 영화 등과 같은 고품질 콘텐츠까지 제작 가능하다. 생성형 AI가 타인의 콘텐츠를 도용하고 저작권을 침해하는 '카피 AI'로 활용될 수 있는 윤리적 문제와 이를 해결하기 위한 크리에이터 이코노미의 과제도 함께 알아본다.

"시대상을 읽으려면 초등학생들의 장래희망을 살펴보라"는 말이 있다. 교육부와 한국직업능력연구원에서 매년 발표하는 초등학생 장래희망 순위에서 크리에이터는 2018년부터 줄곧 5위권 안에 있으며, 2022년에는 의사, 경찰보다 높은 3위를 차지했다. 내가 좋아하고, 노력해 만든 콘텐츠로 인정받고 성공할 수 있으며, 이에 대한 보상을 받을 수 있는 크리에이터 이코노미는 MZ세대는 물론 알파세대가 갈망하는 미래와 부합한다. 또한 크리에이터 이코노미는 그들이 만들어 갈 문화가 될 것이다. 인터넷의 여러 산업 중에서도 가장 젊고, 성장을 위해 새로운 기술과 체제를 흡수하려는 크리에이터의 의지도 높다.

지금은 새로운 기술과 트렌드를 포착해 이를 자신의 목표와 성장의 도구로 사용할 수 있는 사람이 성공하는 시대다. 콘텐츠로 담아낼 수 있는 창조성, 유연성, 전문성, 공감 능력을 가진 개인의 가치는 그 어느 때보다 높아지고 있다. 대기업에 취직하는 것이 인생의 목표고, 그러기 위해 대학을 다니고 엑셀을 배워야 했던 시대에서 '나답게 사는' 방식을 추구하고, AI 창작 툴을 통해 자신만의 관점과 아이디어를 표현하며, 디지털 플랫폼에서 사람의 마음을 살 수 있는 능력을 가진 사람이 신흥 부자가 되는 크리에이터의 시대로 바뀌었다. 이는 산업혁명 이후 수백 년간 지속된 기업 주도의 생산 경제에서 평범한 개인으로 권력이 분산, 재편되는 패러다임 시프트라고 할 수 있다. 이 책을 통해 보다 많은 사람이 나의 콘텐츠, 나의 브랜드로 '나답게 사는' 크리에이터로 성장하는 데 도움이 되었으면 한다.

끝으로 이 책의 집필 동기를 밝히면, 해당 산업의 종사자로서

이 거시적인 변화를 '크리에이터 이코노미'라는 키워드로 정리하고자 했다. 필자들은 산업의 태동 초기부터 크리에이터의 성장을 함께 고민했고, 지난 10년간 관련 산업에 몸담으며 발전 과정을 실시간으로 체감할 수 있었다. 이 과정에서 매년 다양한 변화와 혁신이 탄생했는데, 이를 정리해 더 많은 사람에게 크리에이터 이코노미가 가진 가치를 알리고 싶다는 신념을 가지고 이 책을 집필하게 되었다.

유튜브에서 시작된 크리에이터 이코노미는 웹3.0과 챗GPT 같은 AI를 통해 새로운 가능성을 만나며 무한히 확장되고 있다. 오늘도 치열한 창작의 고민 속에서 새벽을 맞이하고 있을 크리에이터들 그리고 나만의 콘텐츠로 새로운 기회를 찾고 싶은 분들께 이 책이 길잡이가 되길 바란다. 더불어 해당 책의 견해는 필자들이 소속된 조직의 입장과는 별개인 점을 밝힌다.

이야기를 시작하며

"어제는 브뤼셀에서 제 그림이 400프랑에 팔렸다는 소식을 테오가 전해 주었어요. 다른 그림이나 네덜란드 물가를 생각해 본다면 얼마 안 되는 돈이지만, 그럴수록 제대로 된 가격에 팔릴 작품을 계속 만들어 낼 수 있도록 열심히 노력할 생각입니다. 자신이 먹은 빵을 직접 일해서 벌어야 한다면 저는 아주 많은 돈을 벌어야만 하거든요."

＊ 1890년 2월 15일 반 고흐의 편지

평생을 가난하게 살다 간 창작자, 반 고흐

흔히 창작자로서의 삶은 배고프다는 이야기를 많이들 한다.

그래서 누가 작가, 화가, 영상 제작자의 길을 업으로 삼겠다고 하면 대개 주변 사람들이 극구 말리며 배곯을 걱정부터 한다. 아니면 반대로 '창작의 길은 원래 배고프다', '좋아하는 일을 하기 위해서는 열악한 생활은 감수해야 한다'라며 창작자의 가난을 당연시하기도 한다.

오랫동안 우리는 독립적으로 작업하는 창작자들은 먹고살기 어렵다는 통념을 간직해 왔다. 역사적으로 창작 활동을 통해 돈을 버는 사람은 소수였고, 천재적인 재능을 타고났거나 운이 따라 줘야 창작 활동이 부로 이어진다고 생각했다. 작곡을 하거나 그림을 그리거나 영화를 제작하는 일은 숭고하고 멋지지만 웬만해서는 이런 일들로 생계를 유지하기가 어렵다고 단정했다.

위대한 화가 중 한 명으로 꼽히는 네덜란드의 반 고흐Vincent Van Gogh는 빛과 사물을 포착하는 천재적인 재능으로 미술사에 길이 남을 독창적인 화풍을 탄생시켰다. 하지만 그가 살아 있는 동안 작품들은 제대로 조명 받지 못했고 이로 인해 그는 평생 가난에 시달렸다. 고흐는 약 2,000점의 그림을 남겼는데 생전에 판매한 그림은 단 한 점으로, 그가 죽기 2년 전 프랑스 남부 아를에서 완성한 〈아를의 붉은 포도밭〉(1888)이라는 작품뿐이었다(이 그림은 400프랑에 팔렸는데, 요즘 시세로는 약 2,000달러다. 현재 이 작품은 보험가액으로만 당시의 4만 배, 약 8,000만 달러 이상으로 평가받고 있다). 그는 화가로 활동하는 동안 생활비를 전적으로 동생 테오Theo Van Gogh에게 의지할 수밖에 없었고, 때로는 돈이 없

고흐가 생전에 판매한 단 한 점의 그림 〈아를의 붉은 포도밭〉

어 물감을 먹기도 했다.

생전에 고흐는 자신의 재능을 세상에 널리 알리고 작품의 가치를 알아줄 수 있는 대중과 만날 기회가 없었다. 그 시대에 예술가들이 재능을 알릴 수 있는 통로는 아카데미즘을 중심으로 한 전문가들뿐이었기에, 고흐의 독창적인 작품은 사람들에게 알려질 기회조차 얻지 못했다. 그의 재능을 알아주고 그가 무명의 고통 속에서도 수많은 작품을 그릴 수 있도록 지원했던 사람은 동생 테오뿐이었다. 테오가 고흐의 유일한 후견인이자 팬fan이었던 것이다.

상상에 불과하지만 만약 고흐가 SNS에 자신의 작품을 올리고 소비자들과 직접 소통할 기회가 있었다면, 생전에 더 많은 사람들이 그의 진가를 알아볼 수 있지 않았을까? 적어도 그가 그린 2,000점의 그림을 매일 한 점씩 인스타그램에 업로드했다면, 최소 수천 명의 팔로워를 모을 수 있었을 것이다. 만일 어떤 후원 플랫폼을 통해 그가 팬을 모으고 직접 후원금을 모금할 수 있었다면 어땠을까? 그는 주변 사람들에게 그의 예술혼과 고독한 내면이 담긴 수백 통의 편지를 썼는데, 자신의 생각을 블로그에 남기고 독자들과 소통하는 방법도 생각해 볼 수 있었을 것이다. 당시 미술계 전문가들은 반 고흐의 스타일이 너무 거칠고 낯설다고 생각했지만, 그의 그림을 접한 일부 대중은 그의 그림과 '반 고흐'라는 인물에 흥미를 느꼈을지도 모를 일이다. 그랬다면 그의 작품을 이해해 주는 사람이 하나둘 늘어나면서 '구독'과

'좋아요'의 응원 그리고 다양한 '후원'을 통해 그는 자신의 생계를 해결하고 창작 활동을 이어 나갈 수 있었을지 모른다.

NFT 작품 하나로 780억 원을 번 디지털 아티스트 비플

2007년 5월부터 매일 하루에 한 작품씩 인터넷에 올리던 사람이 있었다. 바로 비플Beeple이라는 예명으로 활동하는 미국의 디지털 아티스트 마이크 윈켈만Mike Winkelmann이다. 그는 고흐와 공통점이 있는데, 비전공자에 늦깎이 예술가라는 것이다(고흐는 목사 지망생으로 화랑에서 일했고, 비플은 컴퓨터공학과 출신의 웹디자이너였다). 초기에는 손으로 간단한 그림을 그리던 그는 나중에는 3D 작업으로 꽤 근사한 작품을 제작했다. 어떨 때는 작품을 완성한 후 SNS에 업로드하는 데 1분밖에 걸리지 않은 경우도 있었다. 그는 미술계에서는 무명에 가까웠으나 자신의 작품을 인스타그램, 페이스북, 유튜브, 텀블러 등을 통해 공개하며 점차 인지도를 높여 갔다.

비플은 2021년 3월 자신이 14년 동안 매일 한 장씩 그렸던 작품 5,000점을 하나로 묶어 NFT(Non-Fungible Token, 디지털 자산의 소유를 증명하는 대체 불가능한 토큰) 파일로 제작한 뒤 경매에 내놨다. 작품명은 〈매일: 첫 5,000일Everydays: The First 5000 Days〉로, 크리스티 옥션에서 이날의 시작가는 100달러였다. 하지만 놀랍게도 그의 작품은 6,930만 달러(약 780억 원)에 최종 낙찰되어 전 세계의 주목을 받았다. 실물이 아닌 NFT로 팔린 작품 중에

세계에서 가장 비싸게 팔린 NFT 작품 〈매일: 첫 5,000일〉
출처: 크리스티옥션

는 최고가였으며, 폴 고갱, 프리다 칼로 등 유명 화가의 작품보다 더 비싸게 팔린 것이다. 이로써 그는 현존하는 작가 중 제프 쿤스와 데이비드 호크니에 이어 세 번째로 비싼 작가가 되었다.

비플은 어떻게 세계에서 가장 비싼 작가가 될 수 있었을까? 사실 그는 비전공자였으나 그래픽 디자이너로 활동하며 다양한 AR, VR 작품 등을 만들고, 애플, 나이키 같은 세계적 기업들의 광고 제작에도 참여한 바 있는 실력자였다. 2007년 매일 한 편씩 온라인에 작품을 올리기로 마음먹은 뒤, 그는 자신의 작품을 인터넷에 적극 홍보했다. 처음에는 단순하게 종이에 스케치한 작품들을 올렸지만, 점차 3D 모델링 소프트웨어를 사용한 다양한 디지털 아트 작품을 올리기 시작했다. 초현실적이면서 유머와 사회풍자 요소가 있는 그의 작품은 온라인에서 점차 인기를 끌었다.

그는 자신의 디지털 작품을 누구나 보고 공유할 수 있도록 트위터, 유튜브, 인스타그램, 텀블러, 비핸스(디자이너 포트폴리오 공유 서비스) 등에 올렸다. 이처럼 그가 꾸준히 여러 소셜미디어를 통해 활동하자 그의 작품들은 입소문이 나기 시작했고, 그중 일부는 대중의 폭발적인 반응을 일으키기도 했다. 또한 루이비통 같은 세계적인 브랜드 외에 저스틴 비버, 케이티 페리를 비롯한 유명 셀럽들과 콜라보도 진행했다.

그러던 2020년 가을, 그는 우연히 NFT 아트를 알게 되었다.

작가들이 NFT를 통해 자신의 작품을 직접 수익화할 수 있다는 것과, 무명에 가까웠던 작가들도 NFT를 매개로 전 세계 사람들과 소통하고 수익을 창출할 기회가 생겼다는 것이 그의 흥미를 끌었다. 그는 2020년 10월 니프티 게이트웨이 마켓플레이스를 통해 첫 NFT 작품을 판매했고, 이후 몇 차례 더 작품을 발매했다. 이 경험을 토대로 그는 2021년 3월 자신의 〈Everydays〉 프로젝트 작품들을 단일 NFT로 만들어 세계적인 미술품 경매 회사 크리스티에 내놨는데, 이 작품이 대박이 난 것이다.

미술계에서 무명에 가까웠던 비플의 작품이 이렇게 비싸게 팔리게 된 이유는 무엇일까? 다음 3가지로 분석해 볼 수 있다.

첫째, 그는 소셜미디어에서 이미 인플루언서였다. 미국 사우스캐롤라이나주 출신인 그는 지역 기반의 명성이 아닌 여러 소셜미디어 플랫폼을 통해 전 세계 팔로워 250만 명과 꾸준히 감상을 공유했다. 이는 앞으로 아티스트들이 세계적인 대회에 입상하거나 컬렉터의 선택 같은 과거의 성공 방식에 구애받지 않고, 자신의 창작물을 가지고 직접 전 세계 사람들과 지속적으로 교류하며 인정받고 스타가 될 수 있음을 상징적으로 보여 준다.

둘째, 그는 쉬지 않고 꾸준히 진정성 있게 창작을 했다. 그는 지난 5,000여 일 동안 자신의 작품을 매일 같이 온라인에 올렸다. 그는 창작성뿐 아니라 진정성을 세상에 보여 준 것이다. 그의 성실함과 진정성에 세계의 많은 사람들이 감동했고, 그를 구독

하고 '좋아요'를 누르며 그의 작품을 온라인상에서 활발하게 공
유했다.

셋째, 그는 자신의 작품을 수익화할 수 있는 NFT라는 새로운
기술에 적극 합류했다. 많은 순수 아티스트들은 자기 작품이 상
업적으로 비치는 것을 경계하고, 소셜미디어나 새로운 기술과 결
합하는 것을 두려워한다. 하지만 비플은 이런 흐름에 적극적으
로 동조했고 이를 영리하게 활용했다.

여기서 다시 몇 가지 가정과 질문을 해 보자. 만일 반 고흐
가 인스타그램 계정이나 유튜브 채널을 열고 단 1,000명의 팬이
라도 직접 모을 수 있었다면 그의 인생은 달라졌을까? 만일 그
가 NFT로 작품을 발행할 수 있었다면 어떻게 됐을까? 아니, 예
술가는 항상 배가 고파야만 할까? 창작으로 돈을 벌기 위해서는
반드시 엄청난 재능이 있어야 할까? 우리는 이미 알고 있다. 뛰
어난 아티스트가 아니더라도 누구나 콘텐츠를 통해 돈을 벌고
사업적 기회를 가질 수 있는 시대가 이미 와 있다는 것을.

PART 1

개인 창작자가 만드는 새로운 경제 생태계, '크리에이터 이코노미'가 온다

> 지금은 미디어 산업의 변곡점이며 인터넷의 제3의 물결이 일어나고 있습니다. 첫 번째 물결에서는 온라인에서 아무도 돈을 벌거나 쓰지 않았습니다. 두 번째 물결에서는 광고를 통해 수익이 발생했지요. 세 번째 물결에서는 크리에이터와 직접적인 연결을 통해 수익이 발생하고 창작을 하게 될 것입니다.

＊ a16z 창업자 마크 앤드리슨

크리에이터 이코노미의 주역, 크리에이터와 오디언스

Chapter 01

최근 실리콘밸리의 빅테크 회사를 비롯해 수많은 벤처캐피탈들이 주목하는 키워드가 있다. 바로 '크리에이터 이코노미Creator Economy'다. 크리에이터 이코노미란 크리에이터(창작자)가 콘텐츠를 통해 자신들의 팬을 구축하며 이루는 디지털 경제를 말한다.

벤처캐피탈 시그널파이어Signal Fire에 따르면 전 세계에서 크리에이터로 활동하는 인구는 5,000만 명으로, 그 숫자가 대한민국 인구에 육박한다. 또한 영국 기업 인플루언서마케팅허브에 따르면 2022년 크리에이터 이코노미의 시장 규모는 약 140조 원(1,042억 달러)으로 추정[1]되는데, 이는 2022년 전 세계 영화 산업 시장의 추정 규모인 약 104조 원(767억 달러)[2]보다 35조 원 이상 크고, 코로나 이전인 2019년의 영화 시장 규모인 약 130조 원 (1,011억 달러)[3]보다도 많다.

이처럼 크리에이터 이코노미는 먼 미래가 아니라 이미 우리의 현실에 상당한 참여자와 시장 규모를 갖추고 있는 전 세계적인 거대 경제 체제라고 할 수 있다. 특히 그 시장의 성장 속도가 긱 이코노미 초기와 비슷할 정도로 매우 가파른데, 이 시장이 가져올 파급력에 대해 미국 벤처캐피탈 앤드리슨 호로위츠a16z의 창업자 마크 앤드리슨Marc Andreessen은 이를 "인터넷의 제3의 물결"이라고 표현하기도 했다. 페이스북, 트위터, 인스타그램 등에 투자하여 큰 성공을 거두었던 a16z는 크리에이터의 창작과 수익활동 지원에 집중하는 여러 스타트업 플랫폼에 적극 투자하고 있다.

더욱이 탈중앙화한 웹 생태계인 웹3.0 시대가 열리면서, 크리에이터 이코노미는 새로운 전기를 맞이하고 있다. 웹3.0에서는 개인 콘텐츠의 '소유'를 거래할 수 있게 되었고, 창작 생태계의 유통 구조를 '탈중앙화'하거나 '분산'할 수 있다. 웹3.0 환경에서 개인은 콘텐츠, 가상 아이템 등 자신의 재능으로 만든 자산을 직접 창작, 발행, 거래, 소유할 수 있다. 이처럼 디지털 공간에서 개인의 영향력이 강화되면서 개인이 '경제 주체'로 활동하는 '크리에이터 이코노미'는 웹3.0의 핵심 경제 시스템이 될 것으로 기대된다.

그렇다면 크리에이터 이코노미에 대해 본격적으로 설명하기에 앞서, 먼저 크리에이터가 누구이고 이들을 따르는 오디언스나 팬은 누구인지 그 정의부터 살펴보자.

'크리에이터'는 누구인가

'창작자'라는 의미의 '크리에이터Creator'는 유튜브, 페이스북, 로블록스처럼 온라인 플랫폼에 콘텐츠를 제작해 올리는 개인이나 집단을 뜻한다. 크리에이터는 쌍방향 소통이 가능한 디지털 미디어의 속성을 적극 활용하여, 시청자들을 위해 재미있고 신선한 콘텐츠를 제작한다. 최근에는 누구나 쉽게 콘텐츠를 창작하고, 콘텐츠로 수익을 창출하는 시대가 되면서 크리에이터가 더더욱 주목받고 있다.

플랫폼과 콘텐츠의 종류가 다양해지면서 크리에이터가 활동하는 영역 또한 확장되고 있다. 이러한 변화를 바탕으로, 크리에이터를 다음 2가지로 정의할 수 있다. 첫 번째는 우리가 일반적으로 사용하는 창작자로서의 정의이고, 두 번째는 단순한 창작을 넘어서 사업의 영역으로 확장되는 것까지 포함한 정의다. 이 책은 두 번째 의미, 즉 확장된 정의에 주목하여 크리에이터를 조명하고자 한다. 특히 창업가 정신을 가진 크리에이터가 경제의 주요 구성원이 되는 경제 체제가 등장하고 있으므로, 우리는 이들이 확장하는 다양한 영역에 주목해야 한다.

일반적 정의: 온라인에서 영상, 사진, 소설, 웹툰, 팟캐스트 등 창의적인 콘텐츠를 만드는 사람

온라인에서 콘텐츠를 창작하고 공유하는 사람은 누구나 크리에이터라고 정의할 수 있다. 맥주를 너무 좋아해서 전 세계 맥주를 맛보러 다니며 블로그에 글을 쓰는 직장인에서, 버킷리스트인 보디프로필을 촬영하기 위해 매일 내가 하는 운동을 인스타그램에 올리는 대학생까지 나만의 콘텐츠를 만드는 모두가 크리에이터라고 할 수 있다.

크리에이터가 활동하는 플랫폼의 종류는 영상, 블로그, 웹툰, 팟캐스트부터 게임, 메타버스, NFT까지 다양하게 확대되고 있다. 플랫폼마다 크리에이터를 지칭하는 용어는 다를 수 있는데, 예를 들어 아프리카TV는 BJ, 틱톡은 틱톡커, 트위치에서는 스트리머라고 지칭한다. 이 중에서 어느 정도 이상의 팬층을 형성하여 타인에게 영향력을 행사하게 되면 이들을 영향력 있는 개인이라는 의미에서 인플루언서Influencer라고 부르기도 한다.

확장된 정의: 창의적인 콘텐츠 생산자이자 경영자. 자신이 열정을 가진 분야의 콘텐츠로 팬덤을 형성해 지속 가능한 사업으로 만드는 창업가

이들은 자신이 하나의 브랜드가 되어 팬들을 위한 콘텐츠, 경험, 상품을 만드는 사업가다. 또한 단순한 콘텐츠 창작자를 넘어 '개인 브랜드Personal Brand'로서 팬들을 위한 창작물을 기획, 제작, 마케팅하고 이를 사업으로 연결하는 창업가 정신을 가진 경영자이기도 하다. 이들은 콘텐츠를 통해 자신만의 IP(Intellectual Property, 지식재산권)와 브랜드를 만들고, 단순한 개인 창작물의 영역을 넘어 웹툰, 웹소설, 웹드라마 등으로 장르를 넘나들며 히어로 콘텐츠로 확장하기도 한다. 이 과정에서 장비, 스튜디오, 인력 투자와 관련해 스스로 의사 결정을 하며, 외부의 자원과 협력을 유치하기도 한다. 즉, 크리에이터는 창의적인 생산자이자 경영자다.

이런 의미에서 다음에 소개하는 이들 모두 단순한 콘텐츠 창작자가 아닌 창업가entrepreneur로서의 크리에이터라고 할 수 있다. 빈티지 안경 덕후 몬타나 최는 인스타그램에 자신이 수집한 제품들을 포스팅하다 자신만의 안경 브랜드를 만들어 론칭 첫날 매출 4억원을 달성했고, 도티는 1세대 마인크래프트 크리에이터에서 국내 대표 크리에이터 매니지먼트 회사를 창업했으며, EO는 인터뷰 크리에이터로 시작하여 국내 대표 스타트업 콘텐츠 전문 미디어 회사를 창업했다. 이들은 콘텐츠 창작자로 시작하여 도전적이고 창의적인 경영자로 새로운 사업(IP, 커머스, 오프라인 사업 등)을 만들어 냈다.

더욱이 웹3.0의 발전과 함께 메타버스, DAO(Decentralized Autonomous Organization, 탈중앙화자율조직), NFT 등이 등장하며 크리에이터가 활동하는 새로운 환경과 사업의 영역이 점차 다양해지고 있다. 이러한 변화 속에 새로운 기회를 발굴하고 도전하는 사업가 정신과 창의적 사고 역량은 크리에이터에게 더욱 중요해질 것이다.

 정리

크리에이터의 정의	디지털에서 콘텐츠를 창작하고 공유하는 사람
크리에이터는 어디서 활동하는가	동영상, 블로그, 웹툰, 팟캐스트, 메타버스, NFT 마켓플레이스 등 콘텐츠를 제작, 유통, 거래하는 플랫폼
크리에이터의 영역은 어떻게 확장되는가	콘텐츠 생산자에서 창업가로서 창작물을 기획, 제작, 마케팅하고 이를 새로운 비즈니스로 확장
크리에이터의 진정한 경쟁력은 무엇인가	콘텐츠와 개인의 독특한 캐릭터가 결합되며, 대중에게 각인된 '개인 브랜드' 'IP' '팬덤'

'오디언스'는 누구인가

'오디언스Audience'는 일반적으로 시청자Viewer를 뜻하며, 플랫폼마다 팔로워Follower, 구독자Subscriber 등 다양한 용어로 불린다. 로블록스 같은 사용자 창작 게임 플랫폼에서는 플레이어Player라고도 한다. 특히 크리에이터와 상호관계를 이루고 있는 오디언스는 이제 단순히 시청자를 넘어 충성 팬덤의 개념으로 발전하면서 크리에이터 이코노미 생태계에서 그 중요도가 점차 커지고 있다. 오디언스는 그 종류와 깊이가 점차 다양해지고 있어

한마디로 정의 내리기 어렵지만, 이 책에서는 다음 2가지 관점으로 정의한다.

콘텐츠를 시청하거나 참여하는 사람들

오디언스는 콘텐츠를 시청하고 즐기는 개인 혹은 집단이다. 그렇다고 이들을 수동적인 존재라고 할 수는 없다. 디지털 시대의 콘텐츠 시청자는 경험과 참여를 중시하는 능동적인 참여자다. 우리가 유튜브를 보다가 공감하는 영상에 댓글을 남겨 크리에이터 및 다른 시청자와 소통하듯이, 오디언스는 댓글, 라이브 채팅, 리트윗, 커뮤니티 참여 등을 통해 콘텐츠 제작의 전후 과정에 참여하고 의견을 개진한다.

한편 콘텐츠 소비자로서 오디언스는 플랫폼에서 콘텐츠를 무료로 시청하는 대신 자신들의 데이터를 플랫폼에 제공하고 타깃화된 '광고' 시청의 대상이 되어 왔다. 전통적으로 TV, 라디오 같은 산업도 시청자를 대상으로 한 광고 매출을 기반으로 성장해 왔으며, 이는 현재 대다수 플랫폼에서도 마찬가지다. 광고는 콘텐츠 업계의 가장 큰 매출원으로, 2021년에는 국내 디지털 광고 시장 규모가 7조 원을 넘어섰으며 전체 광고 시장의 절반 이상을 차지하게 되었다.

크리에이터를 지지하는
강력한 팬덤이자 적극적인 후원자

오디언스는 콘텐츠를 시청하고 참여하는 것을 넘어, 특정 크리에이터에게 강력한 지지를 표명하는 사람들이다. 이들은 팬으로서 자신이 좋아하는 크리에이터를 후원하고, 매력적인 오디언스 경험을 확장하기 위해 유료 구매에 나서는 고객 집단이다. 일종의 발굴자이자 컬렉터, 후원자이자 투자자라고 할 수 있다. 이들은 정기 후원, 유료 아이템 구매, 크라우드 펀딩 등의 방식으로 자신이 지지하는 크리에이터를 경제적으로 후원한다.

최근에는 NFT가 후원 및 투자 수단으로 새롭게 등장했는데, 오디언스는 크리에이터의 NFT 발행 단계부터 참여하여 함께 팬덤을 모으고, 콘텐츠의 가치가 상승하여 NFT 가격도 상승하면 투자 성과를 함께 나눈다. 또 크리에이터가 후원자들에게 콘텐츠로 발생한 수익을 배분하거나, IP를 활용한 2차 창작 권리를 개방하면 팬들도 수익을 얻을 수 있다. 이처럼 오디언스는 크리에이터와 함께 커뮤니티의 가치를 올리고 그에 대한 결과를 보상 받을 수 있다.

크리에이터는 지속적으로 콘텐츠를 제작하며 오디언스를 충성 팬으로 만든다. 크리에이터에게 팬덤은 콘텐츠 창작에 대한 강력한 동기부여이자 영감의 원천이다. 또한 크리에이터는 자신의 서비스를 유료 구매하는 팬들과 직접 거래를 통해 신규 매출원을 확보할 수 있다.

크리에이터 이코노미에서 주목해야 할 중요한 변화는, 오디언스의 개념이 시청자에서 팬으로 발전하고 있다는 것이다. 이하 이 책에서는 '크리에이터를 지지하는 팬덤이자 적극적인 후원자'로서의 오디언스는 '팬'으로 표기한다.

 정리

오디언스의 정의	콘텐츠를 시청하고 즐기는 개인 혹은 집단 경험과 참여를 중시하는 능동적인 커뮤니티 참여
팬으로서 오디언스의 특징	크리에이터에게 강력한 지지를 표명하며, 후원과 유료 구매를 함 가능성 있는 크리에이터를 초기에 발굴하고 이들을 후원함. 크리에이터와 함께 커뮤니티의 가치를 올리며, 최근에는 이에 따른 보상을 함께 나누어 가지기도 함

사례: '공간 크리에이터 1호' 정리왕 썬더 이대표

유튜브 채널 '정리왕'을 운영하는 이지영 대표는 집 정리하는 법을 알려 주는 '공간 크리에이터'다. 본래 그녀는 유아교육과를 졸업하고 15년간 관련 분야에서 일해 온 보육전문가였다. 그런 그녀가 어떻게 다소 낯설고 전혀 다른 직업인 '공간 크리에이터'가 되었을까?

39세에 이 대표는 '40대부터는 내 전공이 아닌 내가 정말 잘하고 좋아하는 일을 하며 돈을 벌어야겠다'고 생각했다. 그녀는 우선 자신이 가장 좋아하고 잘하는 일이 무엇인지 적어 보았다. 수십 개의 목록을 지워 나가며 찾아낸 것은 바로 '정리하기'였다. 그녀는 평소에도 집을 청소하면 스트레스가 풀렸고, 지인들의 공간을 정리해 주었을 때 기뻐하는 모습을 보면 행복했던 사실이 떠올랐다. 그녀가 공간 정리 사업을 시작한다고 했을 때 남편을 비롯한 많은 주변 사람들이 우려를 표하며 말렸지만 그녀의 의지는 확고했다. 그녀는 큰돈이 드는 점포를 빌리고 사업체 광고를 내는 대신, 가장 먼저 실제 시장 수요를 조사했다. 온라인 커뮤니티에서 집 정리를 하고 싶은 지원자 5명을 받아 이들에게 우선 재능 기부를 시작한 것이다. 첫 번째 집부터 반응은 뜨거웠고, 지원자들이 진심으로 만족해하는 모습에 그녀는 이 일이 사업이 되겠다고 직감했다.

그렇게 정식으로 사업자 등록을 한 동시에, 그녀는 '공간 크리에이터'로서 본인만의 정리 노하우를 알려 주는 블로그를 시작했다. 블로그에 작업 결과물을 글과 사진으로 올리고 무료 컨설팅 이벤트를 진행하면서, 그녀의 사업은 블로그를 통해 자연스럽게 홍보되어 고객이 점점 늘었다.

하지만 시간이 지나면서 블로그 하나만으로는 수익 면에서 한계가 드러났다. 사실 공간과 스토리를 담는 그녀의 콘텐츠는 글과 사진보다는 동영상으로 노출하는 것이 더 효과적이기도 했다. 이때 그녀는 유튜브로 눈을 돌렸고, 직접 영상 촬영과 편집을 배워 콘텐츠를 만들었다. 2022년에 구독자 30만 명을 돌파한

유튜브 채널 '정리왕'

유튜브 채널 '정리왕 썬더 이대표'는 이렇게 시작되었다.

그녀는 '비포&애프터' 포맷으로 집 정리 과정과 결과물을 보여 주었고, 의뢰인의 사연이 담긴 콘텐츠에 팬들은 자기 이야기처럼 공감하고 즐거워했다. 채널이 커지고 인지도가 높아지면서 유명인과의 네트워크 덕분에 tvN 〈신박한 정리〉에도 출연할 수 있었다.

꾸준하고 진정성 있는 콘텐츠 창작 활동으로 '정리왕 썬더' 브랜드와 이지영은 전국적으로 알려졌고, 특히 코로나로 집에 있는 시간이 늘면서 '집'이라는 공간에 대한 사람들의 인식이 달라지면서 '공간 크리에이터'의 가치도 상승했다. 이 대표는 단돈 50만 원의 사업자금으로 '공간 크리에이터' 콘텐츠를 통해 자신의 브랜드와 사업을 구축했고, 사업을 시작한 지 3개월 만에 월 1,000만 원의 수익을 올렸다. 채널의 성장과 더불어 사업 매출도 증가했다. 2017년 직원 10명으로 시작한 정리왕 썬더가 창업 첫해 기록한 매출이 2억 원이었는데, 2021년에는 직원 50명에 월 매출 2억 원으로 성장했다. 그녀만의 콘텐츠와 스토리 그리고 그녀를 적극 지지하는 팬들의 높은 신뢰도와 충성도는 상대적으로 창업이 어려운 지방에서 소자본으로도 사업을 일구는 데 큰 힘이 되었다.

공간 크리에이터 이 대표의 사례는 평범하지만 자신이 좋아하는 일에 열정 넘치는 이들이 자신만의 콘텐츠와 직업을 만드는 크리에이터가 되어 가는 과정을 잘 보여 준다. 이들은 팬들의 공감과 지지를 기반으로, 혼자서는 꿈꿀 수 없었던 다양한 활동 영역과 사업의 기회를 거머쥐었다.

전 세계가 주목하는
크리에이터 이코노미

Chapter 02

'크리에이터 이코노미'란 무엇인가

앞서 크리에이터와 오디언스의 정의를 살펴보았다. 그렇다면 '크리에이터 이코노미'란 무엇일까? 이는 말 그대로 '크리에이터'가 온라인 플랫폼에서 팬을 만나 이루는 '디지털 경제'를 의미한다. 크리에이터는 자신이 활동하는 플랫폼에서 콘텐츠를 만들고, 이를 통해 시청자를 확보하며, 시청자는 팬으로 발전한다. 크리에이터는 팬을 대상으로 그들을 위한 콘텐츠와 상품, 서비스를 개발 및 판매한다. 이 과정에서 새로운 유무형의 부가가치가 창출되는데, 이것이 바로 '크리에이터 이코노미'다. 크리에이터 이코노미는 크리에이터와 팬의 직접적인 상호작용 속에서 발전한다.

최근 크리에이터 이코노미가 주목받는 배경에는 과거 크리에이터들이 자발적으로 만든 콘텐츠가 빅테크 기업의 수익을 올려주는 수단에 불과했다는 현실 자각이 있다. 페이스북, 트위터, 틱톡 등의 소셜미디어 플랫폼은 크리에이터가 만든 콘텐츠에 광고를 붙여 수백수천조 가치의 기업으로 성장했지만, 정작 크리에이터에게 직접 돌아가는 수익은 미미했다. 물론 크리에이터는 이 과정에서 유명세를 얻고, 브랜드들과 협업하는 '인플루언서 마케팅'으로 협찬비를 받으며 수익을 낼 수 있었지만, 정작 이들이 만드는 창작물에 대한 보상 체계는 부족했던 것이다.

하지만 현재는 다르다. 크리에이터 이코노미가 진화함에 따라 크리에이터의 외부 광고 의존도는 낮아지고, 팬들과 직접 거래하는 D2C(Direct to Consumer, 직접 판매) 수익 비중이 증가하고 있다. 대표적으로 서브스택이나 패트리온처럼 크리에이터와 이용자를 연결하고 거래가 이루어질 수 있도록 돕는 플랫폼이 각광받는 서비스로 성장하고 있다. 더욱이 웹3.0시대가 도래하여 블록체인을 기반으로 중개자 없이 NFT 등을 크리에이터가 직접 발행해 수익화하는 시스템이 본격화될 것이고, 크리에이터 이코노미는 지금까지와는 다른 새로운 방향으로 접어들 것이다(이러한 크리에이터 이코노미의 발전 단계에 대해서는 파트2에서 좀 더 자세히 설명할 것이다).

전 세계 크리에이터의 숫자는 얼마인가

전 세계에서 전업 수준으로 크리에이터로 활동하는 사람의 수는 200만 명을 넘었으며, 전업은 아니지만 일정 규모 이상의 팔로워를 보유하고 활동하는 사람의 수는 대략 4,700만 명이다. 이 둘을 합치면 전체 크리에이터 인구는 5,000만 명에 달한다. 하지만 이는 유튜브, 인스타그램, 트위치 등 주요 플랫폼의 채널 수에 근거하여 계산한 것으로, 국가별로 사용되는 로컬 플랫폼까지 포함하면 전 세계 크리에이터 숫자는 이보다 훨씬 더 늘어날 것이다.

포토샵, 프리미어 등 크리에이터 콘텐츠 제작 툴 기업인 어도비는 〈크리에이티비티의 미래Future of Creativity〉 보고서를 발표했다. 이 보고서에서 어도비는 전 세계 크리에이터 수를 추정하면서, 크리에이터를 다음과 같이 정의했다.

사회적으로 자신의 존재감을 향상시키기 위해 최소 매달 창작 활동(사진, 글쓰기, NFT 제작, 오리지널 소셜미디어 콘텐츠 등)을 진행하고 작품을 게시, 공유 또는 홍보하는 이들을 말한다.

보고서에 따르면 2022년 기준 전 세계 크리에이터의 수는 약 3억 300만 명으로, 그 숫자가 미국 전체 인구수에 견줄 만큼 엄청나다. 더 놀라운 것은 코로나19 팬데믹이 시작된 2020년 이후

빠르게 늘어나고 있는 크리에이터

출처: SignalFire Creator Economy Report(2020)

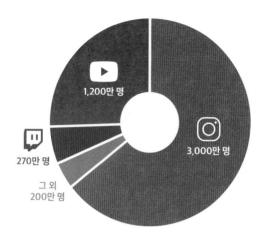

아마추어 크리에이터(약 4,670만 명)

프로 크리에이터(약 200만 명 이상)

부터 2022년까지 1억 6,500만 명의 신규 크리에이터가 등장했다는 것이다. 코로나19는 크리에이터 이코노미의 성장을 가속화했으며, 이 수치에서 볼 수 있듯이 그 성장세는 매우 높다.

이처럼 크리에이터의 수는 어느 때보다 빠르게 늘고 있다. 팬데믹 과정에서 산업이 디지털 중심으로 재편됨에 따라 전통 시장 상인들을 포함한 전국의 자영업자들이 라이브커머스 방송에 뛰어들었다. 축소된 오프라인 공연으로 설 곳을 잃은 예술가들은 무대를 온라인으로 대거 옮겼다. 이러한 변화는 엔데믹으로 전환된 이후에도 계속 진행 중이다.

이러한 변화에 발맞추어 플랫폼 기업들은 이들을 자사 크리에이터로 유치하는 데 사활을 걸고 있다. 네이버는 소상공인들도 라이브커머스를 쉽게 시작할 수 있도록 교육 및 지원 프로그램을 무료로 제공하고 있으며, 최대 음악 스트리밍 플랫폼 스포티파이는 유료 구독 서비스를 출시하여 전 세계 뮤직 크리에이터를 적극적으로 끌어들이고 있다.

사람들이 일하는 방식의 변화 또한 크리에이터 수를 증가시키고 있다. 점차 보편화되어 가는 재택근무는 개인이 콘텐츠 창작에 필요한 시간을 확보해 주었다. 그리고 사람들은 장소와 시간에 제한받지 않고 보다 자유롭게 일하고 싶어 한다. 팬데믹 이후 재택근무 환경이 보편화되면서 MZ세대(밀레니얼세대와 Z세대를 일컫는 말, 1981~2010년생)는 특정 조직에 소속되지 않고, 디지털에서 자유롭게 살아가면서 자신을 지키고 돈도 벌고 싶어 한다. 또한 본업 외에 부업으로서의 크리에이터 활동에 관심이 많다. 앞서 언급한 어도비 보고서에 따르면, 국내 크리에이터의 67%는 정규 직업을 가진 상태에서 창작을 부업으로 하는 'N잡러'인데 이것도 주목할 만한 특징이다. 구인구직 플랫폼 사람인에서 조사한 '유튜버 도전 의향'에서도 20~30대의 60% 이상이 유튜버에 도전할 의향이 있다고 답변했다(20대 70.7%, 30대 60.1%).

무엇보다도 크리에이터 이코노미의 게임 체인저는 바로 웹3.0이 될 것이다. 블록체인과 NFT, 메타버스를 아우르는 웹3.0은 크리에이터 이코노미를 지금까지 생각지 못했던 새로운 방식으로 발전시키고, 더 많은 사람들이 크리에이터가 될 기회를 만들어 낼 것이다. 권한의 '탈중앙화'를 표방하는 새로운 인터넷 기술인 블록체인도 조직에 속하지 않고 얼마든지 원하는 일을 할 수 있도록 DAO를 기반으로 한 새로운 디지털 경제를 구축 중이다. 이러한 블록체인 기술에 의한 크리에이터 이코노미 산업은 MZ 창작자가 일하는 방식에서 선택의 폭을 더 넓혀 줄 것이다. 또한 초기 팬덤과 자금을 모으는 음악 분야 크리에이터는 웹3.0 음악 플랫폼인 로열Royal.io에서 스트리밍 로열티를 분배받을 권리를 포함한 음악의 소유권을 NFT로 판매해 후원을 받기 시작했다.

대표적인 메타버스 플랫폼이자 누구나 게임을 개발·공유하여 판매할 수 있는 로블록스는 비전문가도 게임 창작자로 활동할 수 있도록 더 쉬운 게임 개발 도구를 만드는 데 많은 자금을 투자하고 있다. 블록체인 기반의 메타버스 플랫폼인 더샌드박스는 크리에이터가 K-Pop 콘텐츠 같은 글로벌 IP나 다른 창작자들의 IP를 이용해 2차 창작을 할 수 있는 크리에이터 이코노미를 NFT를 통해 조성하고 있다. NFT는 콘텐츠의 소유권, 2차 창작권, 로열티 분배권, 공연권 등 다양한 권리를 시장에서 거래 가능하게 함으로써 원저작물의 다양한 변용과 창작자 간 협력을 이끌어 낼 크리에이터 이코노미의 새로운 원동력이 될 것이다. 또한 챗GPT와 같은 생성형 AI 기술들은 크리에이터의 파트너로서 창작의 효율성을 높여 주고 새로운 창의성의 원동력이 될 것이다.

이처럼 앞으로 크리에이터의 수는 계속하여 증가할 것이고, 더 많은 새로운 비즈니스와 경제적 가치가 창출되며, 크리에이터 이코노미의 규모도 매년 성장할 것이다.

크리에이터 이코노미의 전 세계 시장 규모

크리에이터 이코노미의 전체 시장 규모는 어느 정도 될까? 인플루언서마케팅허브는 2022년 발행한 보고서에서 전 세계 크리에이터 이코노미의 시장 규모를 140조 원으로 추정했다. 여기서 흥미로운 점은 바로 시장의 성장 속도다. 크리에이터 이코노미는 이와 종종 비교되는 긱 이코노미(Gig Economy, 한 회사에 소속되

2020년 유튜브 크리에이터 규모		
국가	GDP 기여	일자리(정규직)
호주	6억 800만 달러(AUD)	15,750개
브라질	34억 헤알(BRL)	122,000개
캐나다	9억 2,300만 달러(CAD)	34,100개
일본	2,390억 엔(JPY)	75,970개
대한민국	1조 5,970억 원(KRW)	86,030개
미국	205억 달러(USD)	394,000개
유럽연합(EU) (27개국 합산 보고)	23억 8천만 유로(EUR)	142,000개

출처: YouTube Korea Blog

어 일하는 대신 자신의 노동시간을 유연하게 활용하여 부가가치를 생산하는 경제 활동으로, 우버와 에어비앤비가 대표적이다)와 동등한 수준의 성장 궤적을 보여 주며 빠르게 커 나가고 있다. 세계경제포럼WEF의 〈긱 이코노미 백서〉에 따르면 전 세계 긱 이코노미 시장 규모는 2018년 약 242조 원에서 2023년 541조 원으로 2배 이상 성장할 것으로 예상한다.

크리에이터 이코노미에서 가장 큰 축을 이루는 유튜브를 들여다보면 그 규모를 좀 더 여실히 체감할 수 있다. 글로벌 경제 분석 기관인 옥스퍼드이코노믹스에서 발표한 보고서에 따르면, 유튜브는 전 세계가 팬데믹으로 달라진 일상에 적응하던 2020년 한 해에만 대한민국, 미국, 일본, 캐나다, 브라질, 호주, 유럽연합EU에서 총 80만 개가 넘는 일자리를 창출한 것으로 나타났다. 특히 미국에서는 국내총생산GDP에 약 205억 달러(약 24조 5,000억 원)를 기여했고, 40만 개 상당의 정규직 일자리를 창출한 것으로 추정됐다.

이후 발표된 2022년 자료에서는 유튜브가 2021년 미국 GDP에 250억 달러(약 34조 원) 이상을 기여했고, 42만 5,000개 상당의 정규직 일자리를 창출한 것으로 조사됐다. 국내에서 유튜브는 2021년 한 해에 정규직에 준하는 일자리 8만 6,000개를 창출하는 데 기여했다. 이 일자리는 유튜브에서 활동하는 크리에이터는 물론 영상 제작과 제품 및 서비스 유통 등 각종 관련 분야의 편집자, 그래픽디자이너, 프로듀서 같은 다양한 직업도 파생시켰다고 분석했다. 또한 유튜브가 2021년 우리나라 GDP에 미친 경제적 효과는 2조 원 이상에 달하는 것으로 발표했다. 이 수치는 콘텐츠 제작을 통한 광고나 로열티 수익뿐 아니라 관련 제품 및 서비스 수익까지 반영한 것이다.

유튜브는 2018~2020년의 3년간 300억 달러(약 38조 원)를 크리에이터, 아티스트, 미디어 회사에 지급했는데, 매년 그 지급 규모가 지속적으로 증가하고 있다. 특히 2020년 한 해에만 유튜브 채널 수익 창출 조건인 'YPP(Youtube Partner Program, 유튜브 파트너 프로그램. 구독자 1,000명 이상 및 유효 시청 시간이 4,000시간이 넘을 경우 유튜브와 수익을 공유하는 프로그램)'에 가입된 크리에이터 숫자가 2배 증가했을 정도로, 플랫폼으로부터 수입을 지급받는 크리에이터의 수도 빠르게 성장 중이다. 또한 유튜브 쇼츠는 월간 시청자 수가 15억 명을 넘었는데, 1억 달러(약 1,200억 원) 규모의 수익창출펀드를 통해 쇼츠 콘텐츠 크리에이터에게 수익을 분배했다. 더욱이 2023년부터 쇼츠에 광고가 도입되어 다양한 포맷의 콘텐츠를 제작하는 크리에이터의 수익 창출에 기여할 것으로 기대된다.

그렇다면 크리에이터 이코노미를 이루는 다른 플랫폼들의 현황은 어떨까? 2013년에 설립된 미국의 창작자 주도형 구독 후원 플랫폼 패트리온Patreon에는 약 20만 명 이상의 크리에이터와 700만 명의 구독자가 활동하고 있다. 크리에이터는 패트리온을 통해 그림, 음악, 소설 등 다양한 콘텐츠를 구독자에게 제공하고 월간 멤버십을 통해 수익을 창출하는데, 연간 10억 달러(약 1조 2,000억 원) 이상의 구독 수익을 얻고 있다. 패트리온에서 가장 인기 있는 크리에이터는 '트루 크라임 옵세스드True Crime Obsessed'라는 팟캐스트 채널로, 범죄자 다큐멘터리를 다루고 있다. 2021년 기준 후원자가 4만 5,000명이 넘는데, 매월 팬들로부터 받는 5~20달러의 후원금을 통해 월간 약 4억 원의 수익을 내는 것으로 추정한다.

패트리온의 빠른 성장 비결로는 낮은 수수료와 높은 편의성을 꼽을 수 있다. 크리에이터는 채널 개설 시 라이트, 프로, 프리미엄으로 등급을 선택할 수 있는데, 각각의 수수료가 다르며 수익의 88~95%를 지급받는다. 패트리온의 CEO 잭 콘티는 "앞으로의 10년은 크리에이터의 10년이 될 것"이라며 "패트리온은 제2의 르네상스 시대에 접어들고 있다"고 말했다.

디지털 콘텐츠 유통 플랫폼 검로드Gumroad는 2011년 설립되어 9만 명이 넘는 크리에이터에게 4억 6,000만 달러(약 5,300억 원)가 넘는 수입을 안겨 주었다. 굿즈 전문 기업인 티스프링 TeeSpring은 2018년 유튜브 크리에이터를 대상으로 POD(Publish On Demand, 맞춤형 출판) 서비스를 론칭했고 1년 만에 10배 이상 매출이 증가하여 1조 2,000억 원을 달성했다. 트위터는 2021년부터 콘텐츠 유료 구독 서비스인 슈퍼 팔로워를 도입했다. 이를 통해 트위터에서도 크리에이터가 구독으로 직접 수익 창출을 할 수 있게 됐다.

국내 온라인 클래스 플랫폼 '클래스101'은 누적 크리에이터 수 11만 명으로, 전체 크리에이터의 누적 정산액이 약 635억 원에 달한다. 크리에이터는 클래스101을 통해 강의 콘텐츠 판매 수익을 보장받고, 수강생은 이들의 수업을 듣고 제2, 제3의 크리에이터로 성장하는 선순환 구조가 만들어지고 있다. 또한 크리에이터는 자신이 제작한 자료와 상품을 판매할 수 있는 전자상거래 플랫폼 '클래스101 스토어'를 통해 추가적인 수익도 창출할 수 있다.

앞으로는 블록체인 기술을 이용한 새로운 콘텐츠 유통 플랫폼에서 수익을 올리는 크리에이터 또한 증가할 전망이다. 앞서 이야기한 것처럼 크리에이터가 경제적 가치를 창출할 수 있는 대표적인 블록체인 기술은 NFT다. 크리에이터는 음악, 영상, 글, 일러스트 등 콘텐츠의 디지털 소유권을 NFT로 발행하여 후원자에게 판매하고, NFT를 구매한 소유자에게 여러 가지 혜택을 부여한다. a16z에서 발간한 리포트인 〈2022년 크립토 현황State of Crypto〉에 따르면 2021년에 이더리움ETH, Ethereum 기반으로 NFT를 발행한 창작자가 2만 2,400명이다. 이 창작자들이 NFT 발행으로 올린 수입은 39억 달러(약 5조 원)다.

크리에이터 이코노미 투자 현황

크리에이터 이코노미 관련 스타트업에 투자되는 벤처 자금도 꾸준히 상승했다. 미국의 구독 전문 미디어 디인포메이션The Information에 따르면 크리에이터 이코노미 관련 기업에 2021년 한 해 동안 투자된 금액이 50억 달러(약 6조 원)에 달하는 것으로 추산했다. 이는 2020년 관련 분야 전체 투자액인 4억 6,400만 달러보다 10배 가까이 많은 금액이다. 이처럼 시장의 성장과 함께 투자 액수도 동반 상승하면서 유니콘(기업 가치가 10억 달러 이상인 비상장 기업)급의 스타트업들이 다수 등장했다.

2021년 3월에는 팬의 요구에 따라 맞춤 영상 메시지를 제작해 주는 카메오Cameo가 창업 4년 만에 구글 벤처스, 소프트뱅크 비전 펀드 등으로부터 10억 달러(약 1조 2,000억 원)의 기업 가치를 인정받으며 1억 달러(약 1,200억 원)의 투자금을 유치했다. 같은 달에 뉴스레터 창작 플랫폼 서브스택은 창업 3년여 만에 6,500만 달러(약 735억 원)의 추가 투자 유치를 이끌었는데, 이때 평가받은 기업 가치는 6억 5,000만 달러(약 7,350억 원)다.

4월에는 패트리온이 1억 5,500만 달러(약 1,800억 원) 규모의 시리즈F 투자를 유치했는데, 이때 패트리온이 평가받은 기업 가치는 40억 달러(약 4조 4,000억 원)였다. 크리에이터 주도 온라인 교육 플랫폼 카자비Kajabi는 2021년 5월에 5억 5,000만 달러(약 6,400억 원)를 투자 유치하면서 기업 가치를 20억 달러로 평가받았다. 2021년 9월에는 클래스101이 글로벌 투자사 굿워터캐피탈 등으로부터 300억 원 규모의 추가 투자(시리즈B)를 받았다.

주목할 점은 블록체인 기술을 활용한 새로운 크리에이터 이코노미 플랫폼에 대한 투자가 시작되었다는 것이다. 앞서 언급한 것처럼 블록체인 기술을 기반으로 데이터의 통제권을 탈중앙화한 새로운 인터넷을 '웹3.0'이라고 한다. 웹3.0에서는 크리에이터가 콘텐츠의 소유권과 경제적 가치를 유통사나 대형 플랫폼을 통하지 않고도 직접 누릴 수 있게 된다. 그중 NFT는 콘텐츠 소유권을 거래할 수 있는 디지털 자산으로, 크리에이터에게 추가적인 수익 창출의 기회와 선택권을 제공할 것이다. 로열은 크리에이터가 음악의 권리를 NFT를 통해 판매하고 팬들에게 후원을 받을 수 있는 플랫폼으로, a16z로부터 2021년 11월에 5,500만 달러(약 640억 원)의 시리즈A 투자를 유치했다. a16z는 서브스택에 시리즈A 투자를 한 바 있기 때문에, 벤처캐피탈 역시 NFT가 크리에이터 이코노미의 가능성을 점치고 있는 것으로 예상한다.

하지만 2022년 들어 금리 인상과 전 세계 경기 침체에 따라 스타트업 투자 규모가 줄었고, 크리에이터 이코노미 관련 기업들도 타격을 받았다. 2023년에 예정되어 있던 여러 크리에이터 이코노미 회사들의 투자가 보류됐고, 서브스택은 직원을 14% 감원하기도 했다. 반면 이런 상황에서도 팬덤 비즈니스 전문 스타트업 비마이프렌즈는 CJ 등으로부터 224억 원의 투자를 유치(누적 투자금 300억 원)했으며, 크리에이터 테크 스타트업 비크는 50억 원의 추가 투자를 받았다.

작지만 단단한 팬덤이 이끄는 크리에이터 이코노미

Chapter 03

크리에이터 이코노미에서 가장 중요한 것은 바로 팬덤이라고 할 수 있다. 그렇다면 팬덤은 어떻게 만들 수 있고, 얼마나 많은 팬덤을 확보해야 수익으로 이어질까?

케빈 켈리의 '1,000명의 찐팬' 이론

"성공적인 크리에이터가 되기 위해서 100만 명의 팔로워가 필요한 것은 아니다. 당신이 성공하기 위해서 수백만 달러, 수백만 명의 고객이나 의뢰인, 팬이 필요한 것은 아니다. 공예가, 사진작가, 음악가, 디자이너, 작가, 애니메이터, 앱 개발자, 사업가 혹은 발명가로 생계를 꾸려 나가기 위해서는 수천 명의 팬만 있어도 충분하다.”

＊ 케빈 켈리의 블로그 글 ‘1,000명의 찐팬’ 중에서4

크리에이터 이코노미를 이야기할 때면 빼놓지 않고 등장하는 이론이 있다. 바로 ‘1,000명의 찐팬1,000 True fans’ 이론이다. 이 말은 세계적인 잡지 〈와이어드Wired〉 창간 멤버 중 하나인 케빈 켈리Kevin Kelly가 자신의 블로그에 언급하면서 유명해졌다. 켈리는 이 글에서 크리에이터가 창작 활동을 위한 생계를 꾸려 나가기 위해서는 수백만 명의 팔로워가 필요한 게 아니라, 나를 위해 지갑을 열 수 있는 진정한 팬덤이 수천 명만 되어도 충분하다고 주장했다. 1,000명의 팬으로부터 1년에 100달러씩 후원, 구독, 상품 판매를 통해 수익을 얻을 수 있다면, 연봉 10만 달러를 달성할 수 있다는 것이다.

2008년의 이 글은 그로부터 10여 년이 지나 크리에이터 이코노미 시대가 본격화되면서 재조명받고 있다. 다양한 플랫폼과 커뮤니티에서 광고, 구독, 커머스, NFT 거래 등 전방위로 크리에이터를 위한 수익화 생태계가 형성되고 있기 때문이다. 크리에이터가 이런 생태계를 잘만 활용한다면 이른바 ‘1,000명의 진정한 팬(찐팬)’만 있어도 충분히 연봉 1억의 크리에이터가 될 수 있다. 물론 팬덤의 수는 많을수록 좋겠지만, 팬덤 수가 적어서 성공할 수 없다는 선입견을 가질 필요도 없다.

이처럼 1,000명의 찐팬 이론은 작지만 강한 팬덤으로도 안정적인 수익 구조를 만들 수 있다고 강조한다. 나를 지지하는 팬덤이 내 콘텐츠와 상품을 구독, 후원, 구매해 준다면, 나는 내가 좋아하는 일을 하면서도 생계를 유지할 정도의 수익을 올릴 수 있다. 이처럼 반드시 메가 크리에이터가 아니더라도, 작지만 단단한 커뮤니티를 키워 나가는 것이 중요하다. 다음에는 우리가 앞으로 만들어 나가야 할 팬덤의 성격과 규모에 대해서 좀 더 자세히 알아보겠다.

1,000명의 팬으로도
월 1,000만 원 수익이 가능하다

"앞으로 대다수의 비즈니스는 종교화될 것이다. 돈이 아닌 의미에 공감하게 만들어라. 신자를 모으지 못하면 물건을 팔 수 없다. 이제 사람은 고독해졌고 물질적으로 풍요로워졌기 때문이다."

＊ 미노와 고스케, 《미치지 않고서야》 중

누구나 크리에이터가 되는 시대, 중요한 것은 팬덤
예비 크리에이터를 대상으로 강의를 하면 종종 다음과 같은 질문을 받는다. "특별히 잘하는 게 없는데, 재능이 있는 사람들만 할 수 있는 건 아닌가요?" "이미 크리에이터 시장은 레드오션 아닐까요?" "곧 은퇴할 나이인데, 시작하기에 나이가 너무 많은 건 아닐까요?" 세간에서는 크리에이터에 관심이 높지만 시작에 대한 심리적 장벽은 여전히 높다는 것을 확인하는 순간이다. 하지만 크리에이터가 되기 위해서 어떤 자격이 필요한 것은 아니다. 여기에는 누구나 도전할 수 있는 새로운 기회와 성공이 있다.

과거에는 콘텐츠 생산자와 소비자의 경계가 뚜렷했지만, 지금은 인터넷과 다양한 어플리케이션이 발전하여 창작의 진입장벽이 낮아졌다. 이제는 누구든지 사진을 찍거나 영상을 만들거나 게임을 제작할 수 있다. 결국 가장 중요한 것은 꾸준히 오래 할 수 있는 나만의 영역을 찾는 것이다. 그리고 그 과정에서 소수일지라도 나를 지지해 주는 팬들을 확보하는 것이 핵심이다. 지금은 평범한 개인도 셀럽처럼 팬덤을 만들 수 있는 시대이며, 비록 그 수가 적더라도 나를 적극적으로 지지하고 내가 만드는 콘텐츠에 지갑을 열 수 있는 팬들이 있다면 이제 당신도 전업 혹은 부업으로 크리에이터가 될 수 있다.

한 예로, 지금 일본에서 가장 유명한 편집자이며 100만 부 넘게 팔린 베스트셀러 《미치지 않고서야》의 저자인 미노와 고스케는 유료 회원 1,300명을 보유한 일본 최대 온라인 살롱 '미노와 편집실'을 운영하며 월급의 수십 배 이상을 벌고 있다. 트위터 팔로워를 22만 명 이상 보유한 그는 앞으로의 비즈니스는 대부분

종교화될 것이라며, 사람들에게 기꺼이 스스로 교조教祖가 되라고 말한다. 그는 자신이 하나의 브랜드가 될 것을 힘주어 강조한다. 세상에는 이미 일 잘하는 사람이 넘치기 때문에, 자신의 이름을 내건 온라인 살롱 같은 브랜드를 만드는 것이 지금 이 시대에 맞는 일하기 혁명이라는 것이다. 이처럼 그는 트위터 같은 SNS뿐 아니라 온라인 커뮤니티, 책 출간 등을 통해 자신의 팬덤을 만들고 스스로 하나의 브랜드가 되었다.

얼마나 많은 팬을 모아야 성공할 수 있을까?

크리에이터를 직업으로 생계를 유지하며 창작 활동을 이어가기 위해서는 어느 정도의 팬덤을 만들어야 할까? 사실 팬덤 규모에 대한 절대적인 기준은 없다. 말하자면 크리에이터로 먹고 살기 위해 반드시 수십만 명의 팔로워가 있어야 하는 것은 아니다. 작지만 강한 팬덤이, 단순히 불특정 다수의 팔로워만 많은 것보다 더 나을 수 있다.

팔로워의 숫자로 크리에이터를 구분한다면, 크게 메가, 매크로, 마이크로, 나노로 분류할 수 있다. 메가는 수십만~수백만 이상의 팔로워를 보유한 인지도 높은 셀럽형이고, 매크로는 수십만의 팔로워와 함께 특정 커뮤니티의 허브 역할을 한다. 마이크로는 팔로워의 숫자는 수만 명이지만 전문성이 높고 특정 분야에 특화된 신뢰성을 보유하고 있으며, 마지막으로 나노는 수백에서 수천 명의 팔로워를 확보한 등급이다. 과거에는 수십만의

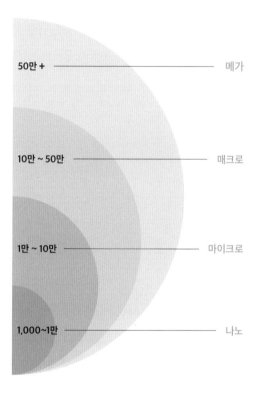

50만 + ──────────── 메가

10만 ~ 50만 ──────────── 매크로

1만 ~ 10만 ──────────── 마이크로

1,000~1만 ──────────── 나노

팔로워를 보유한 메가, 매크로가 시장의 트렌드를 리드했다면, 지금은 나노 크리에이터 단위에서도 세포마켓(인스타그램, 페이스북, 블로그로 상품을 판매하는 1인 마켓)처럼 작지만 강한 커뮤니티를 바탕으로 팬덤과 비즈니스를 결합하는 사례가 늘고 있다.

이처럼 최근에는 작은 규모의 니치(niche, 틈새시장) 타깃을 대상으로 탄탄한 팬덤을 보유하고 있는 '나노 크리에이터(나노 인플루언서)'가 주목받고 있다. 이들은 규모는 작지만 취향이 확실한 팬들을 대상으로 소구점이 구체적이기 때문에, 수는 적어도 강한 영향력을 발휘한다.

나노 크리에이터는 기본적으로 다음과 같은 공통점이 있다. 첫째, 자기가 사랑하는 것을 즐길 줄 안다. 이들은 콘텐츠의 진정성을 추구하며, 팬덤은 이들의 진실한 모습을 사랑한다. 둘째, 자신이 사랑하는 것을 알리고 싶어 하는 순수한 열정으로 가득 차 있다. 팬들도 이들과 관심 분야가 비슷하고 취향도 동질적이다. 셋째, 소셜 네트워크 공간에서 처음 보는 사람과도 적극적으로 커뮤니케이션한다. 이들은 기존 미디어가 진입하기 어려운 틈새 영역을 파고들어 시청자들의 공감을 사고, 작지만 강한 팬덤을 가진다. 전자기기, 패션, 음악처럼 취향이 뚜렷한 카테고리에서 이들의 영향력은 점점 커지고 있다. 앞으로는 이러한 팬덤과 취향이 뭉쳐져 만들어진 새로운 형태의 '디지털 공동체'가 더욱 주목받을 것이다.

롱테일 크리에이터 경제

롱테일 법칙은 긴 꼬리long tail가 몸통보다 클 수 있다는 뜻으로, 80%의 '사소한 다수'가 20%의 '핵심 소수'보다 뛰어난 가치를 창출한다는 이론이다. 넷플릭스, 아마존 등의 인터넷 비즈니스 모델을 설명하는 이 이론은 크리에이터 이코노미에도 동일하게 적용된다. 콘텐츠 생태계 또한 롱테일 경제를 이루고 있는데, 다양한 오디언스의 취향과 관심사를 충족시키는 '니치'한 개인 크리에이터의 콘텐츠 전체의 합이 소수의 주류 콘텐츠 못지않게 비중이 크다. 유튜브만 보더라도, '세상에 이런 분야를 다루는 크리에이터가 있다니, 이런 걸 보는 사람이 이렇게나 많다니' 싶을 정도로 세분화된 다양한 콘텐츠와 크리에이터가 있음을 누구나 한번쯤 경험해 보았을 것이다. 계곡을 전문으로 콘텐츠를 만드는 '계곡은 개골개골(28만)', 건담 전문 리뷰 채널 '건담홀릭(20만)', 전신마비 판정을 받았지만 사회적 장애에 대한 인식을 개선하는 '위라클(50만)' 등 그 예는 셀 수 없이 다양하다.

긴 꼬리 시장은 세밀하게 차별화되어 있어서, 이 안에서는 팬덤의 규모보다는 팬과 크리에이터의 신뢰와 충성도가 중요하다. 내가 집중하는 분야의 시장 규모가 작아도, 유료 고객으로 전환될 만큼의 가치를 커뮤니티에 제공하면 1,000명의 팬으로도 새로운 직업을 만들 수 있는 것이 크리에이터 이코노미다. 다음은 뉴스레터와 NFT를 통해 1,000명의 팬으로 성공을 거둔 크리에이터의 사례들이다.

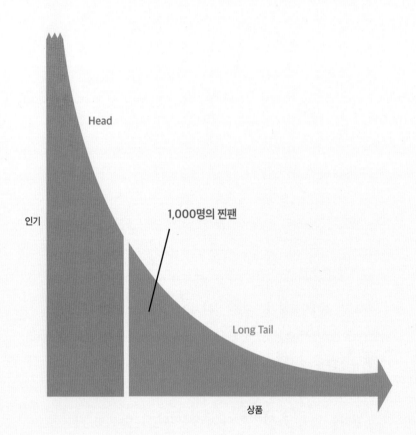

1,000명의 팬으로
성공한 크리에이터의 사례

모건 크레이그, 해고된 스포츠 전문 기자에서
커뮤니티 기반의 뉴스레터 크리에이터로

모건 크레이그Morgan Craig는 스포츠 전문 미디어 〈애슬래틱 Athletic〉의 스포츠 전문 기자였으나 팬데믹으로 스포츠 경기가 대거 취소되면서 해고를 당했다. 25년간 몸담았던 업계를 떠나야 할지 고민하던 모건은 뉴욕에서 VC(벤처캐피탈리스트)로 일하는 친구의 권유로 2020년 7월 유료 뉴스레터 플랫폼 서브스택을 시작했다. 그는 자신이 본래 했던 분야의 네트워크를 살려 NHL(북미 아이스하키 리그)의 애리조나 코요테 한 팀만을 전문적으로 취재하는 'AZ 코요테 인사이더AZ Coyotes Insider'라는 뉴스레터를 발행했다.

그는 뉴스레터를 발행하기 전에 예비 구독자들이 어떤 커버 기사를 원하는지 먼저 설문조사를 했다. 그리고 자신만의 커뮤니티를 구축하기 위해 그 어느 때보다 구독자들에 면밀히 대응하고, 그들에 맞추어 빠르게 움직이고자 했다. 무엇보다 코요테 한 팀만을 집중 취재했기 때문에, 이 팀을 분석하는 깊이에 대해서는 다른 미디어들이 따라잡을 수 없었다. 이러한 노력의 결과로 그는 10개월 만에 월 구독료 5달러를 지불하는 1,000명의 유료 구독자를 모았고, 월 5,000달러의 수익을 올리며 전업으로

AZ Coyotes Insider, LLC

Home   Archive   About

An exclusive offer from PHNX Sports to AZ Coyotes Insider subscribers

Substack has officially turned off subscriptions for AZ Coyotes Insider subscribers

🔒 CRAIG MORGAN   SEP 16, 2021   ♡ 8   💬 3   ↪

New   Top   Community   🔍

On the Couch With Craig

○ **A clarification on the PHNX Sports annual membership fee**
I sent an email this morning, alerting my subscribers to an exclusive subscription offer from PHNX Sports. When some of you clicked through the ...
CRAIG MORGAN   SEP 16, 2021   ♡ 19   💬 6   ↪

Greg Dunaway

Daryl Jones

Randy Exelby

Todd York

Dan Lingnau

A professional announcement and a thank you to my AZ Coyotes Insider subscribers
I hope you will follow me to PHNX Sports for the best Coyotes coverage in the Valley
CRAIG MORGAN   SEP 10, 2021   ♡ 30   💬 44   ↪

Clancy Griggs

Clay Collins

Robert E. Lee

AZ 코요테 인사이더 메인화면

이 일에 전념할 수 있었다.

모건처럼 특정 영역에 대한 자세한 정보나 식견을 전달하며 구독자를 직접 모을 수 있다면 개인 크리에이터도 충분히 독립적으로 생계를 꾸릴 수 있다. 어느 스포츠의 특정 팀을 응원하는 사람뿐 아니라 작곡법에 관심 있는 사람, 자동차 마니아, 아이스하키 마니아, 건담 마니아 등은 우리 주변에서 소수에 불과하다. 하지만 이들을 모으는 콘텐츠, 커뮤니티, 팬덤을 만들 수 있다면, 좋아하는 일을 하며 돈을 버는 직업은 그리 어렵지 않게 생각해 낼 수 있다(참고로 모건 크레이그는 크리에이터로서 인지도를 쌓아 나가던 중, 그를 눈여겨 보던 PHNX 스포츠라는 매체에 스카웃되어 결국 AZ 코요테 인사이더를 중단했다).

웹3.0 뮤지션 대니얼 앨런,
8명이 100명, 100명이 1,000명으로

대니얼 앨런Daniel Allan은 일렉트로닉팝EP 음악을 만드는 웹3.0 뮤지션이다. 그는 과거에 자신의 음악을 유통하기 위해 인터넷 레이블, 메이저 음악 레이블도 만나 봤지만, 결국 웹3.0 뮤지션의 길을 선택했다. 음악을 만들어 생계를 꾸리겠다고 결심한 후 미국 서부로 날아간 지 2년 만인 2022년 7월, 그의 음반 〈Glass House〉의 음악 NFT가 하루도 안 되어서 전량 판매되었다. 이것으로 그는 72ETH(2022년 7월 기준 13만 6,000달러, 한화 1억 5,300만 원)의 수입을 벌어들였다. 2년간 그가 이렇게

1,000명의 찐팬을 만들어 음악으로 충분히 먹고살 수 있는 창작자가 되기까지 고생은 이루 말할 수 없었다. 대형 기획사나 레이블과 계약하지 않고 순수하게 자신의 힘으로만 도전했기에 고생은 더 심했다. 이 정도의 팬덤과 수입을 기록한 뮤지션을 대스타로 여기지는 않지만, 분명히 대니얼 앨런은 크리에이터 이코노미 내에서 성장한 크리에이터다. 우리가 꼭 주목해야 할 점은 이 새로운 스타는 1,000명의 팬을 얻기 위해 웹3.0 기술을 선택했다는 것이다.

대니얼은 처음에는 인터넷 레이블과 계약해 EP 앨범을 냈는데, 이 앨범으로 발생한 수입은 한두 달 월세를 충당할 정도에 불과했다. 그는 다른 일을 병행하며 생계를 이어 갈 수밖에 없었고, 메이저 레이블에 음반을 내야겠다는 생각에 자신이 주최한 소규모 쇼에 음악 관계자들을 직접 초대하기도 했다. 친구 집 마당에서 쇼케이스를 열었고 이후 메이저 레이블 몇 곳에서 오퍼를 받았지만, 그들이 제안한 조건은 인터넷 레이블보다 더 낮은 수익 조건이라 결국 계약을 포기할 수밖에 없었다. 대신 이 쇼케이스에서 웹3.0 음악계의 영향력 있는 인물인 쿠퍼 털리Cooper Turley를 만나 웹3.0 음악에 도전하게 되었다.

대니얼은 아티스트가 음반을 NFT로 발행할 수 있는 플랫폼인 카탈로그Catalog에서 첫 NFT를 발행했다. 이때가 2021년 4월로 NFT가 인기를 모으던 시기였지만, 음악 NFT는 생소한 개념이었기 때문에 위험성도 있었다. 대니얼은 첫 곡의 NFT 민팅

(minting, NFT에서 블록체인 기술을 활용해 디지털 콘텐츠에 대체 불가능한 고유 자산 정보를 부여함으로써 가치를 매기는 작업)에 성공한 뒤 몇 차례 더 민팅을 시도했고, 총 8명에게 NFT를 판매하는 데 성공했다. 모두 소규모 민팅이었는데, 한 사람이 NFT를 구매한 후 이를 재판매하면서 NFT의 가격이 상승하는 모습도 나타났다. 대니얼의 NFT를 구매한 사람 중에는 세계적인 일렉트로닉 뮤지션 카이고Kygo의 크립토 펀드인 '팜트리 크루 크립토Palm Tree Crew Crypto'의 파트너 컬렉터 브렛 시어Brett Shear도 있었다. 놀라운 일이었다.

소규모 민팅에 성공했다고 해서 음악계에서 미래가 보장되는 것은 결코 아니다. 보통 뮤지션들은 민팅에 몇 번 성공하고 나서 더 큰 프로젝트로 스케일을 키우지 못해 활동을 지속하지 못하는 경우가 많았다. 하지만 대니얼은 멈추지 않았고 자신을 CEO로 여겼다. 그는 더 크게 도전하고, 혼자서 감당하기 어려운 업무를 해결하려면 팀을 꾸려야겠다고 생각했다. 스케일을 키우려면 프로젝트와 자금이 필요했다. 대니얼은 후원자 100명에게 EP 앨범 소유권의 50% 지분을 판매하는 〈Overstimulated〉 EP 앨범의 NFT 민팅이자 크라우드 펀딩 프로젝트를 시작했다. 그는 NFT 민팅에 성공한 적은 있었지만, 아직 정식 앨범을 낸 경험이 없고 1인 프로듀싱을 하는, 인지도가 거의 없는 뮤지션이었다. 이런 점을 고려하면 대담한 프로젝트였다.

대니얼은 하루 8시간 이상 트위터나 디스코드Discord에서 자신의 크라우드 펀딩과 NFT 프로젝트를 알리는 데 전념했다. 웹 3.0 음악 분야에서 활동하는 사람을 전부 찾아서 일일이 메시지를 보냈다. 그는 레이블도 없고 디스코드와 트위터 등 커뮤니티 홍보와 소통을 전담해 줄 커뮤니티 매니저도 없었다. 이렇게 1인으로 음악을 제작하면서 NFT 프로젝트까지 진행한 것이다. 캠페인 종료 시까지 87명의 후원자를 찾았고, 나중에 후원자가 추가로 들어오면서 100명이 완성되었다. 이 중 최소 절반이 대니얼과 이전에 개인적인 관계가 있었던 컬렉터였다고 한다. 후원자가되어 줄 수 있는 사람들에게 DM을 보내고 P2P로 커뮤니케이션을 하여 자신을 알림으로써 그는 끝내 크라우드 펀딩에 성공했다. 〈Overstimulated〉의 NFT 후원자 100명은 웹3.0 음악 플랫폼인 'Sound.xyz'의 대니얼 앨런 페이지에 있는 '오디언스 좌석seat'에 프로필 이미지 및 지갑 번호 링크와 함께 표시되어 있다. '오디언스 좌석'은 후원자 커뮤니티의 기여를 온라인 공간에서 기억하고 기념하는 명예의 전당과 같다.

대니얼은 크라우드 펀딩에 성공한 뒤 비로소 자신의 팀을 세팅했다. 그의 팀에는 프로젝트의 토큰 이코노미 운영을 맡을 프로덕트 매니저와 커뮤니티 운영을 맡을 커뮤니티 매니저가 합류했다. 그리고 프로젝트 NFT에 지분을 가진 컬렉터들이 십시일반으로 여러 가지 필요한 도움을 주고 홍보에 나서면서 커뮤니티의 힘도 커졌다. 이제 프로젝트의 스케일을 더 키울 수 있게 되었다. 그다음에는 대니얼 앨런의 자체 웹3.0 민팅 사이트

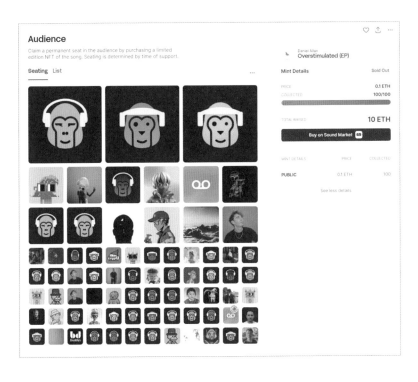

대니얼 앨런의 EP 앨범 오디언스 좌석과 NFT 후원자들
출처: sound.xyz

인 'danielallan.xyz'를 개발해, 여기서 〈Overstimulated〉의 후속 EP인 〈Glass House〉를 1,000개의 NFT로 민팅했다. 〈Glass House〉 EP 앨범은 2022년 7월 '크립토 윈터'라고 불리는 투자 침체기에도 24시간이 안 되어 전량 판매되는 기록을 세웠다. 대니얼이 지난 2년간 신뢰를 쌓아 온 커뮤니티와 팬덤의 힘이었다.

웹3.0 뮤지션 대니얼의 성공기에서 우리는 8명의 팬이 100명으로, 100명이 1,000명으로 발전되는 웹3.0 버전의 팬덤과 비즈니스 성장을 본다. 크리에이터가 소위 메인스트림이라고 여겨지는 거대 자본과 조직에 의존하지 않고도 크리에이터 이코노미 내에서 자생적으로 시작하고, 후원자 몇 명의 지원으로부터 성장해 1,000명의 찐팬으로 스케일을 키워 가는 모습을 보게 된다. 웹2.0, 웹3.0으로 이어지는 기술의 발전은 크리에이터가 스스로 성장할 수 있도록 크리에이터 이코노미를 더 촘촘하게 인프라로 지원할 뿐이다. 결국 웹2.0이든 웹3.0이든 창작자가 성장하는 과정의 본질은 비슷하다는 것을 알 수 있다.

크리에이터 이코노미의
3가지 특징

Chapter 04

크리에이터 이코노미는 크리에이터와 팬의 상호작용으로 만들어지는 디지털 경제다. 이 디지털 경제 구조의 주요한 특징은 다음 3가지로 정리할 수 있다.

첫째, 평범한 개인이 생산자이자 창업가가 되는 경제
둘째, 크리에이터와 팬의 상호작용으로 이루어지는 '팬덤 경제'
셋째, 다양한 수익 창출 시스템이 있는 경제

그렇다면 이제 이 3가지 주요 특징을 하나씩 자세히 알아보자.

평범한 개인이 생산자이자 창업가가 되는 경제

> 지미(Jimmy Donaldson, MrBeast의 본명)는 궁극의 기업가라고
> 할 수 있어요. 그는 초집중형 리더이고, 분명한 비전으로 움직
> 이며, 목표의 이정표milestone를 세우고, 뛰어난 직업윤리를 바
> 탕으로 이 이정표에 도달하죠.
>
> ＊ '세계 최고의 유튜버로부터 경영자들이 배울 수 있는 것',
> 아리엘 르누Ariel Renous[5] & 알렉상드르 드웨Alexandre Dewez[6]

크리에이터 이코노미의 첫 번째 특징은 기존에 없던 새롭고 독특한 콘텐츠와 상품의 '생산 주체'가 개인이라는 점이다. 개인 이자 크리에이터인 이들은 온라인 세계에서 적극적인 서비스와 재화의 생산 주체가 되었으며, 크리에이터 이코노미는 이들이 주축이 되어 창조하는 새로운 경제 체제다. 이는 산업혁명 이후 수백 년간 지속되어 온 기업 주도의 생산 경제에서 평범한 개인으로 그 권력이 분산 재편되는 패러다임 시프트라고 할 수 있다.

그렇다면 생산자로서의 개인, 즉 크리에이터가 만드는 경제는 기존 경제와 무엇이 다를까? 가장 큰 차이는 바로 '개인(크리에이터)'과 '개인(팬)'의 관계 속에서 콘텐츠와 상품이 만들어진다는 것이다. 크리에이터는 팬과의 관계 속에서 성장하고, 팬을 위한 서비스를 생산한다. 크리에이터는 세분화된 팬들의 취향을 저격하기 위해 이들이 남긴 피드백을 살피고 분석하고 공감한다. 크

리에이터는 자신의 팬을 너무도 사랑하기 때문에 팬을 만족시키기 위해서라면 자신을 갈아 넣을 정도로 헌신적으로 결과물을 만들어 내고자 한다. 이를 통해 시장에 존재하지 않던 새롭고 독창적인 결과물이 나오게 된다. 즉, 기업들이 간과하고 있던 니치한 시장과 욕구를 크리에이터는 팬과의 상호작용 속에서 찾아내고, 이들을 사랑하는 마음으로 생산 활동을 한다.

이 과정에서 크리에이터는 콘텐츠 제작을 넘어 자신만의 개인 브랜드를 구축하고, 콘텐츠를 넘어서는 경험과 상품을 팬들에게 제공하는 데 필요한 기획, 제작, 판매 과정을 직접 실행하면서 자연스럽게 하나의 비즈니스를 시작하는 창업가가 된다. 이처럼 크리에이터는 창작자일 뿐 아니라, 자신의 콘텐츠가 얼마나 큰 브랜드 가치와 부가가치를 창출할 수 있을지 고민하고, 재능·사람·자본을 과감히 투자하는 '기업가'이기도 하다. 크리에이터는 개인으로서 창의적 콘텐츠와 상품, 서비스의 생산 주체가 되고, 이를 하나의 사업으로 발전시켜 나간다. 크리에이터의 이러한 측면에 대해서는 다음에 소개하는 '미스터비스트'의 사례를 통해 좀 더 자세하게 살펴보자.

사례 : 사업가로서의 크리에이터

〈포브스〉 선정 2021년 전 세계 유튜버 수익 1위에 선정된 '미스터비스트MrBeast'는 체험형 콘텐츠를 제작하는 크리에이터로, 한 해 추정 수익이 5,400만 달러(약 641억 원)다. 이는 전 세계 셀

러브리티 수입 순위에서 40위권으로, 세계적인 싱어송라이터 빌리 아일리시보다 높다. 1998년생인 미스트비스트가 운영 중인 채널들의 구독자수 총합은 2억 명 이상이며, 전체 총 조회수는 300억 뷰를 웃돈다. 이쯤 되면 단순한 크리에이터의 수준을 넘어, 걸어 다니는 미디어 기업이라고 할 정도다.

지금의 위상과 달리, 그는 처음에 게임 크리에이터를 시작했을 때 고전을 면치 못했다. 유튜브를 시작한 이후 4년간 그는 1,000개의 콘텐츠를 업로드했으나 구독자 2,000명도 모으지 못했다. 하지만 그는 포기하지 않고 채널의 콘셉트를 체험형 챌린지로 바꾸었고, 팬들의 공감을 얻는 콘텐츠로 전 세계에서 가장 돈을 많이 버는 크리에이터가 되었다.

그는 넷플릭스 히트작인 〈오징어게임〉을 시청한 뒤, '나도 실제로 오징어게임을 해 보고 싶다'고 생각했을 그의 팬들을 위

크리에이터의 역할에 대한 새로운 관점을 던진 미스터비스트
출처: youtube @MrBeast(좌), mrbeastburger.com(우)

해 현실판 오징어게임을 개최해 보자는 기발한 아이디어를 냈다. 그는 제작비로 최종 생존자에게 줄 상금 45만 6,000달러(약 5억 5,000만 원), 세트장과 의상을 준비하는 데 41억 원을 투자했다. 이 금액은 〈오징어게임〉 드라마 본편의 회당 제작비(28억 원)보다 많다. 456명의 참가자와 함께 제작한 〈456,000달러 현실판 오징어게임!$456,000 Squid Game In Real Life!〉 콘텐츠는 총 3억 회 이상의 조회수를 기록하며 전 세계에서 회자되는 바이럴 히트작이 되었다.

현실판 '오징어게임' 및 채널 운영 방식을 보면, 미스터비스트가 크리에이터이면서도 대단한 마케팅 감각을 가진 기업가라는 것을 알 수 있다. 그는 제작비를 적극적으로 투자하여 더 많은 조회수와 구독자를 얻는 선순환의 플라이휠을 돌림으로써 채널을 키웠다. 그는 단순히 단기적인 수익에 집착하지 않고, 장기적인 관점에서 브랜드 PPL 수익과 유튜브 광고 수익의 대부분을 콘텐츠 제작에 재투자하는 것으로 알려져 있다. 특히 '자선'을 콘셉트로 잡아 자신의 콘텐츠에 출연한 평범한 게스트들에게도 출연료를 지불한다. 그는 미스터비스트라는 브랜드 가치를 키워 나감으로써 이를 바탕으로 다양한 영역으로 비즈니스를 확장하고 있다.

2020년 코로나가 한창 유행하던 시기에 코로나로 문을 닫는 식당들이 생기자 그는 온라인 사업을 시작했다. 미스터비스트 버거앱으로 주문을 받으면 주변 식당에서 햄버거를 배달해 주는 온라인 배달 파트너십 사업이었다. 미스터비스트 버거앱 출시 이후 1,700개 레스토랑과 손잡은 그는 햄버거 500만 개를 팔았다. 레스토랑은 햄버거 배달로 수익을 올리고, 미스터비스트는 마케팅 수익을 올리는 상생 전략이었다. 그 외에도 그는 쿠폰앱 허니 등과 같은 기업에서 후원을 받고 있으며, 숍미스터비스트ShopMrBeast라는 온라인 스토어를 만들어 자신의 로고가 있는 머천다이즈(티셔츠, 모자, 후드티)를 판매하고 있다.

미스터비스트의 사례는 크리에이터의 역할에 대해 새로운 관점을 던져 준다. 크리에이터는 창작자일 뿐만 아니라 자신의 콘텐츠가 얼마나 큰 브랜드 가치와 부가가치를 창출할 수 있을지 고민하고, 재능, 사람, 자본을 과감히 투자하는 '기업가'라는 점이다. 미스터비스트 같은 크리에이터는 대형 자본과 전문 제작 인력이 주도하던 레거시 미디어와는 전혀 다른 새로운 콘텐츠 트렌드를 만들어 냈다. 또한 그들은 콘텐츠 크리에이터이자 기업가로서 창의적 콘텐츠와 상품, 서비스의 생산 주체가 되었다.

크리에이터는 프로슈머를 넘어
'개인 브랜드로 활동하는 생산자'

여기서 한 가지 짚고 넘어갈 개념이 있다. 바로 생산에 참여하는 소비자를 일컫는 '프로슈머prosumer'다. 간혹 크리에이터를 '프로슈머'에 비유하는 경우가 있지만, 크리에이터 이코노미 관점에서 '크리에이터'와 '프로슈머'는 다른 개념이다. 오히려 프로슈머에서 한 단계 더 발전한 것이 크리에이터라고 할 수 있다.

앨빈 토플러Alvin Toffler는 1980년에 쓴 저서 《제3의 물결》에서 프로슈머를 소개하면서, 소비자가 상품의 생산 과정에 직간접적으로 참여하여 소비자와 생산자의 경계가 흐려지는 현상을 일컫는다고 설명했다. 지난 40년간 인터넷과 모바일의 확산으로 적극적 소비자인 '프로슈머'가 늘어났다. 소비자는 온라인 커뮤니티와 콘텐츠를 통해 정보를 공유하고, 공동구매와 직거래 등 새로운 형태의 유통 방법을 만들어 냈다. 백화점이나 아울렛에 가는 것이 아닌 '당근을 하는' 소비자들이 모인 공유경제 시장이 생겨난 것이다.

하지만 우리가 아는 크리에이터는 단순히 능동적인 소비자를 일컫는 '프로슈머'를 넘어, 새로운 가치의 창출자이자 창의적인 경영자로서 '생산자'에 훨씬 가깝다. 유튜브 채널 '김작가TV'를 운영하는 럭키스튜디오 김도윤 대표가 대표적이다. 그는 김작가라는 개인 브랜드로 소비자들의 인식 속에 자리 잡았다. 김도윤 대표는 김작가 브랜드 고유의 콘텐츠와 책뿐만 아니라 컨퍼런스까지 다양한 사업을 기획, 제작, 유통, 마케팅, 투자하는 창의적인 크리에이터이자 경영자다. 그는《럭키》,《머니트렌드 2023》등 아홉 권의 책으로 누적 판매량 30만 권 이상을 달성한 베스트셀러 작가이자, 성공한 사람을 1,000명 이상 인터뷰한 자기계발 강사이다. 김작가는 프로슈머보다 한 단계 위에 있는 크리에이터라고 볼 수 있다.

이처럼 디지털 시대의 크리에이터는 '프로슈머'로부터 한 단계 진일보한 개념이다. 크리에이터는 평범한 개인이지만 엄연한 생산 주체이며, 이들은 스스로가 주축이 되는 새로운 경제를 일궈 내고 있다. 이 과정에서 창의적 경제 활동에 대한 의지, 재능과 노력의 투입, 의사결정 권한은 오로지 크리에이터 자신에게 있다. 더욱이 크리에이터를 중심에 두고 이들을 지원하는 기술과 플랫폼이 발전하면서 크리에이터 이코노미도 성장하고 있다.

크리에이터와 팬의 상호작용으로
이루어지는 '팬덤 경제'

크리에이터 이코노미의 두 번째 특징은 크리에이터와 팬의 상호작용으로 이루어지는 '팬덤 경제'라는 점이다. 크리에이터가 이 시대에 주목받는 이유는, 이들이 지불 의사가 높은 충성 팬덤을 가지고 있다는 것이다. 팬덤은 크리에이터를 가까운 친구처럼 편하게 생각하면서도 그들의 라이프스타일을 동경하기 때문에, 정서적으로 가깝고 그들을 따라 소비한다. 이것은 크리에이터의 성장을 응원하고, 크리에이터가 하는 활동에 직접 참여하거나 후원하는 결과로 나타난다.

크리에이터 팬덤 경제의 원조는 후원 문화

온라인에서 '팬덤 경제'의 원조는 아프리카TV, 트위치, 유튜브에서 스트리밍 방송 중 후원(도네이션)하는 문화다. 2017년 고려대학교 김성철 교수가 스트리밍 방송을 경험해 본 935명을 대상으로 시청자들이 별풍선을 쏘는 요인에 대해 조사를 진행했다. 조사 결과 가장 큰 후원 촉진 요인은 바로 '팬심'이었다. 내가 평소 애청하는 방송이 계속 진행되기를 바라고, 크리에이터에게 어떻게 해서든 도움이 되고 싶다는 인식이 강한 시청자일수록 후원 의도가 컸던 것이다. 한 예로, 아프리카TV의 대표 BJ 박가린은 2021년 한 해에 30억 이상의 별풍선 수입을 올렸다. 또한 유튜브 데이터 집계 사이트 플레이보드에 따르면 2022년 국내에서 슈퍼챗으로만 1억 원 이상의 수익을 올린 유튜브 채널의 숫자가 50개에 달할 정도로 후원 관련 시장은 그 규모가 크다. 2022년 국내 유튜브 슈퍼챗 1위는 구독자 5만의 수와진TV로, 슈퍼챗 수입은 연간 약 4억 8,000만 원으로 추정된다. 수와진TV는 1987년 가수로 데뷔한 일란성 쌍둥이 형제 안상수와 안상진으로 구성된 듀오가 운영 중인 채널로, 유튜브를 통해 라이브 공연을 하며 지속적으로 버스킹을 하고 있다.

후원 기능에는 팬들이 재밌게 이용할 수 있도록 더 많은 인터랙션 요소가 추가되고, 서드 파티(Third Party, '제3자'라는 의미로 파생 상품, 파생 서비스 등을 생산하는 회사) 서비스들이 등장하며 산업화되고 있다. 후원 문화에 익숙한 게이밍 스트리머가 많은 트위치는 방송 중 팬들이 재미있는 목소리나 영상을 사용하여 후원하는 기능을 제공함으로써 도네이션을 팬과 크리에이터가 직접 상호작용하는 경험으로 만들었다. 유튜브에서는 '슈퍼챗'과 '슈퍼스티커', 아프리카TV에서는 '별풍선'이 팬덤 경제로 자리 잡았다. 틱톡은 시청자들이 틱톡 코인을 구매한 뒤 라이브 중 선물할 수 있는 기능을 도입했다. 무엇보다 MZ세대 팬들은 라이브 방송을 통해 쉽게 크리에이터와 직접적으로 소통할 수 있고, 팬심을 표현하는 것에 익숙하다.

그 외에 도네이션 서드파티는 크리에이터가 트위치 등 스트리밍 플랫폼에 연결해 후원을 받는 데 사용하는 서비스다. 도네이션 서드파티 서비스는 플랫폼에 비해 수수료가 낮고, 팬들이 영상, 목소리, 기프티콘 등 다양한 인터랙티브를 사용해 기부할 수 있는 기능을 마련했다. 또한 신용카드 외에도 휴대폰 결제나 페이팔Paypal 같은 다양한 결제 수단을 제공하는데, 대표적으로 트윕Twip과 투네이션Toonation이 있다.

굿즈에서 팬덕트,
팬덕트에서 NFT로 퍼지는 팬덤 이코노미

크리에이터에 대한 팬덤은 굿즈 열풍에서도 나타나며, 이런 현상을 보면 '팬덤 경제'가 아이돌만의 전유물이 아니라는 점을 알 수 있다. 크리에이터는 스스로 만든 캐릭터와 세계관에 대한 IP를 본인이 소유하기 때문에 사업의 주도성과 신속성을 용이하게 확보할 수 있다. 자신의 채널을 통해 팬들에게 직접 마케팅하고 판매로 전환시킬 수 있다는 것 또한 크리에이터 굿즈 사업의 강점이다.

유튜브 채널 피식대학의 '한사랑산악회 입회 기념 패키지' 굿즈는 캐릭터와 문구가 새겨진 약수터 바가지와 물컵, 손수건으로 구성되어 있는데, 여기서 팬들은 콘텐츠 세계관과 현실이 만나는 듯한 재미를 느낄 수 있다. 어린이들에게 '초통령' 버금가는 인기를 누리는 '잠뜰'의 캐릭터를 활용한 완구와 출판 상품들은 지난 몇 년간 꾸준히 팔리고 있다. 특히 최근에는 잠뜰의 대표 콘텐츠 IP 시리즈인 탈출물 '3DAYS'와 추리물 '블라인드' 등에서 착안한 굿즈를 개발하여 유튜브 라이브에서 판매했는데, 당일 전량이 완판될 정도로 팬들에게 큰 인기를 얻었다. 이 사례들은 크리에이터 IP에 기반한 팬덤과 제품이 결합한 '팬덕트fanduct, fan+product'의 성공을 잘 보여 준다.

이러한 크리에이터 팬덕트 시장을 공략해, 크리에이터가 굿즈를 쉽게 제작, 판매할 수 있도록 도와주는 스타트업도 늘고 있다. 미국에서는 크리에이터의 티셔츠, 후드티, 머그컵 등을 맞춤형 주문 생산·제작해 판매할 수 있는 대표적 서비스로 '스프링'이 있으며, 그 외 다양한 커머스 관련 인프라를 제공하는 스타트업이 있다. 국내 MCN(Multi Channel Network, 다중채널 네트워크) 중에는 샌드박스네트워크가 운영하는 '미미즈', 다이아TV가 운영하는 '다이아마켓'이 대표적이며, 마플코퍼레이션이 운영하는 '마플샵'은 크리에이터가 맞춤형 주문 생산·제작 방식으로 굿즈를 판매할 수 있도록 지원한다. 이런 서비스들을 통해 크리에이터는 제작 및 배송 문제를 해결하여, 상품 판매에 들어가는 시간과 비용에 대한 부담을 낮출 수 있다.

향후 이러한 팬덕트 사업은 NFT로도 점차 확장될 것으로 예상된다. 웹3.0 기술과 결합해 크리에이터는 차별화된 오디언스 경험과 콘텐츠를 NFT화하고, NFT를 민팅해 들어온 수익금을 콘텐츠와 사업 그리고 커뮤니티의 성장에 투자할 수 있다. 거래 구조도 DeFi(Decentralized Finance, 탈중앙화 금융)를 통한 팬과의 직접거래 형태로 바뀌어 더 쉽고 투명해질 것이며, 이는 DAO

팬덤 경제는 아이돌만의 전유물이 아니다

출처: 미미즈 홈페이지(위), 한사랑산악회 입회 기념 패키지(아래)

의 형태로 커뮤니티에 편입된 NFT 홀더(소유자)들과 성과를 공유하는 팬덤 이코노미가 될 것이다.

팬더스트리 플랫폼으로 진화하는
크리에이터 이코노미

크리에이터 이코노미가 기부와 후원, 굿즈 커머스, 구독 멤버십, NFT 영역으로 다양화됨에 따라 크리에이터는 팬덤을 체계적으로 관리하고, 팬덤 커뮤니티 중심으로 비즈니스 포트폴리오를 구축해야 할 필요성이 높아지고 있다. 또한 팬들도 팬들끼리 모여 소통하면서, 크리에이터와 관련한 콘텐츠와 온오프라인 이벤트를 함께 즐기고 참여할 커뮤니티 공간이 필요하다. '팬더스트리(fandustry, fan과 industry의 합성어로 팬덤 기반의 산업을 말한다)' 플랫폼은 이러한 팬덤 커뮤니티를 한 공간으로 모아 다양한 팬덤을 관리하고 수익화를 도와주는 서비스다. K-Pop 아티스트들은 하이브의 위버스, SM엔터테인먼트의 버블, 엔씨소프트의 유니버스 같은 팬덤 플랫폼을 이용하고 있으며, 추세에 발맞춰 크리에이터를 위한 팬덤 플랫폼 비스테이지b.stage와 빅크bigc도 론칭했다. 팬덤 플랫폼은 소셜미디어보다 크리에이터에게 높은 자율성을 부여하기 때문에 커뮤니티 운영과 마케팅을 위한 정보 및 데이터 접근이 크리에이터에게 열려 있다. 이처럼 팬덤 플랫폼은 크리에이터 이코노미 산업에 새로운 바람을 불고 올 것으로 보인다.

다양한 수익 창출 시스템이 있는 경제

크리에이터 이코노미는 크리에이터가 창의적 노력을 들여 만든 콘텐츠, 게임, 디지털 아이템, 뉴스레터, 굿즈 등 어떤 것이든 시장에서 소비자의 이용 가치에 따라 보상받을 수 있는 수익 창출 시스템을 가지고 있다.

크리에이터 이코노미는 콘텐츠에 붙은 광고를 통해 수익을 창출할 수 있는 플랫폼에서 출발하여, 점차 광고 게재 외에도 수익화가 가능한 시스템으로 발전하고 있다. 팔로워들의 콘텐츠 구독으로부터 별풍선 같은 후원, 상품과 아이템 구매 등 팬들과의 직접적인 관계에서 수익을 창출하는 D2C 비즈니스 모델로 크리에이터가 돈을 벌 수 있는 경제 시스템이 확장되고 있다. 메타버스와 NFT가 대중화Mass Adoption 단계로 가기 위해서는 반드시 크리에이터 이코노미를 품고 창작자에게는 새로운 경제적 기회를, 팬들에게는 좋은 경험을 제공할 수 있어야 한다. 이를 위해 현재 다양한 실험들이 이루어지고 있다.

D2C 방식의 수익화 시스템

크리에이터 이코노미는 크리에이터가 플랫폼이나 브랜드로부터 받는 광고 수익을 넘어 다양한 경제로 확장되고 있다. 특히 크리에이터가 소비자인 팬으로부터 직접 수익을 창출하는 비즈니스, 즉 D2C로 발전 중이다. 크리에이터는 콘텐츠, 상품, 서비스를 자신의 커뮤니티에서 직접 유통, 홍보, 판매함으로써 추가적인 수익을 창출한다. 이때 크리에이터는 비교적 구독자가 적더라도 자신의 팬 커뮤니티에서 반응을 일으킬 수 있는 서비스를 제안하는 것이 중요하다. 보다 많은 크리에이터의 수익 창출 기회를 만든다는 점에서 크리에이터 이코노미의 초점은 광고 수익을 넘어 크리에이터가 팬들과 직접 거래하는 방향으로 확장되고 있다.

D2C 수익화 시스템에서는 크리에이터만이 줄 수 있는 차별화된 경험, 혜택, 정보를 통해서 팬을 만족시키는 것이 중요하다. 카메오Cameo는 영화, 스포츠 등의 유명 스타가 개인 팬을 위한 영상을 만들어 수익을 창출할 수 있는 플랫폼으로, 크리에이터는 한 명의 팬을 위해서 1:1로 원하는 영상을 만들 수 있다. 참고로 카메오에서는 영상 하나당 15달러에서 3,000달러까지 비용을 받고 팬들에게 보낼 수 있다.

뉴스레터 구독 플랫폼인 서브스택은 광고 없이 구독료로 운영 가능하다. 크리에이터가 관심 분야에 집중된 뉴스레터를 발행하고 월 구독료를 설정하면, 구독자가 정기 구독료를 지불하고 이용하는 시스템이다.

블록체인 기술을 활용한 수익화 시스템

D2C 방식의 수익화 시스템은 웹3.0 시대를 맞아 더욱 진화하고 있다. 앞으로 크리에이터 이코노미는 플랫폼 같은 중개자를

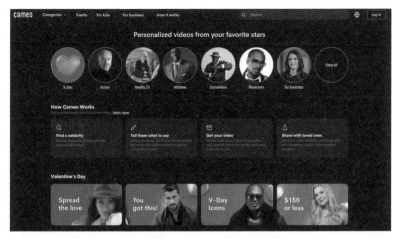

팬으로부터 직접 수익을 창출하다

출처: 카메오(위), 서브스택(아래) 메인화면

거치지 않더라도 팬과 크리에이터가 자율적으로 주도하는 커뮤니티 중심으로 진화할 수 있다. 크리에이터는 콘텐츠의 디지털 소유권 자체를 NFT로 팬에게 팔 수 있고, 팬은 크리에이터의 콘텐츠를 NFT 형태로 소장하거나 되팔 수 있다. 크리에이터는 음악, 영화, 영상, 아바타, 게임 아이템 등 콘텐츠를 NFT화할 수 있으며, 블록체인을 통해 중개자를 거치지 않고도 신뢰성 높은 방식으로 콘텐츠를 판매할 수 있다. 특히 NFT는 한 번 판매한 후 2차 시장에서 팬들 간 재판매가 일어날 때마다 크리에이터가 일정 부분을 로열티 개념으로 받게 되어 있기 때문에 크리에이터에게 지속적인 수익원이 될 수 있다. 또한 팬들은 콘텐츠를 단순히 시청하는 것뿐만 아니라 디지털 자산의 개념으로 소유하고 투자할 수 있다.

블록체인 기술을 활용한 창작자 수익화 시스템은 파트3의 '크리에이터 이코노미3.0' 부분에서 보다 자세히 다루기로 한다.

크리에이터 르네상스를 여는
생성형 AI의 등장

생성형 AI, 인간의 창작을 대체할 수 있을까?

2022년 11월 30일, 대화형 인공지능 챗봇인 챗GPT의 등장은 세상에 엄청난 충격을 가져다주었다. 인간이 프롬프트prompt 형태로 지시하면 챗GPT가 에세이부터 소설, 시, 이메일, 논문, 이력서까지 수초 내에 작문해 냈기 때문이다.

챗GPT에 적용된 기술인 생성형 AIGenerative AI는 인공지능이 인간의 지도 없이 딥러닝을 통해 빅데이터를 학습하고, 학습한 데이터로부터 규칙과 의미를 파악한 뒤 새로운 데이터를 생성하는 기술이다. 생성형 AI 기술을 선도하는 기업으로는 챗GTP를 개발한 오픈AI와 2017년 딥러닝 기술인 트랜스포머Transformer를 개발하고 챗GTP에 대항하는 대화형 챗봇 바드Bard를 발표한 구글, 이미지 생성 AI 스테이블 디퓨전Stable Diffusion을 개발한 스태빌리티AI 등을 꼽는다.

GPTGenerative Pre-trained Transformer는 이름 그대로 인터넷의 거의 모든 데이터를 사전학습Pre-trained했기 때문에 사용자가 요청한 콘텐츠를 수초 내에 빠르게 생성한다. 오픈AI에 의하면 챗GPT는 인터넷의 공개된 데이터와 제3자로부터 라이센스를 얻은 데이터를 사전학습의 대상으로 한다. 이처럼 대용량 데이터를 무수히 많은 매개변수(파라미터)로 학습해 복잡한 상황을 스스로 학습하고 인간의 뇌처럼 종합적인 추론을 하는 AI 기술을 '초거대 AI'라고도 한다.

콘텐츠로 만들고 싶은 주제를 간단히 입력하면 이미지, 음악,

	GPT-3.5	GPT-4
기능	문장 인식 및 텍스트 생성	문장 인식 및 텍스트 생성 이미지 인식 및 분석
대표 서비스	챗GPT, Bing 검색	챗GPT, Bing 검색, 이미지 서비스(개발 중)
데이터 처리 가능량	회당 3,000단어	회당 25,000단어
성능	미국 변호사 시험 상위 90% SAT 수학 상위 30% 의학 지식 평가 상위 47%	미국 변호사 시험 상위 10% SAT 수학 상위 11% 의학 지식 평가 상위 25%
내부 사실성 평가	오답을 말하는 환각 증상	환각 증상 40% 감소
매개변수	1,750억 개	비공개

출처: OpenAI

읽을거리

팟캐스트 등과 같은 결과물을 생성해 주는 다양한 인공지능 콘텐츠 창작 툴이 봇물처럼 쏟아져 나오고 있다. 챗GPT 개발사 오픈AI의 경우 이미지 생성이 가능한 달리Dall-e, 컴퓨터 코드 작성이 가능한 코덱스Codex를 출시해 가능성을 시험하고 있다.

생성형 AI를 통한 창작물은 인간의 창작물과 구분하기 어려울 정도의 퀄리티와 예술적 표현력을 보여 주기도 한다. 2022년 8월, 미국 콜로라도주립박람회 미술대회에서 AI 창작 프로그램인 미드저니Midjourney로 제작한 〈스페이스 오페라 극장Théâtre D'opéra Spatial〉이라는 작품이 디지털아트 부문 1위에 올라 화제가 되었다. 이 작품이 AI 창작 프로그램을 사용해 제작된 사실을 알지 못했던 심사위원들에게 예술성과 독창성을 인정받은 것이다. 나중에 이 작품을 만든 게임 디자이너인 제이슨 앨런Jason M. Allen은 이 대회에 출품한 세 작품을 제작해서 프롬프트를 수정하는 과정을 900번 가까이 반복했고, 자신이 직접 포토샵 등을 사용해 이미지 정리와 화질 보정을 수작업으로 했다고 밝히기도 했다.

의사도 위태롭다? 생성형 AI 등장 후 사라질 직업들

초거대 언어 모델로 막대한 데이터를 학습하고 빠르게 완성도 있는 창작물을 생성할 수 있다는 장점 덕분에 생성형 AI가 비즈니스, 교육, 예술 창작, 과학 연구 등의 영역에서 전문가를 대체하리라는 우려 섞인 전망이 나오고 있다. 2016년 구글 딥마인드가 개발한 알파고가 나왔을 때도 인공지능이 인간의 일자

인공지능을 통해 텍스트로 그려 낸 〈스페이스 오페라 극장〉

출처: 제이슨 앨런 디스코드

리를 대체할 것이라고 예상했다. 콜센터 상담원, 운전기사, 은행원, 동시통역사, 회계사 등 많은 직업이 인공지능에 의해 대체될 대표적인 직업군이었다.

예술 창작 분야는 인간의 창의적 아이디어와 미적인 표현력을 요구하기 때문에 인공지능이 대체할 수 없는 분야로 여겨졌는데, 챗GPT를 비롯한 창작 소프트웨어가 다수 출시되면서 이러한 전망은 180도 바뀌었다. 한 기사에 따르면, 2016년 한국고용정보원이 꼽은 '인공지능으로 대체될 가능성이 낮은 직업' 1위에서 5위까지가 예술 창작 분야의 직업들이었지만, 2023년 생성형 AI의 등장으로 이들은 사라질 수 있는 직업으로 바뀌었다고 한다. 예를 들어, 달리2나 미드저니, 스테이블 디퓨전 같은 이미지 생성 AI 프로그램을 이용하면 그림을 못 그리는 사람도 아이디어만 가지고 일러스트, 삽화, 디자인 이미지를 얻을 수 있다. 따라서 시각예술 분야의 일자리가 대체될 수 있다고 보는 것이다.

실제로 글을 쓰는 작가는 챗GPT가 대신하고, 작곡가 역시 스플래시나 무버트 같은 음악 생성 AI 프로그램으로 대체한 사례가 화재가 되기도 했다. 하지만 생성형 AI가 작동하는 방식과 활용 사례를 이해하면 생성형 AI가 예술 창작 분야의 직업을 대체하기보다는 창작의 진입장벽을 낮추고 생산성을 높여 주는 방향으로 활용되리라는 점을 알 수 있다. 단적으로, 생성형 AI는 만들고자 하는 창작물의 아이디어를 언어 형식의 프롬프트로 '인간'이 입력해야만 결과물을 출력할 수 있다. 가령 "반 고흐 스타일의 밤하늘을 배경으로 어린 왕자의 모습을 그려 줘"라고 입력한 후에야 이미 학습한 수많은 이미지 데이터 규칙을 통해 생성형 AI가 새로운 이미지를 생성하고 조합해 결과물을 주는 식이다.

이렇게 생성된 콘텐츠에 대한 추가적인 창작 작업이나 편집 작업도 인간의 지시가 있어야만 생성형 AI가 수행할 수 있다. 에세이나 소설처럼 장편물을 생성하려면 주제와 제목, 플롯, 문장들을 순차적으로 프롬프트에 입력해야 하고, 그림책이나 웹툰처럼 글과 그림이 함께 있는 콘텐츠의 경우 2가지 이상의 생성 AI 프로그램을 교차해서 사용해야 한다.

결론적으로 인간이 어떤 프롬프트를 AI에 주느냐가 창작의 중요한 시발점이 된다. 현재까지 나온 생성형 AI 기술로는 이를 온전히 AI에 의해 자동화할 수는 없다. 테슬라가 개발한 자율주행 소프트웨어 '오토파일럿Autopilot'과 깃허브Github가 개발한 GPT-3 기반 코드 개발 소프트웨어 '코파일럿Copilot'의 이름만 비교해 봐도 그 차이를 가늠할 수 있다. 자동차 주행은 인공지능이 자동화할 수 있는 작업이지만 소프트웨어 개발에서는 인공지능이 (인간의 조수처럼) 보조적인 역할에 머문다. 창작 영역에서도 마찬가지로 인공지능의 역할은 인간(크리에이터)의 조수에 가깝다.

생성형 AI를 통해 결과물을 얻으려면 여전히 창작할 콘텐츠의 주제와 창작 의도를 생각하는 크리에이터가 이 과정을 주도해야 한다. 중간 결과물에 대한 판단과 편집, 보정 작업 지시도 사람이 해 줘야 하고, 원하는 콘텐츠로 개선하기 위해서 사람이 직접 AI가 생성한 콘텐츠를 수정하는 수작업도 필요하다.

편집과 리터칭 작업을 최소화하고 AI가 만든 콘텐츠를 바로 수익화할 수 있지만, 이러한 콘텐츠들은 매력도가 높지는 않다. 아마존에서 판매되고 있는 어린이 동화책《앨리스와 스파클Alice and Sparkle》은 챗GPT와 이미지 생성 AI 툴인 미드저니를 이용해 이틀 만에 제작되었다. 이 책은 전문 작가의 동화책에 비해 내용이 무미건조하다며 독자들로부터 혹평을 받았고, 작가의 트위터에는 수많은 악플이 달렸다. 작가는 악플에 못 이겨 이 책의 판매를 중지했다가 최근 슬그머니 재개했다. 챗GPT로 스크립트를 만들고 텍스트를 영상으로 생성해 주는 픽토리PICTORY나 비디오 스튜Video Stew 등으로 유튜브 영상을 만들어 수익화하는 크리에이터들도 등장했다.

유튜브에도 챗GPT를 통해 몇 분 만에 동영상을 만들어 돈을 벌 수 있다며 사람들을 혹하게 하는 채널들이 있지만, 이런 방식으로 만들어진 영상으로는 실제로 유의미한 수익을 벌기 힘들다. 크리에이터가 만든 영상과 달리 개인의 경험과 인사이트가 담겨 있지 않기 때문이다. 구독자를 타깃하여 이들의 눈길을 끌수 있는 흥미거리도 없으며, 일반적이고 평이한 정보를 담고 있을 뿐이다. AI가 생성한 콘텐츠만으로 구독자 반응이나 팬덤을 이끌어 내기는 역부족이다.

AI, 누구나 생산자가 되고
모두가 소비자가 되는 시대를 열다

생성형 AI를 가지고 창작을 하려는 여러 가지 시도들이 이미
진행되고 있다. 활용하기에 따라 창작 과정에서 좋은 샘플과 레
퍼런스를 얻어 발전시키거나 창작 시간을 단축하고 비효율적인
면을 제거하는 등 다양한 장점이 확인되었다. 앞서 설명했던 것
처럼, 생성형 AI를 활용한 창작 과정은 크리에이터가 생성형 AI
에 프롬프트 형태로 창작 지시와 피드백을 보내는 과정을 반복
해 원하는 콘텐츠를 얻는 방식이다. 피드백을 제공했을 때 결과
물은 수초 이내에 생성되기 때문에 창작의 중간 단계에서 시간
지체가 없어지고, 크리에이터의 창작을 위한 사고 과정도 끊김
없이 진행될 수 있다. 크리에이터는 이렇게 절약한 시간을 콘텐
츠 비즈니스 기획과 커뮤니티 소통 등 콘텐츠 제작 외 다른 중요
한 일에 사용할 수 있다.

생성형 AI를 활용하는 것만으로도 창작의 파트너이자 회사
의 팀원을 고용하는 것과 같은 효과를 낼 수 있다. 크리에이터
는 1인 기업 형태로 개인 비즈니스를 운영하는 경우가 많기 때문
에 생성형 AI를 활용해 생산성을 향상할 수 있다면 크리에이터
의 성장 잠재력이 극대화되는 것이다. 이미 활발히 활동하고 있
는 크리에이터도 AI를 활용해 더 많은 콘텐츠를 만들어 팔로워
와 수익을 늘릴 수 있다.

창작 기술의 유무가 크리에이터가 되는 데 장벽으로 작용하지 않게 되는 것도 AI 창작 프로그램의 큰 이점이다. 전문 제작자가 아니어도 콘텐츠 아이디어만 있으면 AI를 창작 파트너로 활용해 구체적인 창작물로 발전시키는 사례가 나타나고 있다. 이렇게 된다면 누구나 콘텐츠를 만들어 돈 버는 일을 직업으로 고려할 수 있다. 스마트폰 보급이 1인 콘텐츠 창작을 가능하게 했다면, AI 창작 툴 덕분에 더 많은 사람이 아이디어만으로 콘텐츠를 제작할 수 있게 된 것이다. 앞으로 10년 동안 AI 창작 툴이 크리에이터 이코노미에 미치는 파급력과 가능성은 스마트폰의 등장과 1인 미디어의 출현에 비견될 정도로 커질 것이다.

이에 따라 크리에이터 이코노미는 생성형 AI의 최대 수혜 영역이 될 것이라고 전망하기도 한다. 이러한 전망의 근거는 앞으로 크리에이터의 창작 과정이 AI의 힘을 받는AI-powered 또는 AI의 보조를 받는AI-assisted 방향이 될 것이라는 생각이다.

크리에이터는 어떻게 AI의 힘을 빌리게 될까? 인간이 생성형 AI의 힘을 빌리는 방식은 다음 3가지 방향이 될 수 있다. 첫째, AI의 힘을 빌려 크리에이티브 역량을 증강한다. 둘째, AI의 보조를 통해 콘텐츠 제작, 커뮤니티 관리, 수익화 등에서 생산성을 증가시킨다. 셋째, 인간이 AI와 대화하면서 창작 과정에서 AI와 협력한다. 챗GPT 같은 AI 프로그램을 잘 활용할 수 있는 크리에이터가 더 좋은 콘텐츠를 더 많이 제작해 웹에서 많은 트래픽과 구독자를 얻고, 수익을 늘리게 될 기회가 열리는 것이다.

일례로, 디지털미디어 기업 버즈피드BuzzFeed는 퀴즈와 개인 맞춤형 콘텐츠를 만드는 데 오픈AI의 기술을 쓸 계획이라고 밝혔다. 이날 회사의 주가는 장중 150%가 치솟았다. 버즈피드 CEO 조나 페레티Jonah Peretti는 "창조 행위는 점점 더 AI의 도움을 받는 방향으로 변화하고, 기술에 의해 발전 가능성이 높아질 것으로 본다"라며 "지난 15년간의 인터넷은 '콘텐츠 큐레이션', '추천 알고리즘'이었다. 향후 15년은 콘텐츠 자체를 생성하고 개인화하며 애니메이션화하는 AI가 될 것"이라고 말했다. 앞으로 15년은 AI가 콘텐츠 제작에 활용되어 사용자 니즈에 따라 개인화된 콘텐츠를 생성하고 전달할 수 있는 기술로 발전할 것이라고 본 것이다. 그는 또 "향후 3년 동안 디지털미디어의 미래는 크리에이터와 AI, 2가지 주요 트렌드로 정의될 것"이라고 강조하며 AI가 콘텐츠를 생성하더라도 여전히 크리에이터가 인터넷에서 콘텐츠를 공급하는 데 중요한 역할을 할 것이라고 보았다.

창작의 르네상스를 열기 위해 AI가 해결해야 할 과제

하지만 논란도 여전하다. 특히 AI 프로그램에 의한 창작물의 저자를 그 프로그램에 지시를 내린 사람으로 봐야 하는지 아니

읽을거리

면 AI 프로그램 자체를 공동 저자로 인정하고 창작물의 저작권을 부여해야 하는지에 대한 논의는 여전히 갈피를 못 잡고 있다. 우선 아직까지는 AI를 저자로 인정하는 공감대가 형성되어 있지 않다. 저작권법에서는 AI를 저작자로 인정하고 있지 않기 때문에 AI가 작성한 논문이나 예술 작품의 저작권을 법적, 제도적으로 주장하기도 쉽지 않다.

미국에서는 학생들이 챗GPT로 에세이를 작성하고 자신이 직접 과제를 수행한 것처럼 속여 학교에서 챗GPT 사용을 금지하기도 했다. 저작물을 인간이 작성한 것인지 AI가 작성한 것인지 판별하는 것이 중요해지기 때문에 챗GPT가 작성한 글인지 여부를 판단해 주는 AI 프로그램도 나올 전망이다. 챗GPT가 나온 지 한 달 만에 챗GPT를 공저자로 한 논문들이 출간되면서 AI를 공저자로 인정해야 하는지에 대한 논란이 학계로까지 퍼졌다. 세계적인 과학 저널 〈네이처nature〉와 같이 챗GPT 공저 논문의 게재를 막는 저널들이 나오고 있다. 앞서 AI 프로그램으로 만든 《앨리스와 스파클》역시 책의 퀄리티도 논란거리가 되었지만, 동시에 AI를 작가로 인정하는 것에 대한 거부감에 악플 세례를 받기도 했다.

국내에서는 광주과학기술원이 개발한 작곡 AI '이봄'이 6년 동안 30만 곡을 만들었고, 이 중 3만 곡을 판매해 6억 원의 매출을 올린 사례가 있다. 그런데 이봄의 음악 6곡에 저작권료를 지급해 온 한국음악저작권협회가 2022년 7월 저작권료 지급을 중단하겠다고 했다. 해당 음악을 사람이 아닌 AI가 작곡한 사실을 뒤늦게 인지했고, AI에게 저작권료를 지급해야 할 법적 근거가 없다는 이유에서였다.

AI 창작 프로그램을 사용하면 수초 만에 웹사이트 제작이 가능한 코드를 만들 수 있고, 블로그 게시물, 이메일, 유튜브, 팟캐스트를 몇 시간 내 대량으로 만들 수 있다. 그리고 이들 콘텐츠의 게시와 SEO(검색엔진최적화)까지 자동화하는 AI 프로그램도 나와 있다. 이미 AI 창작 프로그램을 이용한 웹사이트, 팟캐스트, 동영상을 대량으로 생성해 인터넷에서 광고 수익을 창출하는 이들이 나타나고 있다.

이들 중에는 무의미한 콘텐츠를 기계적으로 만들어 사용자의 클릭과 광고 수익을 노리거나 피싱 사이트를 운영하는 사례가 있다. 따라서 앞으로 플랫폼에는 생성형 AI에 의한 어뷰징 콘텐츠를 차단하는 일이 숙제가 될 것으로 보인다. 향후 생성형 AI의 무분별한 활용을 막는 기술과 정책을 마련하고 AI의 창작 기여도를 인정할 수 있는 사회적 공감대가 형성되어야 하며, 저작권법에서 인정할 수 있는 저작자의 범위도 새롭게 개정해야 하는 등 AI를 크리에이터 이코노미에서 폭넓게 사용하기 위해 선행되어야 할 과제들이 많다.

그러나 생성형 AI 프로그램 중에서도 챗GPT는 1억 명 이상의 가입자를 확보하면서 창작 시장의 판도와 사람들의 창작에 대한 인식이 바뀌었다. 이제 전문 제작자가 아닌 크리에이터를 중심으로 한 콘텐츠 창작이 또 한 번의 르네상스를 맞이하게 될 것으로 기대된다. 이에 대한 자세한 내용은 파트4에서 다룰 예정이다.

[**PART 2**]

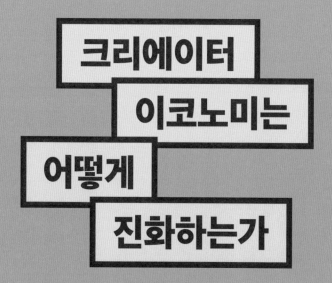

크리에이터 이코노미는 어떻게 진화하는가

"

어떤 분야에서 일하든 모두가 크리에이터가 되는 시대가 온다. 모든 직업이 크리에이터적인 요소를 포함하게 될 것이다.

"

* 아틀리에 벤처스 창업자 리진

크리에이터 이코노미의
진화 모델

Chapter 01

크리에이터 이코노미의 출발,
팬과 크리에이터의 호혜적 관계

파트1에서 살펴보았듯이, 크리에이터 이코노미는 팬과 크리에이터의 관계를 근간으로 한다. 이 둘은 '호혜적 관계'로, 크리에이터는 팬을 위해 콘텐츠를 만들고, 팬은 커뮤니티 활동으로 반응하면서 서로 간에 신뢰와 공감대를 형성하며 상호 발전한다. 크리에이터와 팬은 서로 재미, 정보, 소속감 같은 긍정적인 가치를 주고받으며 호혜적 관계를 만들어 간다.

이러한 관계 속에서 크리에이터는 팬들에게 콘텐츠나 이벤트

크리에이터

오디언스 경험　　　호응

팬

같은 '오디언스 경험'을 제공하고, 팬들은 댓글, 구독 같은 커뮤니티 활동 및 후원, 유료 상품 구매 같은 경제적 거래 활동을 한다. 기술의 발전에 따라 호혜적 관계의 방식도 진화하고 있으며, 크리에이터에게는 더 많은 경제적 기회가 생기고 있다.

크리에이터 이코노미 초기에는 콘텐츠를 통한 광고 수익 창출(플랫폼 수익 및 협찬)의 기회가 생기며 처음 시장이 열렸고, 이후 발전 과정에서 크리에이터가 팬들로부터의 직접 수익을 창출할 수 있는 수단이 다양해지면서 경제 규모가 빠르게 성장했다. 그리고 가까운 미래에는 호혜적 관계의 공간이 메타버스로 확장되면서 크리에이터가 새로운 방식으로 커뮤니티를 만들고 자신의 IP를 수익화하는 생태계가 펼쳐질 것으로 예상된다. 이 과정에서 크리에이터 이코노미는 팬의 참여가 더욱 중요해지는 커뮤니티 경제로 확장될 것이다.

웹의 진화와 크리에이터 이코노미의 진화 모델

크리에이터 이코노미의 진화를 이끄는 요인은 다음 3가지로 정리해 볼 수 있다.

1. 크리에이터와 오디언스를 연결하는 플랫폼의 발달
2. 콘텐츠 창작을 돕는 도구의 발달

3. 수익화 인프라를 제공하는 서비스의 발달

이러한 요인에 비추어 볼 때, 크리에이터 이코노미의 발전 과정을 구분할 수 있는 가장 큰 기준은 바로 웹 자체의 발전 단계다. 웹 환경이 발전하면서 미디어 환경이 변화했고, 이에 따라 운영 기술, 창작 도구, 수익화 서비스 등도 함께 발전했다. 이 책에서는 이러한 구분을 통해 크리에이터가 만드는 경제를 일시적 트렌드로 보는 것이 아니라, 웹의 진화와 함께 앞으로 계속될 하나의 산업이자 메가 트렌드로 분석하고자 한다.

특히 웹 환경 변화에 따라 크리에이터와 오디언스 간의 호혜적 관계가 발전하고 있으며, 이를 근간으로 크리에이터 이코노미가 형성되었다. 다음의 표는 크리에이터 이코노미의 발전 과정을 3단계로 압축하여 설명한 것이다. 단, 이 3단계는 각각 단절된 것이 아니라, 연속성을 가지고 그 영역이 확대되는 중이다. 또한 이 책의 마지막 파트에서 콘텐츠 창작을 돕는 도구인 생성형 AI에 대해 자세히 알아볼 예정이다. 생성형 AI는 크리에이터 이코노미에 새로운 지각변동을 일으키고 있기 때문이다.

그럼 이제부터는 이 책의 핵심 내용인 크리에이터 이코노미의 초기, 현재, 앞으로의 방향을 3단계로 구분하여 알아보자.

	크리에이터 이코노미1.0	크리에이터 이코노미2.0	크리에이터 이코노미3.0
웹 환경	초기 웹2.0	후기 웹2.0	웹3.0
미디어 환경 특징	콘텐츠 개방과 공유	유료 구독과 구매	콘텐츠의 소유와 거래
주요 운영 기술	소셜미디어	개별 서비스 플랫폼	탈중앙화된 인터넷(블록체인), 메타버스
대표 창작자 유형	인플루언서, 블로거, 동영상 창작자 등	웹툰·웹소설·뉴스레터 작가, 독립예술가, 전문가 그룹 등	메타버스 창작자, 아바타 아이템 디자이너, NFT 아티스트 등
주요 창작 도구	편집 프로그램	플랫폼 내 창작 툴	AI 창작 툴
수익화 서비스	플랫폼 광고 수익, 협찬	유료 구독, 커머스, 재능 마켓 등 D2C 방식	콘텐츠의 토큰화(NFT) 콘텐츠의 P2P 방식 유통
창작자를 위한 금융	MCN의 지원	크라우드 펀딩, 플랫폼 제공 펀드, 벤처 투자	DeFi
대표 플랫폼/서비스	페이스북, 인스타그램, 트위치, 아프리카TV, 네이버 블로그	서브스택, 패트리온, 네이버웹툰, 카카오페이지, 클래스101	오디우스(음악), 미러(블로그), 오디시(비디오), 오픈씨(NFT), 슈퍼레어(미술), 로블록스(게임), 제페토(메타버스)

크리에이터 이코노미1.0:
경제적 인센티브의 가능성

Chapter 02

크리에이터 이코노미의 시작

크리에이터 이코노미는 인터넷 사용자가 콘텐츠를 자유롭게 읽고 공유할 수 있는 웹2.0 환경에서 출발했다. 웹 기술의 발전은 콘텐츠의 공유, 확산을 기반으로 하는 소셜미디어를 탄생시켰고, 사용자이자 크리에이터가 업로드한 UGC(사용자 제작 콘텐츠)는 많은 사람들을 플랫폼으로 끌어당기기 시작했다. 이 과정에서 크리에이터는 소셜미디어 플랫폼의 양면 시장에서 콘텐츠 공급을 담당하는 하나의 주축으로 부상했고, 플랫폼에서도 이들을 유인하려는 보상 체계가 등장하면서 이를 둘러싼 경제 시스템, 즉 크리에이터 이코노미1.0이 등장했다.

크리에이터 이코노미는 유튜브, 페이스북 등 디지털 플랫폼에서 경제적 가치를 창출하는 개인들이 등장하며 시작되었다. 그 중에서도 유튜브는 2007년 플랫폼 광고 수익을 크리에이터에게 분배할 수 있는 YPP(유튜브 파트너 프로그램)를 도입해 크리에이터 이코노미가 뿌리를 내리는 데 많은 기여를 했다. 또한 게임 스트리밍을 중심으로 성장한 아프리카TV는 2007년 세계 최초로 인터넷 방송에 도네이션 시스템인 별풍선을 도입하면서 국내 인터넷 크리에이터 생태계에서 중요한 역할을 했다.

여기서 주목할 부분은 소셜미디어를 활용한 영향력 있는 개인, '인플루언서'가 등장했다는 것이다. 이들은 MZ세대를 대상으로 한 기업들의 핵심적인 마케팅 전략으로서 높은 협찬 수익을 벌어들였다. 이 과정에서 연간 수십, 수백 억의 매출을 올리는 크리에이터들이 등장했고, 이들의 성공 스토리를 좇아 크리에이터의 숫자가 산업 전반에 걸쳐 급격히 늘어나며 본격적으로 크리에이터 이코노미가 시작되었다.

반면 바인, 미투데이처럼 한때 소셜미디어의 강자로 군림했던 플랫폼은 크리에이터에 대한 경제적 보상 시스템을 갖추지 못하여 결국 크리에이터와 사용자들이 이탈했다. 이 과정에서 이들은 크리에이터 이코노미로 진입하는 데 실패하며 사업이 위축되거나 시장에서 사라졌다.

크리에이터

광고, 협찬, 마케팅   콘텐츠

브랜드

크리에이터 이코노미1.0의 핵심: 광고 수익 모델

인터넷 초기에도 PC통신 소설, 싸이월드 UCC스타 등 다양한 형태의 크리에이터가 온라인 무대에서 활동했다. 하지만 "미래에는 누구나 15분 동안은 세계적으로 유명해질 것이다"라는 앤디 워홀의 명언처럼, 이 시기에 이들은 경제적인 수익보다는 유명세에 만족해야 하는 경우가 많았다.

하지만 플랫폼의 시대가 열리고 양면 시장에서 콘텐츠 공급자로서 크리에이터의 가치가 부각되면서, 콘텐츠 제작에 대한 경제적 인센티브 체계를 구축하는 것이 플랫폼 사업자들에게 매우 중요한 일이 되었다.

크리에이터 이코노미1.0이 시작되면서 크리에이터는 콘텐츠 창작으로 수익을 창출할 수 있게 되었는데, 그중 가장 핵심이 되는 수익 모델이 '광고'다. 당시 국내에서는 싸이월드, 해외에서는 유튜브와 페이스북, 인스타그램 외에도 바인, 마이스페이스 등 다양한 서비스가 등장했지만, 결과적으로 크리에이터가 광고 수익을 창출할 수 있는 시스템을 갖춘 소셜미디어만이 살아남게 되었다. 이때 광고 수익 방식은 크게 2가지로 나뉘는데 '플랫폼 광고 수익'과 '협찬 광고 수익'이다.

플랫폼 광고 수익

'플랫폼 광고 수익'은 크리에이터가 본인이 제작한 콘텐츠에 플랫폼에서 제공하는 광고를 붙이고 여기에서 발생한 수익 중 일부를 가져가는 형태의 수익 모델을 말한다. 즉, 개인도 성실히 콘텐츠를 제작함으로써 돈을 벌수 있는 생태계가 만들어진 것이다. 크리에이터는 자신이 업로드한 콘텐츠를 통해 일정 정도의 광고 수익을 창출할 수 있었고, 이는 그들이 콘텐츠를 계속 생산할 강력한 동기가 되었다.

이러한 수익 모델을 크리에이터에게 제공하며 가장 성공적으로 성장한 플랫폼은 바로 유튜브다. 유튜브는 '애드센스'를 통해 크리에이터가 본인의 채널에서 발생하는 플랫폼 광고 수익을 55(크리에이터):45(유튜브)로 분배하여 지급한다. 특히 오디언스, 크리에이터, 광고주가 공존하는 경제 생태계를 구축하고 이 안에서 선순환 구조를 만들어 전 세계에 20억 명이 넘는 사용자들이 매달 방문하는 플랫폼이 될 수 있었다.

네이버는 '네이버 애드포스트'를 통해 크리에이터가 자신의 블로그, 포스트, 밴드에 광고를 게재하고 광고에서 발생한 수익을 배분받을 수 있는 기능을 제공하고 있다. 블로그를 보다 보면 중간에 디스플레이 배너와 키워드 광고가 뜨는데, 블로그 방문자가 해당 광고를 클릭하면 블로거에게 일정 수익이 돌아간다. 또한 네이버 인플루언서로 선정된 블로그에는 프리미엄 광고가 붙으며 그 수익이 증가하는 구조다.

협찬 광고 수익

협찬 광고는 인플루언서 마케팅 영역에서는 일반적으로 '브랜 디드 콘텐츠Branded Content' 혹은 'PPL(Product Placement, 간접 광고)'로 불린다. 디지털 공간에서 크리에이터가 새로운 셀럽으로 떠오르자 브랜드들은 이들이 보유한 채널의 영향력에 주목했다. 크리에이터가 팬덤의 소비에까지 영향을 미치면서, 브랜드는 유료 광고의 형태로 크리에이터에게 자신들의 제품을 소재로 콘텐츠를 제작해 줄 것을 요청하게 되었다. 즉, 협찬 광고란 크리에이터가 브랜드의 금전적 지원을 받아 시청자들이 기꺼이 소비할 만한 가치가 있는 콘텐츠를 제작하는 것이다.

크리에이터는 비록 협찬 광고일지라도 자신의 시청자가 얻고자 하는 정보와 재미를 창의적인 방식으로 콘텐츠에 녹여 낸다. 또한 크리에이터에게는 시청자들과의 신뢰를 지키는 것이 중요하기 때문에, 이것이 광고임을 솔직하게 이야기하면서도 그들이 불편하지 않게 진정성을 담아 광고를 제작한다. 따라서 소비자들은 자신이 평소 좋아하던 크리에이터의 채널에서 협찬 광고 콘텐츠를 접하더라도 재미와 진정성을 느끼며, 이 과정에서 브랜드의 구체적인 후기를 접할 수 있다.

이런 장점 덕분에 많은 브랜드들과 크리에이터의 협업이 매년 증가하고 있다. 인플루언서마케팅허브에서 발표한 자료에 따르면 전 세계 크리에이터 협찬 관련 시장은 2022년에 20조 원 규모로, 최근 6년간 약 10배 성장했다.

이러한 협찬 광고 수익 덕분에 크리에이터에게는 더욱 많은 창작 및 사업적 기회들이 생겨났다. 남편 없이 홀로 자식 셋을 키우며 한평생 식당일만 해 오던 박막례 할머니는 손녀딸과 시작한 유튜브로 MZ세대에게 핫한 랜선 할머니가 되었고, 삼성전자, 트립닷컴, 일본관광청의 협찬으로 전 세계 여행을 다녔다. 또한 코로나 및 경제적으로 어려움에 처한 자영업자들을 찾아 도움을 주는 콘텐츠를 제작하는 크리에이터(장사의 신) 은현장 작가는 여러 브랜드들과 꾸준히 협업을 하며, 그 수익금으로 전국의 자영업자들에게 컨설팅과 많은 재정적 지원을 하고 있다.

크리에이터 이코노미가 성장해야 플랫폼도 성공한다

바인의 실패와 교훈

바인Vine은 6초짜리 동영상을 공유하는 플랫폼으로, 2012년 말 서비스를 론칭하기 전인 개발 도중에 초기 스타트업을 트위터가 인수하여 시작부터 화제가 되었던 서비스다. 트위터 창업자 잭 도시Jack Dorsey는 "바인은 최근 내가 본 중에서 가장 기발하고 흥분되는 것 중 하나"라고 트윗을 날리며 바인의 성공을 자신했고, 2013년 1월 드디어 서비스를 시작했다.

트위터에 140자 제한이 있듯, 바인은 6초 제한이 있었다. 바인의 서비스 팀은 비디오 공유 시간을 테스트했고, 그 결과 4~10초가 적당하다는 의견을 바탕으로 최선은 6초라는 결론을 내렸다. 이는 당시에 매우 참신했던 시도로, 10대와 20대에게 폭발적 인기를 끌었다. 수백만의 팔로워를 거느린 '바인스타'들이 등장했고, 6초짜리 영화, 수많은 밈이 등장했으며, 빌보드 앨범 순위 정상에 오른 가수 숀 멘데스 같은 스타가 탄생하기도 했다. 2015년에는 전 세계 사용자가 2억 명을 넘기면서 바인은 숏폼 콘텐츠의 선두주자로 승승장구했다. 필자도 2015년에 미국 최대의 크리에이터 콘퍼런스인 미국 비드콘VidCon에 참가하여 당시 바인의 기세를 실감할 수 있었다. 13명 이상의 바이너들이 행사의 호스트 크리에이터로 활동하기도 했는데, 이는 유튜브 크리에이터 다음으로 많은 숫자였다.

하지만 2017년 1월 바인은 결국 서비스를 중단했다. 이후 등장한 스냅챗, 틱톡은 승승장구한 반면 바인은 결국 급속도로 내리막길을 걸었다. 숏 콘텐츠의 선두주자이자 트위터라는 든든한 지원군까지 등에 업은 바인이 왜 이렇게 빠르게 시장의 외면을 받았을까?

바인의 실패에는 인스타그램과 스냅챗 등 트렌디한 경쟁 서비스들이 기능을 추가하며 사용자층을 확대하는 동안 짧은 동영상 공유 기능에만 치중해 뒤처진 이유도 있었다. 하지만 정작 MZ세대가 주축인 동영상 시장이 크게 성장 중이었는데도 MZ세대가 바인을 떠난 이유는 다른 데 있었다. 아무리 창의적이고 신박한 동영상을 만들어 올려 조회수가 수백만에 육박해도, 크리에이터에게 돌아오는 보상이 전무했기 때문이다. 반면 이 시기 유튜브에서는 MZ세대 크리에이터가 게임을 하거나 장난감을 갖고 노는 등 재미있게 즐기면서 시청자들과 호흡하는 동영상을 통해 스타가 되고, 개인 크리에이터에서 유망한 CEO로 변신하고 있었다. 2011년생 키즈 크리에이터 라이언이 운영하는 유튜브 채널 라이언스 월드Ryan's World부터 스웨덴의 퓨디파이PewDiePie나 대한민국의 도티 같은 게임 크리에이터들은 크리에이터를 하나의 직업으로 만들어 냈다. 이들은 나이나 학력, 스펙과 관계없이 크리에이터가 되면 회사에 소속되지 않아도 하고 싶은 일을 하면서 꾸준히, 그리고 자신이 원하는 형태로 일을 하며 돈을 벌 수 있다는 것을 보여 주었다.

크리에이터 이코노미는 소셜미디어의 생존조건

페이스북은 일찍이 전 세계적으로 가장 많이 사용하는 소셜미디어로 자리매김했으나, 최근 들어 그 근간인 크리에이터 생태계가 흔들리고 있다. 페이스북에서는 크리에이터가 좋은 콘텐츠를 공유해도 이에 따른 직접적인 보상을 받기 힘들다. 메타(페이스북)의 매출은 2022년 분기당 30조 원이 넘는데, 이 수익 대부분은 이용자 포스팅을 활용한 맞춤형 타깃 광고에서 나왔다. 이 매출 중 페이스북에 콘텐츠를 게시한 크리에이터에게 돌아가는 것이 거의 없다 보니 페이스북에 양질의 콘텐츠는 줄어들고, 가

짜뉴스나 홍보성 이미지가 늘어나는 결과를 낳았다. 여기에는 여러 이유가 있겠으나, 콘텐츠를 제공하는 수많은 사용자들을 위한 크리에이터 이코노미를 구축하지 못한 것도 한 가지 원인이 될 것이다.

결국 페이스북은 자신의 활동에 대한 보상에 민감한 MZ 사용자들이 점점 흥미를 잃고 떠나는 상황에 부딪히고 말았다. 페이스북은 이 상황을 타개하고자 별풍선과 비슷한 개념으로 라이브 방송 중 크리에이터에게 보낼 수 있는 '스타stars'나 크리에이터 멤버십 등 크리에이터 수익 기능을 뒤늦게 도입했지만, 역부족인 상황이다.

페이스북에서 떠난 Z세대가 향한 소셜미디어 중 하나는 틱톡이다. 틱톡은 중국의 바이트댄스가 개발하고 운영하는 숏폼 기반 소셜미디어로, 크리에이터는 15초 정도 길이의 재미있는 영상을 시청자들에게 공유한다. 쉽게 따라 할 수 있는 챌린지 댄스 영상이 Z세대에게 뜨거운 바이럴 반응을 얻으면서, 미국 내 월간 활성 이용자수(MAU, 한 달에 한 번 이상 접속하는 이용자 수)의 60%가 16~24세일 정도로 Z세대에게 인기가 높다.

틱톡은 바인의 전철을 밟지 않도록 크리에이터의 수익화를 플랫폼 차원에서 적극 지원하고 있다. '틱톡 크리에이터 마켓플레이스'를 만들어 크리에이터와 광고주 간 브랜드 콜라보를 직접적으로 연결하고 뒷받침에 나섰다. 대부분의 플랫폼이 크리에이터와 브랜드 간 콜라보를 직접 연결하지 않는 것과는 차이가 있다.

틱톡커는 라이브 방송에서 '코인'의 형태로 팬들의 후원도 받을 수 있다. 또한 크리에이터의 라이브커머스를 앱 내에서 진행할 수 있는 기능도 지원한다.

2021년 틱톡에서 가장 많은 팔로워를 지닌 스타는 미국의 찰리 디아멜리오(2004년생)로 한 해 동안 1,750만 달러(약 209억 원)의 수익을 올렸다. 틱톡 팔로워 1억 3,300만 명을 거느린 그녀는 틱톡 광고와 자신이 직접 운영하는 의류 브랜드 사업으로 미국 S&P 500에 상장된 기업 CEO의 평균 연봉(2020년 약 1,340만 달러) 이상을 벌어들였다.

크리에이터 이코노미1.0은 완벽하지 않다

'크리에이터 이코노미1.0'에서 본격적으로 직업적인 크리에이터가 등장하고 연예인 못지않은 높은 수익을 올리는 사례들이 생겨나면서, 이것은 하나의 산업이자 경제 시스템으로 자리 잡았다. 하지만 이 시스템 안에서 점차 경쟁의 강도가 높아지고 크리에이터 간 수익 격차가 벌어지면서, 구독자와 조회수를 늘리기 위해 자극적이거나 거짓된 정보로 시청자의 주목을 끌거나 알고리즘을 악용하려는 채널들도 함께 늘어났다. 또한 이 과정에서 상대적으로 구독자가 적은 크리에이터들은 들인 시간과 노력에 비해 보상이 적어 상대적 박탈감을 느끼거나 끊임없는 경쟁 구도 속에서 번아웃을 겪었고, 이런 현상들이 사회적인 이슈로 관심을 받기도 했다.

하지만 크리에이터 이코노미1.0의 진짜 주인공은 자신의 미디어와 콘텐츠를 통해 개인 브랜드와 커뮤니티를 구축하고, 자신의 가치를 높일 수 있는 콘텐츠를 꾸준히 제작해 온 크리에이터들이다. 이들은 크리에이터를 자신의 커리어로 보고, 단기적인 조회수와 광고 수입에만 연연하지 않았다. 내가 오디언스를 위해 무엇을 해 줄 수 있는지 아이디어들을 콘텐츠화하는 과정에 몰입하고 대중과 소통하는 즐거움에 집중했다. 동시에 크리에이터 활동을 단순한 취미가 아니라 다양한 수입원을 발생시키는 창업가의 관점에서 바라보았으며, 개인 브랜드를 기반으로 파이프라인을 연결하는 데 전략적으로 임했다. 이렇게 이들은 크리에이터 이코노미2.0 시대를 여는 주인공이 되었다.

크리에이터 이코노미2.0:
크리에이터, 브랜드가 되다

Chapter 03

팬과 직접 소통하는 D2C 비즈니스

'크리에이터 이코노미2.0(이하 2.0으로 표기)'은 크리에이터가 팬으로부터 직접 후원, 구독, 판매의 형태로 수익을 창출하는 'D2C'를 특징으로 한다. 즉, 크리에이터가 팬에게 직접 유료 콘텐츠와 상품을 판매하는 방식이다. D2C의 특징은 중간 유통 단계 없이 브랜드가 소비자에게 직접 결제를 받고 상품이나 서비스를 제공한다는 점이다.

2.0에서는 광고 수익 외에 시청자가 직접 지불하는 구독료, 후원금, 커머스가 주요한 수익원이 된다. D2C 비즈니스에서는 브

랜드와 IP의 가치가 중요하기 때문에, 2.0에서는 크리에이터가 하나의 브랜드로서 오디언스에게 자신의 가치와 스토리를 제공하는 것이 관건이다. 또한 크리에이터와 팬 사이에 구독과 '좋아요'로 맺어진 관계가 팬들이 자신이 지지하는 사람을 위해 기꺼이 비용을 지불하는 '유료 후원과 구매'의 관계로 발전해 나간다. 크리에이터는 이런 팬들에게 새로운 경험을 제공할 수 있는 상품을 개발하고 이를 기반으로 신규 수익을 창출한다. 이런 점에서 2.0은 확고한 상호관계가 바탕이 될 때 가능하다.

무엇보다 2.0에서는 광고 기반의 인플루언서형 크리에이터에서 확장되어 웹툰, 뉴스레터 작가 및 인디 아티스트 같은 다양한 장르의 크리에이터가 이코노미 생태계에 포함된다. 다양한 형태의 크리에이터가 자신만의 버티컬에서 직접 팬덤을 만들고 후원, 크라우드 펀딩, 구독, 커머스와 같은 D2C 형태로 수익을 창출할 수 있다.

이처럼 D2C는 보다 다양한 플랫폼, 다양한 버티컬의 크리에이터들에게 안정적인 수익을 올릴 수 있는 기회를 열어 준다. 브랜드의 협찬 광고 동향에 많은 영향을 받던 1.0에서 2.0이 되면서 크리에이터는 광고주로부터는 조금 더 자유로워지고, 이코노미 생태계는 한층 더 팬 중심이 되었다. 광고주의 눈길을 끄는 수십만의 구독자가 없더라도 이들은 기꺼이 지갑을 여는 자신의 팬들로부터 수익을 창출할 수 있는 것이다. 일례로, 네이버 프리미엄 콘텐츠에서 월 1만 원의 유료 가입자가 될 수 있는

크리에이터 이코노미 2.0의 D2C 모델

크리에이터

오디언스 경험   후원, 구독, 구매

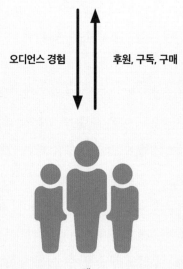

팬

'1,000명'의 구독자를 모을 수 있다면 월 1,000만 원의 수익을 만들 수 있는 시대가 도래한 것이다.

크리에이터의 브랜드를 활용한 커머스

크리에이터가 팬들과의 관계를 비즈니스화할 수 있는 직접적인 방법은 개성 있는 자신만의 브랜드, 캐릭터, 세계관, 팬들과의 공통 경험을 담아낸 상품을 기획하고 판매하는 것이다. 더 나아가 일부 크리에이터는 굿즈와 후원 형태의 팬덕트 사업을 넘어, 크리에이터 '개인 브랜드'의 자체 상품PB이나 콜라보 상품을 출시하는 커머스 사업에 도전하고 있다.

크리에이터는 게임, 뷰티, 패션, 요리, 헬스, 인테리어 등 버티컬에 특화된 콘텐츠로 관심과 취향의 응집된 팬덤을 보유하고 있다. 이들은 팬들과 직접 소통하고 피드백을 받으며 팬들이 무엇을 좋아하는지, 요즘 트렌드가 무엇인지 잘 파악하고 있어서 팬들이 원하는 상품을 개발하기 쉽다. 이처럼 관심사가 동일한 커뮤니티를 보유한 크리에이터는 상품 개발부터 판매까지 커머스에서 강점을 발휘할 수 있다.

다음에 소개하는 카일리 제너와 피식대학의 사례는 크리에이터의 브랜드를 활용한 D2C 방식의 비즈니스를 잘 보여 준다.

카일리 제너: 인스타그래머에서 빌리어네어 CEO로

CEO로 성장하는 크리에이터를 살펴보면, 자신의 팬 커뮤니티를 통해 사업 아이디어를 얻고, 지속적인 콘텐츠로 브랜드 스토리를 만들며, 자신의 모든 채널을 통해 상품을 판매하면서 빠르게 사업을 키워 나간다. 카일리 제너가 바로 크리에이터이자 CEO의 대표적인 예다. 그녀는 인스타그램에 팔로워 3억 5,000만 명의 팬 커뮤니티를 구축했고, 2014년 개인 브랜드로 카일리 코스메틱Kylie Cosmetic을 창업했으며, 2018년에는 〈포브스〉 선정 세계 최연소 빌리어네어가 되었다. 2019년에는 코티Coty에 이 회사 지분의 절반을 6억 달러(7,000억 원)에 매각했다.

카일리는 10대 시절부터 〈키핑 업 위드 더 카다시안Keeping up with the Kardashian〉이라는 TV 프로그램에 출연해 얼굴을 알렸다. 카일리의 이부異父 언니 킴 카다시안Kim Kardashian이 LA의 유명 방송인이었고, 〈키핑 업 위드 더 카다시안〉은 카다시안 가족이 총출동하는 예능 프로그램이었다. 카일리는 셀럽 가족과 함께 TV에 출연하여 대중에게 사랑받고 자신을 브랜딩하는 방법을 배울 수 있었으나, 다른 가족에 비해 두각을 나타내지는 못했다.

카일리는 TV 셀럽보다는 '인스타 셀럽'이 되었고, 인스타그램에서 또래들에게 자신의 일상과 패션을 공유하면서 자신만의 팬덤과 브랜드를 쌓아 나갔다. 그녀는 다른 셀럽들과는 달리 자신의 인스타 팔로워를 대상으로 독자적인 활동을 할 수 있었다. 전 남자친구로부터 입술이 예쁘지 않다는 말을 들었던 카일리는 이 콤플렉스를 극복하려고 입술을 매력적으로 돋보이게 하는 메이크업 방식을 개발했고, 이런 스토리를 인스타그램에 공유했다. 그리고 그녀의 비포&애프터 셀카 포스팅은 엄청난 반응을 일으켰다. '나도 카일리처럼 변신하고 싶다'는 팔로워들의 심리를 제대로 자극한 것이다. 이후 인스타그램에서 카일리 제너 하면 '섹시한 입술'이 떠오를 정도로, 그녀는 확실한 트레이드마크로 자신을 브랜딩하는 데 성공했다. 한때 인스타 팔로워들은 '카일리 제너 입술 챌린지'에 열광하며 그녀의 입술을 따라 하고 싶어 했다.

2016년 18세가 된 카일리는 '카일리 립키트'라는 29달러짜리 립스틱 키트 상품을 출시했다. 이 키트는 소셜미디어에서 화제에 오르기 좋은 일명 '셀피'에 잘 받는 강한 발색력으로 주목받았다. 카일리 립키트는 판매 즉시 완판되었고, 이후 북미에서 불티나게 팔렸으며, 일본 등 아시아 팔로워들도 카일리 코스메틱 제품을 직구로 구매할 정도로 글로벌하게 성장했다.

카일리 코스메틱 사례는 콘텐츠를 중심으로 한 팬덤과 브랜드 구축 과정을 잘 보여 준다. 그녀의 인스타그램을 팔로우하며 카일리를 따라 하고 싶어 하는 팬들이 늘어날수록 '카일리'라는 개인과 '카일리 코스메틱'의 브랜드는 영향력이 점차 커지고 있으며, 굴지의 뷰티 기업들도 부러워할 만큼 막강한 마케팅 파워를 자랑한다.

크리에이터는 자신의 커뮤니티를 가장 잘 이해하는 사람이다.

따라서 규모가 작더라도 그곳에서 아이디어를 발견하고 함께 성장할 수 있는 나만의 팬덤 커뮤니티가 있다면 누구든 자신만의 사업에 도전할 수 있다.

피식대학: 세계관을 굿즈 아이템으로

KBS와 SBS 공채 개그맨 출신인 김민수, 정재형, 이용주는 방송에서 개그맨들이 설 자리가 점차 줄어들자 유튜브 채널 '피식대학'을 만들어 크리에이터로 변신했고, 현재 구독자수는 190만 명이 넘는다. 이들은 개그맨이자 크리에이터이면서 동시에 '피식대학'이라는 브랜드를 기획하고 운영하는 CEO이기도 하다.

피식대학은 공중파 개그 콘텐츠 방식을 완전히 접고 MZ세대에게 사랑받을 수 있는 밈과 캐릭터를 발굴했다. 이들은 'B급 남자'라는 부캐와 '허세', '양아치', '느끼', '다단계', '힙찔이' 같은 밈, 그리고 추억의 코드가 그대로 빙의한 듯한 세계관으로 시청자들의 공감을 불러일으킨 '피식대학 오리지널 시리즈'를 제작해 오고 있다.

'05학번이즈백', '한사랑산악회', '비대면 데이트', '야인시대 외전' 등 대표 콘텐츠들은 스냅 촬영 같은 자연스러운 모습이다. 그때 그 시절이 저절로 떠오를 만큼 소품, 연기, 영상 구도 등 섬세하게 기획된 하이퍼리얼리즘이 시청자를 빠져들게 한다. 각각의 캐릭터가 '피식 유니버스'의 세계관을 넘나들며 시청자들이 편안하게 즐길 수 있는 드라마 같은 개그 콘텐츠를 선보이는 것이다.

피식대학은 이들이 구축한 세계관을 바탕으로 팬들에게 굿즈를 판매하고 있다. 그중 대표적인 사례는 구독자를 '한사랑산악회' 회원으로 모집한다는 콘셉트로 출시한 '한사랑산악회 입회 기념 패키지'다. 이 굿즈는 '한사랑산악회' 시리즈에 나왔던 세계관 그대로 중년 남성들이 사용할 것 같은 약수터 물바가지, 등산 컵, 손수건, 토시 등의 등산 용품으로 구성되어 있다. 피식대학은 유튜브 라이브 방송과 상품 기능을 활용하여 자신들의 채널에서 해당 제품을 직접 오디언스에게 판매했는데, 게시 첫날 45분 만에 제품이 완판되었다. 평소 이들에게 큰 웃음을 얻던 MZ세대는 이 굿즈들을 기꺼이 구입했고 개봉기를 영상으로 공유하는 등 피식대학의 세계관을 재미있게 즐기는 반응을 보였다. 콘텐츠 속 '오디언스 경험'을 팬들이 일상 속에서 경험할 수 있는 상품으로 기획하고 커뮤니티 내에서 홍보해 판매에 성공한 것이다.

이 개그맨 출신 크리에이터들은 기존의 방송 콘텐츠 출연자에서 벗어나 유튜브에서 콘텐츠와 커뮤니티를 구축하는 크리에이터로 새롭게 변신했다. 더 나아가 이를 기반으로 오리지널 콘텐츠, 광고, 커머스의 자체적인 활동과 수익의 포트폴리오를 구축하는 사업가가 되었다.

크리에이터 이코노미2.0, 구독 경제를 품다

Chapter 04

크리에이터, 구독에 눈뜨다

'구독 서비스'는 상품당 과금이 아닌 서비스를 이용하는 기간 동안 매월 일정한 구독료를 받는 모델이다. 구독 경제는 음악과 콘텐츠부터 소프트웨어 서비스, 배송 서비스까지 다양한 영역에서, 그리고 일반 고객 및 기업 고객까지 모든 고객을 대상으로 확산되어 왔다. 크리에이터들도 마찬가지로 정기적으로 독점 콘텐츠 혹은 구독 혜택을 제공하고 매월 일정한 소득을 창출할 수 있는 '구독 서비스'로 비즈니스를 확장 중이다.

미국에서는 코로나 팬데믹으로 스포츠 경기나 공연, 행사가 중단되면서 일거리가 줄어든 기자, 연극배우, 스포츠 선수 등이 팬들에게 직접 뉴스레터, 공연 영상, 강의 영상을 제공하고 구독료를 받기 시작했다. 이들은 더 이상 신문사, 극장, 매니지먼트사의 일을 받아 창작을 하지 않고, 크리에이터로서 온라인에서 구독자를 만난다. 이들에게는 이것이 인생의 터닝 포인트가 되었다. 크리에이터는 창작물을 팬들에게 직접 구독의 형태로 제안하고 주도적으로 일을 해 나갈 수 있기 때문이다.

국내에서는 1인 출판을 하던 작가나 기자가 독자에게 매월 구독료를 받고 정기적으로 소설이나 뉴스레터를 발행하는 서비스가 유행하기 시작했다. 독자는 자신이 좋아하는 작가를 구독하고, 이메일을 통해 정기적으로 뉴스레터를 받으며, 때로는 작가에게 직접 하고 싶은 말을 전달할 수도 있다. 이들은 유료 구독자에게 피드백을 받으면 사소한 것이라도 반영하려고 노력한다. 이렇게 팬들은 작가와 1:1로 직접 소통하는 것 같다고 느끼기 때문에 만족도도 높은 편이다.

구독자는 나에게 맞춤한 콘텐츠와
깊이 있는 소통에 만족한다

MZ세대는 디지털에서 사용하는 막간의 시간이라도 창의적이고 생산적으로 보내고 싶어 한다. 크리에이터 구독 서비스는 이러한 MZ세대의 니즈에 크리에이터의 정기적 콘텐츠 제작 패턴이 맞추어진 것이다. 구독료를 지불하는 대신 구독 콘텐츠에 상업적 광고가 붙지 않기 때문에 콘텐츠 소비의 집중도가 매우 높다. 구독 콘텐츠는 조회수와 광고 수익만을 노린 낚시성 기사, 광고, 자극적인 영상을 배제하고, 크리에이터가 책임 프로듀서이자 편집자로서 구독자에게 맞춤 콘텐츠를 제공하고 소통한다. 따라서 구독자는 보고 싶은 것을 찾기 위해 여러 앱을 드나들며 시간을 낭비할 필요가 없다.

예를 들어 유튜브는 구독 서비스로 '멤버십' 기능을 제공한다. 크리에이터는 해당 기능을 통해 시청자에게 월별로 결제를 받으며 멤버십 전용 콘텐츠, 배지, 그림 이모티콘을 독점 제공할 수 있다. 크리에이터가 라이브 방송에서 멤버십 회원을 배지나 이모티콘으로 알아보면서 "감사합니다", "반갑습니다"라고 인사를 건넬 때 회원들은 직접적인 소통을 경험하기도 한다. 인터넷 방송 플랫폼 '트위치'에서는 구독료(최소 4.99달러, 약 7,000원)를 지불하고 특정 스트리머를 정기 구독해 후원하면 구독자 전용 채팅과 배지 등 소정의 혜택도 받는다. 플랫폼 및 콘텐츠에 따라 구독의 성격과 목적이 다르지만, 크리에이터의 채널을 구독하는 경우에는 전용 콘텐츠 시청 목적 이외에도 후원의 의미와 깊이 있는 소통이라는 목적이 포함된다.

세 살 유료 구독 여든까지 간다

충성도 높은 팬들은 크리에이터가 제공하는 독점 콘텐츠, 특별 혜택, 더 친밀한 소통 기회를 얻기 위해 기꺼이 매달 구독료를 지불하는 후원자가 되고자 한다. 크리에이터가 보내 줄 특별 영상이나 글을 기다리고, 폐쇄적으로 참여할 수 있는 라방(라이브 방송)에 참여하는 즐거움 같은 과정 자체가 팬들에게 긍정적인 보상의 회로가 된다. 게다가 구독 콘텐츠가 제공하는 정보와 재미가 크리에이터와의 유대 관계와 결합되면서, 팬들은 한 번 유료 구독하면 잘 끊지 않고 록인lock-in되는 모습을 보인다.

넷플릭스의 구독 모델이 인기를 끌면서, 후속으로 나온 수많은 OTTOver the top 서비스들이 경쟁에 돌입했다. 반면 크리에이터의 유료 구독 모델은 크리에이터와 팬의 신뢰와 유대 관계를 바탕으로 하기 때문에 경쟁 관계가 아니다. 개인의 개성과 영감이 담긴 콘텐츠가 주는 정보나 감동은 쉽게 대체하기 어렵기 때문이다.

크리에이터 이코노미1.0에서 보았듯이, 크리에이터가 광고 수익 모델에 집중할 경우 알고리즘 노출과 조회수에 따라 수익 변동이 매달 크게 나타난다는 문제점이 있었다. 그래서 조회수와 트래픽을 얻기 위해 보다 많은 수의 콘텐츠 업로드와 노출 경쟁에 큰 에너지를 쏟아야 한다. 반면 구독 수익 모델은 본질적으로 구독자 중에서도 코어 팬덤에 해당하는 '유료 구독자'에 정성을 쏟아 안정적인 수익을 꾀할 수 있는 장점이 있다. 그래서 요즘에는 주력 플랫폼에서 활동을 하면서도 이 트래픽을 이용해 별도의 뉴스레터, 특별 리포트, 강의를 구독 형태로 판매하며 광고와 구독 양자의 강점을 노리는 크리에이터도 많다.

구독 모델을 강화하는 '빅테크' 플랫폼

구독 모델이 크리에이터와 구독자 모두에게 인기를 얻으면서 빅테크 플랫폼들도 관련 구독 서비스를 강화 중이다. 유튜브 멤버십은 등급을 세분화하여 등급별로 차별화된 혜택과 배지를 제공하며, 최근에는 다른 이용자에게 채널 멤버십을 선물할 수 있는 기능도 시범 도입했다. 메타(페이스북)는 2024년까지 수수료 없이 구독 수익료를 크리에이터에게 100% 지급한다고 밝혔다. 메타의 자회사인 인스타그램 역시 크리에이터가 특정 사진과 릴스Reels를 유료 구독자에게만 공개하고, 유료 구독자 30명까지 참여할 수 있는 실시간 채팅 기능을 공개했다. 트위터는 유료 구독 서비스인 '트윗 블루'를 북미와 호주, 뉴질랜드에서 먼저 도입했고, 이후 '슈퍼 팔로우' 구독 모델을 전 세계로 확대하여 유료 구독자 전용 트윗과 배지 지급, 실시간 대화 참여 등의 혜택을 제공하기 시작했다.

뉴스레터 구독 서비스와 SaaS

과거 뉴스레터 크리에이터들은 이메일로 뉴스레터를 보내고 구독료를 일일이 계좌를 통해 송금받기도 했다. 하지만 최근에는 이들을 위한 뉴스레터 콘텐츠 작성, 자동 발송, 홍보, 정산 툴을 제공하는 솔루션이 많이 등장했다. 해외에는 서브스택과 패트리온 등이 대표적이고, 국내에도 스티비Stibee와 글리버리Glivery, 네이버 프리미엄콘텐츠 등이 있다.

스티비는 크리에이터가 뉴스레터를 이메일과 모바일에 알맞은 레이아웃으로 제작하고 고객의 가독 패턴에 맞게 최적화하여 자동 발송해 준다. 스티비에서 2020년 발송된 이메일의 양은 2019년 대비 86.2% 증가했고, 스티비의 월간 활성 사용자수도 107.8% 증가했다.

크리에이터는 뉴스레터 서비스 외에 팬덤 관리 같은 분야에서도 이러한 소프트웨어 서비스를 통해 시스템과 서버를 직접 구축할 필요 없이 필요한 만큼만 돈을 내고 사용할 수 있다. 필요한 자원이나 기술의 '대여', 즉 '기술의 레버리지'는 크리에이터 이코노미에서 무자본의 슈퍼 개인이 출현하는 핵심 원리다. 크리에이터는 콘텐츠 창작과 팬덤 구축에 최대한 역량과 자원을 집중하고, 이외에 필요한 콘텐츠 제작과 배포, 마케팅, 운영, 정산 기능은 이미 나와 있는 구독 전문 SaaS(Software as a Service, 서비스형 소프트웨어)들에 일임하는 것이다.

서브스택

뉴스레터 유료 구독 서비스인 서브스택Substack은 크리에이터 구독 경제의 대표 주자로, 회사에 소속되지 않고 글을 쓰는 독립 작가들에게 뉴스레터 제작과 수익화 도구를 제공하는 서비스다. 벤처캐피탈 기업인 a16z는 2021년 4월 서브스택에 6,500만 달러의 시리즈B 투자를 단행했는데, a16z의 공동 창업자이자 이 투자를 주도한 마크 앤드리슨은 서브스택이 보여 주는 구독을 통해 고객이 직접 콘텐츠 가격을 크리에이터에게 지불하는 모델, 즉 D2C가 인터넷의 '세 번째 물결'이 될 것이라고 언급하기도 했다. 참고로 첫 번째 물결은 온라인 콘텐츠에 대한 수익화 없이 공짜 콘텐츠를 즐겼던 시절이고, 두 번째 물결은 플랫폼 광고를 통해 수익화가 가능했던 시절이다. 이 과정은 인터넷이 진화하면서 크리에이터가 콘텐츠에 대해 받는 보상 시스템을 어떻게 고도화했는지 생각해 볼 수 있는 흥미로운 대목이다.

작가들은 서브스택에서 무료로 뉴스레터를 제작하고 이메일 리스트를 만들어 배포할 수 있으며, 구독자별로 차등화된 구독 플랜 상품을 운영할 수 있다. 서브스택은 작가에게 유리한 수익 구조를 만들고, 투자받은 자본으로 대규모 크리에이터 펀드를 조성해 서브스택에 진입하는 신규 작가들을 지원한다. 서브스택은 구독자가 지불한 구독료 수익의 대부분인 90%를 작가에게 배분한다.

더버지The Verge의 캐시 뉴튼Casey Newton, 복스Vox의 매튜 잉글레시아스Matthew Yglesias, 〈뉴욕타임스〉의 찰리 와젤Charlie Warzel 등 유명 저널리스트들이 이미 서브스택에서 활동하고 있으며, 이들의 뉴스레터를 보고 있는 유료 구독자 수도 2018년 7월 1만 1,000명에서 2021년 2월 50만 명으로 크게 늘어났다. 구독자 층은 자기계발이나 취미, 스포츠처럼 특화된 분야부터, 기존에 자신이 좋아하는 팟캐스터, 유튜버, 작가 개인의 글까지 다양한 영역에 존재한다.

서브스택의 유료 구독자 수는 매년 증가하고 있다. 서브스택은 종합 일간지나 잡지처럼 거대 구독자를 확보해 광고를 붙이는 미디어가 아님에도 유료 구독자와 수많은 독립 작가들이 활동하는 크리에이터 생태계를 만드는 데 성공했다.

네이버 프리미엄콘텐츠

미국에 크리에이터 구독 경제 서비스로 '서브스택'이 있다면, 한국에는 '네이버 프리미엄콘텐츠'가 있다. 네이버 프리미엄콘텐츠는 크리에이터를 위한 '콘텐츠 유료 멤버십 빌더'를 표방하는 네이버의 콘텐츠 유료 구독 서비스다. 2021년 5월 서비스가 출범했고, 유료 구독자 중 84%가 MZ세대다. 가장 인기 있는 주제는 코인, 주식, 부동산 같은 재테크인데 크리에이터는 2,900원부터 1만 9,900원 사이 구독료를 결정한 뒤 정기적으로 콘텐츠를 올리고, 구독자는 유료 결제 후 콘텐츠를 구독할 수 있다.

네이버 프리미엄콘텐츠가 출범할 때는 1차 입점 대상으로 언론사를 타깃팅했으나, 2차 입점 대상은 유튜브, 페이스북 등에서 활동하는 크리에이터와 각 분야의 전문성을 지닌 개인 작가로 폭을 넓혔다. 초기에 네이버 프리미엄콘텐츠에 진입했던 언론사들은 검증된 콘텐츠 제공자CP 역할을 했으나, 매출과 수익성은 저조했고 수익성이 좋지 않다 보니 언론사 담당자 한 명이 채널을 담당하는 식으로 운영되었다. 현재는 '삼프로TV 하이라이트', '이과형의 물리학1', '제네시스박의 절세노트'처럼 유튜브 등

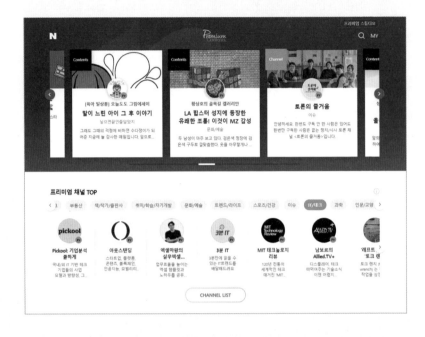

네이버 프리미엄콘텐츠 메인화면

에서 이미 크리에이터로 활동하는 작가들이 자신들의 충성 구독자들에게 뉴스레터를 유료로 유통, 판매하는 방식이 더욱 각광받고 있다.

이 부분에서 크리에이터의 유료 구독 서비스가 어떤 방식으로 네트워크화하여 성공할 수 있는지 이해할 수 있다. 핵심 콘텐츠와 커뮤니티에서 1차적으로 발생한 응집된 팬덤이 돈을 지불하더라도 매력적인 경험과 명확한 혜택을 얻기 위해 수익화된 채널(뉴스레터, 멤버십, 팟캐스트, 교육 서비스 등)로 유입되도록 할 때 D2C 비즈니스에서 성공할 수 있다. 이런 '콘텐츠-커뮤니티-D2C 비즈니스 채널'의 '연결성'은 유튜브, 페이스북, 인스타그램, 트위터 같은 대형 플랫폼 내에서는 더 자연스럽게 생길 수 있다. 유튜브 채널 내에 멤버십을 함께 운영하는 경우가 대표적이다.

미디어 커머스, 재능 마켓, 크라우드 펀딩

Chapter 05

오가닉한 재미를 주는 인플루언서 커머스

소셜미디어의 트래픽이 급증하고 소비자들의 시청 채널이 TV에서 디지털 플랫폼으로 급격히 이동하던 2016~2019년은 '미디어 커머스'가 유통 업계의 화두였다. 당시의 미디어 커머스는 소비자의 관심을 끌 수 있는 재미있는 영상을 페이스북 등에서 광고로 노출한 뒤, 상품에 관심이 생긴 소비자들을 기업의 웹사이트로 곧바로 유입시켜 D2C 방식으로 상품을 판매하는 유통 방식이었다.

이러한 방식의 미디어 커머스가 반응을 얻자 수많은 기업들이 쉽게 구매할 만한 PB를 제작하고 온라인에서 시청자의 주목을 끄는 영상을 만든 뒤 퍼포먼스 마케팅(사용자 데이터 분석을 통해 매출을 일으킬 수 있는 고객만 타깃팅하여 광고를 노출함으로써 성과를 올리는 유료 마케팅)을 통해 구매로 유인하는 비즈니스 모델에 적극 뛰어들었다. 하지만 진입장벽이 낮은 만큼 경쟁이 치열해졌고 관심을 끌기 위한 과장 광고 콘텐츠가 증가하면서 소비자 피로도가 높아졌다. 또한 PB 상품 중 품질 문제가 많이 발생하면서 소비자의 신뢰를 잃었다. 이런 이유로 1세대 미디어 커머스는 '믿거페(믿고 거르는 페이스북 광고)'라는 신조어가 보여 주듯 점차 소비자에게서 멀어져 갔다.

이렇게 1세대 미디어 커머스는 쇠퇴했지만, 2세대 모델은 진정성과 소통을 바탕으로 한 크리에이터 중심의 새로운 형태로 진화하고 있다. 2세대 미디어 커머스의 진화 방향은 다음과 같다.

첫째, 단순히 소비자의 주의를 끄는 데서 벗어나 크리에이터의 커뮤니티와 콘텐츠를 통해 소비자가 선호하는 라이프스타일과 취향을 반영하는 '라이크 커머스Like commerce'로 진화하고 있다. 뷰티 크리에이터 레오제이는 달바d'Alba와 콜라보 기획한 화이트 트러플 비건 더블 세럼 판매에 성공했다. 본인이 직접 자문위원으로 참여해 기존 제품의 분리형 마개가 불편하다는 소비자 의견을 제품 제형과 패키징에 반영했다. 이 세럼은 레오제이가 자신의 인스타그램에 소개한 뒤 진행한 올리브영의 올영라이브에서 15분 만에 1억 원어치가 팔릴 정도로 큰 반응을 얻었다.

둘째, 크리에이터의 IP 및 개인 브랜드에 기반하여 세심하게 기획된 상품을 중심으로 상품 판매 전 과정에 크리에이터가 직접 참여하는 '크리에이터 IP 커머스'로 진화하고 있다. 드로잉 크리에이터 이연은 상품 구성품의 큐레이션부터 드로잉 키트 박스 패키지 디자인까지 직접 고른 '렛츠 드로우 키트'를 한정판으로 만들었다. 유튜브 콘텐츠에서 렛츠 드로우 키트의 기획 스토리와 평소 자신이 써 본 상품의 장점을 진정성 있게 소개한 결과 이 키트는 완판되었다.

셋째, 실시간 라이브 방송에서 인플루언서를 통해 소비자와 쌍방향으로 소통하며 상품의 정보와 재미가 균형을 이루는 '라이브 쇼핑'으로 진화하고 있다. 강원도 산속에서 고기를 굽는 콘텐츠로 사랑을 받는 산적TV 밥굽남은 소상공인들의 우수 상품을 현장에 '찾아가서 판다'는 콘셉트로 유튜브 라이브를 진행해 시청자들에게 상품의 경험을 생생하게 전달하고 소통했다.

누구나 재능을 사고팔 수 있는 재능 마켓

크리에이터가 D2C 비즈니스를 시도할 때 자신의 채널에 구독자가 적다고 좌절할 필요는 없다. 팬이 없는 무명의 크리에이터라고 해도 개인의 콘텐츠와 재능을 온라인에서 판매할 길은 충분히 열려 있다. 팬덤의 유무와 무관하게 PDF 전자책(숏북), 강의, 디자인 템플릿, DIY 공예품 키트, 컨설팅, 주문제작 등 자신의 재능을 바탕으로 수요자와 만날 수 있는 시장이 형성되어 있기 때문이다. 이 시장이 바로 '재능 마켓'이다. 국내에서는 프리랜서 전문가 마켓이 활성화된 '크몽'이 대표적이며, 거의 모든 영역에서 개인의 재능을 영상으로 배울 수 있는 '클래스101', '탈잉', '라이브클래스'가 있다. 요가, 서핑, 공예, 베이킹, 여행, 모임 등 취미를 중심으로 원데이클래스나 행사 참여권을 판매할 수 있는 '프립FRIP'도 이에 해당한다. 글로벌에서는 '검로드', '카자비', '크리에이티브 마켓Creative Market', 아트스테이션ARTSTATION' 등 셀프 출판물, 팟캐스트, 멤버십, VOD 강의, 디자인 템플릿 같은 개인의 재능 상품을 사고파는 마켓플레이스가 있다.

재능 마켓에서는 기존에 쌓아 놓은 인지도보다도 수요자에게 꼭 필요한 노하우와 지식을 제공할 수 있는지가 중요하다. 그래서 구독자가 적은 크리에이터라도 평소 제작해 둔 콘텐츠를 통해 자신만의 전문성을 증명할 수 있다면, 유료 구매 의사가 있는 수요자와 매칭될 가능성이 높다. 아직 시장에 공급이 없는 틈새 영역의 재능과 지식을 판매할 수 있다면 자신만의 새로운 분야를 개척해 볼 수도 있다.

이처럼 재능 마켓은 '세상에 쓸모없는 재능은 없다'는 옛 격언을 증명해 주는 크리에이터 이코노미의 보물창고다. 드럼 치는 기술을 강의로 만들어 판매할 수도 있고, 10년차 MD의 업무 노하우를 PDF 전자책의 형태로 판매할 수도 있다. 또 해외 콘퍼런스를 다녀온 후기와 인사이트를 오프라인 특강으로 판매할 수도 있다.

그 외 유튜브는 플랫폼 내에 '코스Courses'라는 기능을 출시하여, 크리에이터가 자신의 채널 내에서도 강좌를 판매할 수 있게 되었다. 이를 통해 자신만의 전문 지식과 재능을 가진 사람들이 콘텐츠를 통해 보다 많은 수익 창출의 기회를 얻게 될 것으로 기대한다.

사람들에게 유용한 가치를 전달할 수 있다면 누구에게나 크리에이터가 될 기회가 있다. 크리에이터 이코노미는 메가 크리에이터부터, 수요는 작지만 누군가는 반드시 구매할 콘텐츠를 만드는 크리에이터까지 누구나 각자의 방식으로 성공할 수 있는 시장이 형성되어 있다.

크리에이터의 아마존, 검로드

검로드는 '무엇이든 판매하세요sell anything'라는 슬로건을 내세우는, 크리에이터를 위한 커머스 지원 서비스다. 크리에이터는 개인 스토어 개설, 상품 게시와 상품 노출 광고, 결제, 정산 기능을 이용해 검로드에서 나만의 온라인 스토어를 만들고, 여기서 멤버십이나 상품, 콘텐츠를 소비자에게 직접 판매할 수 있다. 검로드에서 판매할 수 있는 품목은 강의, 소프트웨어, 디자인, 공예품, 책, 영화, 음악, 상품 등 다양하다. 검로드는 아마존이나 쿠

팡처럼 개인 셀러의 상품을 제3의 미디어에 노출시키는 마케팅 도구도 지원한다. 바로 '검로드 어필리에이트Gumroad Affliate'라는 기능으로, 크리에이터가 다른 크리에이터의 상품을 블로그에 노출해서 판매되면 그에 따른 수수료를 배분해 주는 시스템이다.

검로드의 수수료는 발생한 수입의 규모에 역비례하는 정책에 따른다. 1,000달러 이하의 수입이 발생하는 경우 수수료가 9%이지만, 1,000~1만 달러에 대해서는 7%로 줄어들고 100만 달러 이상 수입에는 2.9%로 초기 수수료 대비 3분의 1 수준으로 줄어든다. 이외에도 거래당 30센트의 수수료를 붙인다. 일반적으로 커머스 수입이 커질수록 크리에이터가 자체 솔루션을 구축할 유인도 생겨나는데, 검로드는 수수료를 역비례하는 방식으로 낮추어 크리에이터의 이탈을 막고, 그들의 비즈니스가 성장할수록 충성도를 높일 수 있는 정책을 적용했다.

검로드는 2011년에 사힐 라빈지아Sahil Lavingia가 창업했는데 2019년까지는 뚜렷하게 두각을 나타내지 못했다. 그는 2015년에 시리즈B 투자 유치를 희망했으나 실패하여 자금난을 겪었고 20명 가까이 되던 직원도 거의 다 내보냈다. 그러다 크리에이터 이코노미2.0 시대에 접어들면서 2019년에 매출 460만 달러의 흑자 상태로 전환했다. 팬데믹 기간에는 교육 콘텐츠 판매가 크게 늘어나면서 매출 920만 달러에 영업이익 100만 달러의 기업으로 성장하며 직원도 26명까지 늘어났다. 크리에이터 이코노미가 구독과 재능 마켓, 커머스로 다양화되는 시기에 맞추어 검로드도 함께 성장한 것이다.

검로드는 투자를 유치하는 방법 또한 크리에이터 이코노미다웠다. 라빈지아는 2021년 외부 투자자에게 100만 달러를 유치함과 동시에 '크라우드 펀딩' 방식도 시도했다. 마침 같은 해 3월 미국의 증권거래위원회SEC가 스타트업의 크라우드 펀딩 한도 금액을 100만 달러에서 500만 달러로 늘려 준 참이었다. 자사 플랫폼에 자사의 크라우드 펀딩을 오픈한 지 12시간 만에 7,303명으로부터 500만 달러를 모금했고, 펀딩 대기자 목록에 1,000명이 올라가 있을 정도로 큰 흥행을 거두었다. 이 흥행 뒤에는 평소 검로드를 사용하고 아끼던 크리에이터들이 있었다. 펀딩 참가자 중 2,300명이 검로드를 사용하는 크리에이터였던 것이다. 기존 고객인 크리에이터들이 직접 크라우드 펀딩에 참가해 자신이 이용하는 기업의 투자자가 된 것이다.

이 일을 두고 라빈지아는 '크리에이터가 기업의 주주인 경제를 보여 주다: 검로드의 기업공개IPO'라는 제목의 글을 자신의 블로그 사이트에 게시했다. 그는 이 글에서 이 일을 크리에이터creators, 커뮤니티community, 크라우드 펀딩crowd funding의 앞 글자 'C'를 따서 시리즈C 투자 유치라고 불러야 할지 모르겠다면서, 크리에이터가 투자자이자 사용자이기 때문에 검로드를 더 많이 이용하고 또 다른 창작자들에게도 홍보할 수 있는 인센티브가 될 것이라고 보았다. 크리에이터 이코노미의 대표 기업답게, 투자도 크리에이터에게 유치한 것이다.

지식 크리에이터를 위한 강의 커머스, 라이브클래스

라이브클래스는 외국어, 자기계발, 재테크, 취미처럼 크리에이터가 자신만의 온라인 학원을 구축하여 지식을 판매할 수 있는 강의 사이트 구축 솔루션이다.

'날라리데이브'는 라이브클래스로 영어회화 강의 사이트를 만들어 운영하는 영어 강사다. 그는 "가장 많이 틀린 분이 가장 많이 배우실 거예요. 그러니까 틀려도 괜찮아요"라고 말하면서 라이브 수업 시간에 수강생들이 적극 참여해 줄 것을 독려한다. 그는 영어 강사 시절 블로그에 재미삼아 올린 영어 회화 영상이 참신하다는 반응을 얻으면서 크리에이터의 길에 들어섰다. 그는 유튜브에 '날라리데이브' 채널을 만들어 운영했는데, 블로그보다는 영상 위주의 콘텐츠 제작이 그의 적성에 맞았다. 그는 스타들의 영어 실력을 파헤치는 콘텐츠와 영화 속 영어 표현의 숨겨진 밈을 찾아내는 콘텐츠로 시청자들의 관심을 사로잡았다.

라이브클래스는 날라리데이브처럼 자신의 지식을 전달하고 수강생들과 교류하고 싶은 크리에이터를 위한 솔루션이다. 크리에이터가 직접 자신의 브랜드로 온라인 학원을 열 수 있도록 인프라를 지원하는 것이 핵심인데, 개발자 없이도 독립된 웹사이트, 동영상 수업 운영, 학습관리시스템LMS, 결제 기능을 구축할 수 있다. 지식 크리에이터는 자신의 콘텐츠가 다른 플랫폼에 종속되는 것을 원하지 않고, 콘텐츠를 자신의 브랜드로 소유하고 싶어 한다는 점을 정확히 꿰뚫어 본 것이다. 라이브클래스는 개인의 이커머스 구축을 돕는다는 점에서 지식 크리에이터를 위한 카페24나 쇼피파이shopify로 생각할 수 있다. 이러한 재능과 지식을 판매할 수 있는 인프라를 활용한다면, 크리에이터는 개발자 없이도 빠르게 부가 사업을 확장할 수 있다는 장점이 있다.

독립 프로젝트의 견인차, 크라우드 펀딩

크라우드 펀딩은 크리에이터가 후원자들에게 직접 펀딩을 받아 다양한 독립 콘텐츠 프로젝트에 도전할 수 있는 길이 되고 있다. 문화예술 분야에는 전문 제작팀이 투입되어 제작 기간이 상당히 길거나, 주문제작, 유통, 마케팅, 출판, 전시 및 공연, 라이선싱에 큰 규모의 자금이 필요한 장르가 많다. 이런 경우 개인이 아이디어를 즉시 프로젝트로 실행에 옮기기는 어려운 측면이 있었다. 크라우드 펀딩은 자금 조달뿐만 아니라 신규 콘텐츠에 대한 수요 예측과 마케팅 효과를 함께 누릴 수 있어 많은 개인 크리에이터에게 인기를 얻고 있다.

크라우드 펀딩 플랫폼은 웹툰 작가, 인스타툰 작가, 장르 소설가, 오디오드라마 성우, 연극배우, 인디 게임 제작자 등의 크리에이터와 인디 장르의 콘텐츠와 크리에이터에 관심이 많은 팬덤 소비자와 애호가를 연결해 주는 가교 역할을 한다. 해외에는 대표적으로 킥스타터Kick Starter가, 국내에는 와디즈, 텀블벅 등이 있

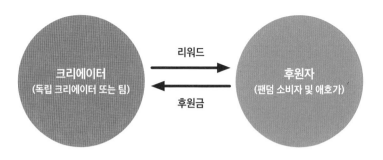

크라우드 펀딩의 작동 원리

크리에이터
(독립 크리에이터 또는 팀)

리워드

후원금

후원자
(팬덤 소비자 및 애호가)

다. 지난 10년간 크라우드 펀딩 업계는 여러 시행착오를 거쳤지만 현재는 문화와 제도가 보다 안정적으로 자리 잡았다. 크라우드 펀딩은 스타트업의 초기 제품을 테스트하는 목적에서 점차 독립 크리에이터의 창의적 작업creative work을 소개하고 팬덤을 연결하는 시장으로 확장되는 모습이다.

크라우드 펀딩에는 프로젝트에 투자하고 주식이나 채권 형태의 지분을 받는 증권형 크라우드 펀딩과 소비자에게 직접 펀딩을 받고 상품으로 돌려주는 리워드형 크라우드 펀딩이 있다. 우리가 흔히 알고 있는 크라우드 펀딩은 후원 후 프로젝트가 진행되면 제품이나 콘텐츠로 보상하는 리워드형이다. 리워드형 크라우드 펀딩은 상품을 판매하는 커머스와 비슷해 보인다. 하지만 크라우드 펀딩은 커머스와 달리 기성 상품은 취급하지 않고, 독창성을 지닌 신규 상품과 프로젝트를 대상으로 한다. 창작 분야에서 크라우드 펀딩은 크리에이터의 새로운 아이디어가 작품으로 구현될 수 있도록 밀어주고 함께 성장시켜 나가는 후원 과정이라고 할 수 있다.

후원자가 '팬'이라면
독립 크리에이터는 '인플루언서'

흔히 크라우드 펀딩은 가슴이 시켜서 하는 투자라고 한다. 후원자들이 독립 창작 프로젝트의 펀딩에 참여하는 동기가 프로젝트의 스토리에 대한 공감이기 때문이다. 크리에이터가 왜 이 프로젝트를 시작하게 되었는지 그 스토리를 후원자들이 이해함으로써 응원하고 싶은 마음이 생기는 것이 중요하다. 크라우드 펀딩은 크리에이터의 스토리에 대한 '팬덤'의 표현이자 '응원'이다. 일단 후원을 하고 나면 프로젝트에 애착이 생기고, 창작자의 성장을 진심으로 바라는 유대감이 생겨난다.

개별 프로젝트에만 집중하는 독립 창작자형 크리에이터는 소셜 미디어에서 활동하는 인플루언서형 크리에이터에 비해 커뮤니티 소통과 마케팅의 중요성을 간과하는 경향이 있다. 창작자로서의 마인드에만 충실한 나머지, 작품만 좋다면 잘 팔릴 것이라고 생각해 사전 홍보를 소홀히 하는 경우가 많다. 따라서 크라우드 펀딩에 나선 독립 크리에이터에게는 '인플루언서' 마인드가 필요하다. 작품이 세상에 나올 때까지 커뮤니티에 '즐길거리'와 '소식'을 지속적으로 전하면서 팬들의 관심을 유도해야 한다. 프로젝트의 진행 계획과 소식도 자주 그리고 솔직하게 업데이트해 줄 필요가 있다. 팬덤을 사전 확보하면, 작품이 나왔을 때 팬덤에 의해 초기 인기 모멘텀이 커지면서 빠르게 흥행에 성공할 수 있는 길이 열린다.

시각적으로 어필할 수 있는 작품 데모, 소장 심리를 자극하는 리워드 아이템을 준비하고, 크리에이터와 장르에 맞는 독특한 이벤트를 기획하는 것도 팬덤을 확보하는 방법 중 하나다. 현재 많은 크리에이터가 후원받는 가격대별로 리워드 상품 외에 특별히 준비한 굿즈를 후원자 혜택으로 제공하고 있다.

국내에서는 텀블벅이 독립 크리에이터의 크라우드 펀딩에 가장 특화되어 있다. 웹사이트도 '팬덤 펀딩'이 물씬 느껴지는 개성 있는 콘텐츠로 채워져 있다. 후원자가 자신의 취향에 맞는 콘텐츠를 발견할 수 있게 하기 위한 전략이다. 따라서 전문가가 아닌 대중도 자신이 좋아하는 콘텐츠 프로젝트를 직접 후원하고 콘텐츠가 완성되는 과정을 지켜볼 수 있다.

킥스타터 역시 모금액이 가장 큰 톱3 장르에 게임이 들어갈 정도로, 크리에이터의 비중이 크다. 킥스타터는 웹사이트 내에 '독립 크리에이터The Creative Independent'라는 섹션을 만들어, 작가, 뮤지션, 기자, 푸드 디자이너, 영화감독 등 매일 한 명씩 독립 크리에이터의 이야기를 소개한다.

1,000명의 크라우드 펀딩에서
100만 부 베스트셀러로

텀블벅에 '주문하신 꿈은 매진입니다'라는 제목으로 처음 소개되며 크라우드 펀딩을 통해 독립 출판된 판타지 소설이 있다. 바로 2021년 교보문고 베스트셀러 1위를 기록하고, 같은 해 공공도서관에서 가장 많이 대출된 '올해의 책'으로 선정되면서 최고의 베스트셀러 반열에 오른 책《달러구트 꿈 백화점》이다. 이미예 작가는 이 책을 첫 작품으로 독립 출판한 신인인데, 크라우드 펀딩으로 데뷔 후 이듬해 베스트셀러 작가가 되는 진기록을 남겼다. 신인이었던 그녀가 소설을 쓰면서 첫발을 내디딘 곳은 크라우드 펀딩이었다. 전자책 출판을 계획한 텀블벅 펀딩 당시 100만 원의 목표금액에 1,812만 원의 후원금을 받는 흥행을 먼저 보였다. 기존 작품과 팬덤이 전혀 없는 데뷔 작가로서는 큰 반응이었다.

10~20대가 주를 이룬 텀블벅 후원자들이 이 스토리의 가능성을 최초로 발견하고 응원했다. 무의식에 존재하는 '꿈'을 사고파는 사람들이라는 스토리는 국내외 판타지 소설에서 찾아보기 힘든 참신한 이야기였다. 전자책 플랫폼인 리디북스에 공개되었을 때는 출간 즉시 3주간 1위를 기록하면서 독자들이 종이책 출간을 요청했다. 전자책으로만 출간된 책이 리디북스에서 1위를 차지한 것도 처음이었다고 한다. 작가는 종이책 출간 후 텀블벅 커뮤니티에 직접 이런 소회를 밝혔다. "저는 이야기를 만들고 글

스토리의 가능성을 증명하다

을 쓰는 것이 무척이나 즐겁지만, 아무도 봐 주지 않는 글을 계속해서 쓰는 것은 아무래도 힘든 길이겠지요. 그런 의미에서 계속해서 즐겁게 글을 쓸 수 있도록 길을 터 주신 후원자님들께 정말 감사하다는 말씀을 드리고 싶습니다."

'주문하신 꿈은 매진입니다' 펀딩에 참여한 후원자 987명은 작은 커뮤니티였다. 그야말로 1,000명의 찐팬이 나중에 100만 부 이상 팔릴 베스트셀러를 남들보다 앞서 발굴한 것이다. 이처럼 크라우드 펀딩은 아직 팬덤이 전무한 크리에이터도 후원자에게 직접 펀딩을 받아 독립 창작에 도전하고 성장할 수 있는 발판을 마련해 주고 있다. 크라우드 펀딩은 크리에이터 이코노미에 다양성과 역동성을 불어넣고 있다.

웹2.0 이후의 미래

Chapter 06

다플랫폼과 탈플랫폼으로

플랫폼의 시대인 웹2.0과 함께 크리에이터 이코노미는 시작되었다. 전 세계로 뻗어 나간 플랫폼 기업들은 중앙화된 서버에 콘텐츠와 데이터를 저장 및 분석하고, 데이터를 기반으로 콘텐츠 수요자와 공급자, 광고주를 연결하며, 이 안에서 경제 생태계가 생겨날 수 있도록 매개했다. 이를 통해 전 세계의 창작자들은 자신만의 콘텐츠 비즈니스를 만들어 갈 수 있었다.

플랫폼 기업들은 다수의 크리에이터가 양질의 콘텐츠를 제작, 유통할 수 있는 인프라와 경제 생태계 구축에 기여했지만, 사용자 데이터와 콘텐츠를 소수의 플랫폼이 독점하다 보니 불만이 생겨난 것도 사실이다. 일부 플랫폼은 막대한 광고 수익을 얻으면서도 크리에이터에게 수익을 거의 배분하지 않아 불만이 터져 나왔고, 사용자의 활동을 추적해 노출시키는 '온라인 맞춤형 광고'에 사용자들은 피로감을 느꼈다.

일부 크리에이터는 플랫폼 정책이라는 명목으로 행해지는 콘텐츠 삭제, 수익 창출 정지 등의 제한을 일방적이라고 느꼈다. 본래 타인의 저작권을 침해한 콘텐츠의 수익 창출을 막고, 사용자에게 불쾌감을 주는 콘텐츠를 삭제하는 등의 정책은 플랫폼 생태계 유지를 위한 합리적이고 꼭 필요한 행동이다. 그러나 이 과정에서 알고리즘에 의한 실수 및 불합리한 일들도 발생했다. 플랫폼이 콘텐츠 공급자와 수요자를 효율적으로 연결하는 시장을 만들었지만, 이와 더불어 시장의 통제권도 쥐고 있다는 불만이 쌓여 갔던 것이다.

그러자 크리에이터들은 콘텐츠 운영과 수익 창출 방법을 특정 플랫폼에만 의존해야만 하는 현실에 한계를 느끼며, 단일 플랫폼에 대한 의존도를 낮추는 방향으로 다양한 수익 창출 수단을 찾아 나섰다. 지금까지 살펴본 크리에이터 이코노미 2.0에서 크리에이터는 D2C 비즈니스를 구축할 수 있는 서비스형 소프트웨어saas를 활용하여 자신의 플랫폼을 확장해 나갔다. 다만 아직 해당 서비스들이 기존의 플랫폼을 대체할 만큼 퀄리티나 수익 측면에서 성과를 내지는 못하고 있다.

원소스 멀티크리에이티비티의 시대로

전통적인 콘텐츠 사업의 성공적인 비즈니스 모델은 하나의 오리지널 콘텐츠로 다양한 상품 유형을 만들어 파는 'OSMUOne Source Multi-use'였다. 하나의 원형 콘텐츠를 영화, 게임, 음반, 캐릭터 상품, 장난감, 출판, 관광산업 등 다양한 상품으로 변용하여 효율성과 수익성을 극대화하는 것이다. OSMU 모델을 통해 디즈니나 뽀로로 같은 인기 콘텐츠를 가진 IP 사업자는 다각화된 수익 모델을 바탕으로 추가적인 수익을 낼 수 있었다. 다만 OSMU는 주로 오리지널 콘텐츠에 대규모 투자가 가능하고 기획, 제작, 유통 사업을 중앙집권적으로 관리할 수 있는 대형 사업자들의 영역이었다.

웹3.0 시대는 OSMU를 넘어 OSMCOne Source Multi-Creativity의 시대다. 즉, 내가 만든 콘텐츠 IP에 다른 크리에이터들의 참여와 창의성을 모을 수 있는지가 콘텐츠의 성공을 좌우하게 된다. 이는 자신이 만든 IP를 다른 크리에이터들이 변형해 사용할 수 있도록 권한을 분산하는 것이다. 이를 통해 다른 크리에이터들은 자신만의 개성과 상상력을 더해 여러 장르를 넘나들며 오리지널 IP를 변형하고 재창작하는 2차 창작을 할 수 있게 된다. 2차 콘텐츠 창작과 놀이에 다른 사람들을 얼마나 많이 참여시킬 수 있는가가 OSMC의 핵심이라고 할 수 있다. 과거에는 타인의 인기 캐릭터나 음악, 스토리를 동의 없이 사용해 2차 콘텐츠를 만들고 돈을 버는 것은 어려운 일이었다. 그러나 NFT가 등장하면서 콘텐츠 소유권은 물론 그 외에 IP의 상업적 이용 권리나 로열티 같은 다양한 권리까지 사고팔 수 있는 거래소가 열리게 되었다. 타인이 만든 콘텐츠를 NFT로 구매해서 소유하고, NFT 프로젝트에 따라서는 소유한 콘텐츠로 2차 창작을 하거나 로열티 수익을 올릴 수도 있게 된 것이다.

이는 수직 통합의 중앙화된 콘텐츠 경제가 아닌, 분권화된 다양한 사람들의 크리에이티비티를 통해 오리지널 IP를 성장시키는 방식이다. 이러한 멀티 크리에이티비티가 가능한 것은 결국 웹3.0에 기반한 크리에이터 이코노미에서는 2차 창작을 한 크리에이터도 보상을 받을 수 있는 시스템이 활성화되기 때문이다. 다음에 소개하는 BAYC는 OSMC의 가능성을 보여 주는 대표적인 사례다.

탈중앙화된 디즈니를 꿈꾸는 BAYC와 NFT 소유자들

"우리의 야망은 BAYC를 커뮤니티 소유의 세계적인 브랜드로 만드는 것이다. 우리 창업자들은 점점 더 분권화되는 과정에 있는 IP의 임시 문지기일 뿐이다."

"우리는 NFT 소유자들에게 (IP의) 라이선스를 부여한 첫 번째 프로젝트는 아니다. 그보다 우리는 사람들이 BAYC의 IP를 그들의 상품과 브랜딩하고 TV 쇼에 활용하고 싶게 만든 첫 번째 프로젝트라고 생각한다."

＊ BAYC 창업자들

BAYC는 '지루한 원숭이들의 요트 클럽Bored Ape Yacht Club'의 약자로, 가장 인기가 많고 가격이 비싼 NFT로 꼽힌다. BAYC의 성공 비결은 '지루한 원숭이들의 요트 클럽'이라는 세계관을 NFT 홀더(소유자)들과 함께 성장시키는 커뮤니티와 문화에 있다. BAYC NFT의 최고가는 43만 4,000달러(약 6억 원)에 이를 정도로, 명품 중의 명품이라 할 만큼 희소가치가 높게 평가되었다. BAYC의 NFT는 '에이프 페스타APE FESTA'라고 불리는 NFT 홀더만 참여할 수 있는 축제나 BAYC 홀더 중 유명한 셀럽들과 함께 선상 파티에 참여할 수 있는 VIP 입장 티켓이 된다. 또 메타버스나 소셜미디어 세상에서 내 정체성을 드러내는 프로필 사진으로도 사용할 수 있다.

BAYC, 파생 콘텐츠로 다시 태어나다

하지만 이런 유틸리티성 혜택들은 BAYC를 가장 성공적인 NFT 프로젝트로 만들어 준 근본적인 차별점은 아니다. 수많은 PFP(Profile Picture, 프로필 사진) NFT 프로젝트 중 BAYC가 최초로 만들어 낸 독특한 문화가 있다. 바로 NFT 홀더들이 자발적으로 만든 수많은 파생 콘텐츠와 NFT 프로젝트, 브랜드 비즈니스가 그 문화 속에 공존하는 것이다.

BAYC는 가상자산의 급등으로 부유해진 원숭이들이 세상의 모든 것에 지루함을 느껴 원숭이들의 늪지에 만든 그들만의 아지트라는 재미있는 세계관을 표방한다. 이러한 강력한 정체성이 담긴 서로 다른 특성의 캐릭터 1만 개의 소유권을 NFT로 판매했다. 이 캐릭터를 NFT로 민팅할 때 소유자들에게 부여한 것은 캐릭터 콘텐츠의 소유권만이 아니었다. 홀더들에게 캐릭터 이미지의 IP를 함께 부여해 상업적으로 이용할 수 있도록 한 것이다. 홀더들은 캐릭터를 브랜드 상표로 이용해 비즈니스를 하거나, 캐릭터가 등장하는 스토리, 뮤직 비디오, 파생 NFT 등 2차 콘텐츠를 만들 수 있다. 즉, NFT 홀더들은 자신이 소유한 번호에 해당하는 캐릭터를 이용해서 새로운 콘텐츠와 상품을 만들고 판매할 수 있다.

BAYC의 1839번 NFT를 소유한 홀더는 요트를 타고 항해하다가 전설의 포도가 자라는 포도 농장을 발견했다는 브랜드 스토리를 가지고, 보어드와인컴퍼니Bored wine company를 세웠다. 1839번 홀더는 블록체인 기반 와인 거래 플랫폼인 Wiv 테크놀로지와 합작해 보어드와인컴퍼니 프로젝트를 운영하고 있는데, BAYC 홀더들에게 특별한 판매 방식을 제안하고 있다. BAYC 홀더들의 경우 이더리움으로 가격을 지불하면, 자신의 원숭이 캐릭터가 그려진 라벨이 붙은 와인 6병을 할당받고, 이 와인이 런던의 창고에 보관되어 있다는 증서를 NFT로 받는다. 이 와인 증

NFT 홀더들에게 자율성을 부여하면 일어나는 일

출처: boredwineco.xyz(위), jenkinsthevalet.com(아래)

서 NFT는 되팔 수 있다.

1798번 홀더는 스토리텔러로서 자신의 재능과 프로젝트에 참여하는 이들의 창의성을 모아 '웹3.0 소설'을 만들고 있다. 그는 자신이 소유한 조끼를 입은 1798번 캐릭터의 모습에 착안해서 원숭이들의 요트 클럽에서 일하는 '관리인 젠킨스'를 재미있게 의인화했고, 젠킨스라는 캐릭터의 시점으로 트위터에 짧은 웹소설을 올려 반응을 얻었다. 젠킨스는 경제적으로 어려워 어린 시절부터 일을 해야 할 형편이었지만, 그래도 요트 클럽에서 일하는 것을 행운으로 여기며 부자 원숭이들의 뒤를 적당히 봐주는 캐릭터다. 독자들은 이 캐릭터의 위트 있는 설정에 빠져들었다.

웹소설로 인지도와 팬덤을 얻기 시작한 창작 프로젝트는 여기서 끝나지 않았다. 1798번 홀더는 웹소설을 올리기 시작한 지 한 달 만에 '라이터스룸Writer's room'이라는 NFT를 발행해 자신과 책을 함께 만들 DAO를 결성했다. 라이터스룸 멤버들은 책의 제목, 표지, 줄거리, 결말 등 집필의 모든 방향을 결정할 때 투표로 참여할 수 있다. 라이터스룸의 NFT 종류에 따라 투표권 수가 다르며, 가장 상위인 요트 NFT의 캐릭터는 소설의 주요 인물로 등장해 로열티를 받을 수 있다. 또 모든 홀더들은 책이 완성되면 책 NFT와 실물 책을 받을 수 있고, 책의 수익도 분배받을 수 있다.

BAYC 1798번 홀더에서 시작된 '관리인 젠킨스'는 오리지널 IP를 소유한 기업이나 제작자가 단일한 중심이 되는 것이 아니라, 분권화된 창작 형태로 많은 사람의 창의성을 모을 수 있었다. 블록체인 기술을 통해 콘텐츠 소유와 창작, 보상 구조가 탈중앙화되었기에 가능한 일이다. '관리인 젠킨스'는 BAYC와 연결된 세계관과 캐릭터를 보여 주지만, 라이터스룸 NFT 프로젝트로 발전하면서 새로운 2차 창작물로 성장했다. 마치 마블 시리즈 영화의 MCUMarvel Cinematic Universe를 바탕으로 각 캐릭터의 스토리들이 진화해 가는 것처럼, '관리인 젠킨스'도 BAYC의 세계관과 캐릭터를 공유하면서 진화한 모습을 보여 준다.

NFT 프로젝트로 진화하는 BAYC의 세계관

BAYC 홀더들은 캐릭터를 소재로 재미있는 음악 프로젝트를 만들기도 한다. 9797번 홀더는 힙합 아티스트 레오 크래건Reo Cragun과 클리어 아이즈Clear Eyes 등과 협업해 뮤직 비디오 〈Delist Your Ape(2DaMoon)〉를 제작했다. 영상에는 BAYC 원숭이 캐릭터들이 요트를 타고 달로 항해하는 내용이 담겨 있다.

메이저 레이블과 유명 프로듀서들은 BAYC 캐릭터들을 영입해 버추얼 뮤지션으로 만드는 IP 음악 사업의 콘셉트를 생각해 냈다. 여기서 프로덕션은 BAYC의 IP를 소유한 제작사 유가 랩스Yuga Labs와 계약하지 않고 BAYC NFT 소유자들과 계약했다. NFT 소유자들이 자신의 캐릭터를 뮤지션으로 데뷔시킨 후 로열티를 직접 받는 셈이다. 유니버설 뮤직은 NFT 수집가인 지미 맥닐스Jimmy McNeils가 소유한 4개의 BAYC 캐릭터를 멤버로 하는 킹십Kingship이라는 버추얼 밴드를 선보였다. 미국의 유명 프로듀서인 팀벌랜드Timbaland는 BAYC 캐릭터들을 영입하는 엔터테인 먼트 회사인 에이프-인 프로덕션Ape-In Productions을 설립했고, 힙합 그룹 '더 주The Zoo'를 내놓아 음반을 출시하고 메타버스에서 공연을 선보였다.

이외에도 BAYC에서 파생된 다양한 프로젝트와 비즈니스들이 있고, 파생된 프로젝트를 통해 BAYC의 세계관이 점점 진화하며 BAYC의 매력과 팬덤도 성장하고 있다. 이 과정에서 BAYC의 IP를 활용한 모든 사업 계획을 짜고, 필요한 조직과 유통 채널을 갖추어 전체적으로 사업을 지휘하는 것은 BAYC를 만든 유가 랩스가 아니다. BAYC는 메타버스 개발을 직접 하기도 하지만, 콘텐츠 개발은 BAYC 홀더들에게 맡긴다. 즉, 홀더들에게 자율성을 부여하고 권한을 분산함으로써, 이들이 음악, 소설, 게임 등 다양한 장르의 콘텐츠를 직접 창작하거나 제3자에게 라이선스를 주어 개발할 수 있게 한다.

BAYC와 원소스 멀티크리에이티비티

이처럼 IP의 상업적 이용 권리를 1만 명의 NFT 홀더에게 부여한 BAYC의 시도는 '저작권'의 상식으로는 이해가 가지 않는 일이다. 배타적인 저작권리의 행사는 웹2.0의 중앙집권적인 세계의 상식이었다. 본래 NFT는 저작권을 포함하지 않은 콘텐츠의 소유만을 거래하는 개념이다. 이런 이유로 BAYC가 IP를 NFT 홀더에게 부여해 성공한 일은 의미 있는 사건이 되었다. 디지털에서 개인이 원본 콘텐츠를 가지고 재미있게 창작하고 그 과정을 다른 사람들과 즐기면, 오리지널 콘텐츠의 가치도 함께 올라간다는 것을 보여 주었기 때문이다.

웹3.0 시대에는 자연히 메타버스라는 새로운 공간에서 오디언스를 만날 다이렉트 채널과 콘텐츠가 필요한 글로벌 IP들이 크리에이터 이코노미에 관심을 가질 수밖에 없다. 앞으로는 BAYC와 같은 신규 IP 외에 다른 인기 IP들도 적극적으로 탈중앙적인 마인드를 가지고 크리에이터와 협력해 '원소스 멀티크리에이티비티' 전략으로 나아갈 것이다. 또한 IP 사업자들은 크리에이터 이코노미를 만들기 위해 적극 노력할 것이다. 꼭 블록체인이나 NFT 기술을 통하지 않더라도 멀티 크리에이티비티와 크리에이터 이코노미는 시대정신이 될 수 있다. 콘텐츠 영역에서는 하나의 대표 성공 사례가 다른 사례들을 촉발하는 경우가 많기 때문이다. 원저작자의 콘텐츠를 다른 사람들이 음악, 스토리, 숏폼, 짤로 재창작할 수 있도록 권한을 점차 분산시키는 크리에이터 이코노미가 다양한 플랫폼에서 실험대에 오를 것이다.

이어서 파트3에서는 웹3.0 기술을 통해 크리에이터 이코노미가 새로운 기회를 창출하고, 탈플랫폼으로 진화할 수 있는 가능성에 대해 살펴볼 것이다. 이 세 번째 흐름을 타고 앞으로의 세대가 만들어 갈 미래의 창작 생태계는 과연 어떻게 변화할 것인가?

PART 3

웹3.0, 크리에이터 이코노미의 미래를 그리다

"

소수의 플랫폼에 집중된 권력은 오래가지 못할 것이며, 다음 10년 동안 권력은 극적으로 이동할 것이다. 바로, 크리에이터에게로.

"

✳ 인스타그램 CEO 애덤 모세리

크리에이터 이코노미3.0:
이미 현실이 된 미래

Chapter 01

크리에이터 이코노미의 세 번째 흐름은 웹 3.0, 즉 탈중앙화된 인터넷으로의 진입과 함께 가까운 미래에 펼쳐질 변화와 연관된다. 웹3.0의 활용성을 일반 사용자들이 가장 먼저 체감할 수 있는 분야는 디지털에서 놀고 창작하고 돈을 버는 크리에이터 산업이 될 것이다. 웹1.0이 세상의 모든 정보를 하이퍼링크로 연결해 정보를 민주화했고, 웹2.0이 콘텐츠를 개인 미디어 중심으로 공유하고 개방했다면, 웹3.0은 콘텐츠와 데이터의 통제권을 탈중앙화해 더 풍요로운 크리에이터 중심의 경제를 일으킬 것이다.

크리에이터 이코노미는 인터넷의 여러 산업 중에서도 가장 젊고, 성장을 위해 새로운 기술과 체제를 흡수하려는 크리에이터의 의지도 높다. 2010년경부터 1세대 비디오 크리에이터가 활동을 시작했으며, 글로벌 최대 동영상 컨벤션 행사인 비드콘VidCon이 미국 로스앤젤레스에서 처음 개최된 것도 2010년이다. 국내에서 1세대 유튜브 크리에이터와 아프리카TV BJ가 활동을 시작한 시기도 이 즈음부터였다. 당시 디지털 네이티브 세대로 이들의 영상을 보고 자랐고, 이들을 따라 콘텐츠를 만들고 소셜미디어 위주로 세상과 소통했던 Z세대가 어느새 성장하여 이제는 전세계 디지털 무대의 중심으로 올라왔다. 한 예로, 도티의 콘텐츠를 보고 동경하며 자랐던 마이린은 초등학교 3학년 때 처음 유튜브를 시작해 이제는 대학 진학을 눈앞에 둔 청년이자 구독자 100만 명의 크리에이터로 성장했다. 이처럼 크리에이터 이코노미는 젊고, 앞으로의 주역은 바로 이 세대가 될 것이다.

흔히 MZ세대라 불리는 젊은 세대는 콘텐츠를 창작하고, 사람들과의 소통을 즐기며, 자아실현과 경제적 성공을 동시에 꿈꾼다. 다만 이 과정에서 플랫폼이나 기존 문화산업의 중간 매개자들이 정해 놓은 룰을 따르고 싶어 하지 않고 '나'를 중시하기 때문에, 이들은 자기만의 방식으로 성공하길 원한다. MZ세대 직장인들은 자신이 일하는 기업의 CEO에게 성과급과 보상 인상을 직접 요구하기도 한다. 일한 만큼 보상받지 못하거나, 경직된 룰을 강요하는 직장은 남들에게 신의 직장이라고 평가받더라도 과감히 퇴사한다. 이 세대가 공정한 보상과 자율성 그리고 자기 성장에 얼마나 민감한지 단적으로 보여 주는 사례다. 불투명하고 일방적인 룰을 강요하는 중개자에게 간섭받지 않고, 내가 노력한 만큼 보상받을 수 있는 웹3.0의 핵심 이념인 '탈중앙화' 혹은 '분산'은 MZ세대가 갈망하는 미래와 부합하며, 그들이 만들어 갈 문화가 될 것이다.

크리에이터 이코노미에 변화를 일으킬 블록체인의 핵심 기술

블록체인 기술은 MZ세대 크리에이터가 자율적으로 일하되 일한 만큼 정확하고 공정하게 보상받을 수 있는 가능성을 열어 준다. 크리에이터 이코노미에 변화를 줄 수 있는 웹3.0의 핵심 인프라에는 NFT, DeFi, DAO 3가지가 있다. 이 3가지 인프라 기술은 이제 막 크리에이터 이코노미 산업에 도입되었고, 크리에이터 역시 이 기술을 실험적으로 시도하고 있는 초기 단계다.

NFT는 희소성을 가진 콘텐츠의 디지털 소유권이다. NFT를 통해 중개자 없는 P2P 방식으로 자유롭게 콘텐츠 소유권을 거래할 수 있기 때문에 크리에이터는 콘텐츠로부터 직접 유동성을 조달할 수 있다. 또한 NFT 홀더들은 여러 가지 혜택이나 보상을 제공받는다.

DeFiDecentralized Finance는 탈중앙화금융 시스템이다. DeFi는 구독료 지불, 상품 결제, 후원금 지급, 크라우드 펀딩, 수익금 배

크리에이터

콘텐츠 및 효용 제공   NFT 소유

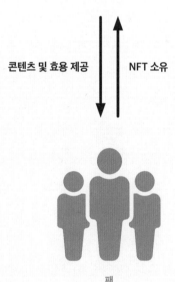

팬

분 같은 크리에이터 이코노미의 모든 금융 거래에서 플랫폼 기업, 은행, 투자 회사 같은 중개자 없이 직접 거래를 가능하게 해준다. 블록체인의 투명성과 보안성을 바탕으로 금융 거래의 신뢰가 형성되기 때문에 가능한 일이다.

DAODecentralized Autonomous Organization는 관리자의 통제 없이 운영과 의사결정, 구성원 보상 부여가 가능한 '탈중앙화된 자율 조직'이다. 기존의 조직이 중앙 관리자에 의한 수직적 구조라면 DAO는 다양한 전문가들의 자율적인 협업과 기여에 따른 보상, 의사결정이 가능한 수평적 조직이다. 크리에이터 이코노미에서 DAO는 다양하게 활용될 수 있다. 서로 다른 재능을 지닌 여러 크리에이터가 협력해 콘텐츠를 만들고, 문화예술 분야에서 애호가들이 모여 공동의 목적을 달성하기 위한 투자를 모집하고 사업을 진행하는 재단과 같은 기능을 하게 될 것이다.

크리에이터 이코노미 플랫폼과 기회

크리에이터 이코노미3.0의 중심에는 NFT가 있다. NFT는 콘텐츠의 디지털 소유권을 증명하는 기술이다. 크리에이터는 미술 작품, 음악과 책, 동영상, 메타버스나 게임 내 아이템 등 어떤 콘텐츠이든 그 소유권을 NFT로 토큰화한 뒤 판매할 수 있다. NFT의 원본 콘텐츠 복제 여부와 진위는 블록체인 기술로 검증할 수 있다. 역사상 콘텐츠의 소유권을 사고파는 것은 미술 작품 경매나, 기업들의 콘텐츠 IP 인수처럼 전문가들의 영역이었다. 웹3.0 시대에는 평범한 사람들이 크리에이터가 되어 자신이 만든 콘텐츠를 팔 수 있고, 또 자본가나 콘텐츠 전문가가 아닌 평범한 사람들도 콘텐츠 소유권에 투자할 수 있다. NFT를 기반으로 한 크리에이터 이코노미에서는 크리에이터가 초기 팬들에게 소유와 투자의 기회를 공유함으로써 팬과 크리에이터가 공생한다.

NFT 마켓플레이스는 누구나 NFT를 사고팔 수 있는 블록체인 기술로 구현된 디지털 장터다. 크리에이터들이 가장 많이 참여하는 대표적인 NFT 마켓플레이스로는 2017년 12월에 설립된 오픈씨Opensea가 있는데, 2022년 10월 출시된 블러BLUR가 제로 수수료 정책을 앞세워 오픈씨와 경쟁구도를 형성하고 있다. 오픈씨는 블러의 점유율 추격에 대응해 거래 수수료를 2.5%에서 0%로 낮추었다. 단, 단기 거래 촉진 정책을 위한 플랫폼 간 거래 수수료 경쟁은 사용자들이 NFT를 거래할 때마다 크리에이터에게 돌아가는 로열티를 희생하고 있어 크리에이터 이코노미 관점에서는 우려스러운 부분이다. 오픈씨 외에도 특정 장르에 전문화된 NFT 마켓플레이스가 있으며, 이들은 소비자를 위한 NFT 큐레이션을 제공하고 크리에이터에게는 NFT를 민팅할 수 있는 개인 페이지 커스텀과 커뮤니티 기능을 제공한다. 슈퍼레어SuperRare는 미술에, 사운드Sound는 음악에, 오리진 스토리Origin Story는 음악과 아트에 전문화된 NFT 마켓플레이스다.

웹3.0 콘텐츠 유통 플랫폼들은 사용자들이 스포티파이Spotify 같은 웹2.0 플랫폼과 마찬가지로 웹3.0에서도 콘텐츠를 편리하게 소비할 수 있도록 실험 중이다. 여기에는 음악 스트리밍 플랫폼 오디우스Audius, 블로그 플랫폼 미러Mirror, 동영상 스트리밍 플랫폼 오디시Odysee 등이 있다. 이들은 웹2.0처럼 중앙화된 서버가 아니라 블록체인으로 운영되며, 콘텐츠 창작자와 오디언스, 그리고 백엔드 역할을 하는 P2P 네트워크에 노드node(네트워크상의 연결점)로 참여하는 사용자들에게 토큰 이코노미Tokenomics에 따라 보상을 부여한다. 중앙화된 서버가 없기 때문에 웹2.0 방식으로 플랫폼 운영을 통제하는 정책에 따르기보다는 토큰 보유자들에게 의사결정에 참여할 권리를 주는 것이 특징이다. 외부 간섭이나 플랫폼 정책에 의해 콘텐츠를 삭제하거나 수정할 수 없으며, 크리에이터가 수정한 기록 역시 블록체인에 기록되어 확인할 수 있기 때문에 투명성이 보장된다.

웹3.0 크리에이터 이코노미 산업에서 커뮤니티와 팬덤의 중요성은 더욱 커진다. NFT는 콘텐츠 소유권이지만, 사실 크리에이터는 콘텐츠의 소유권뿐만 아니라, 콘텐츠에 관한 다양한 권리들을 NFT로 팬들에게 제공할 수 있다. 팬들에게 직접적으로 혜택과 효용을 제공해, 그들과 지속적인 관계를 이어 가고 팬덤을 더욱 강화할 수 있다. 이를 통해 크리에이터는 자생적으로 수익을 창출하며 팬덤을 통해 비즈니스를 지속적으로 이어 간다.

탈중앙화된 권력을
크리에이터와 오디언스에게

Chapter 02

수평적 공동체 DAO,
크리에이터가 자유롭게 협력할 수 있는 공동체

웹3.0의 인터넷에서 조직의 운영과 관리는 어떻게 할 수 있을까. DAO는 Decentralized Autonomous Organization(탈중앙화자율조직)의 약자로 중앙 권위자 없이 공동의 운영 목적을 가진 사람들이 모인 수평적 조직이다. 블록체인에서는 커뮤니티가 자체적인 DAO의 형태로 거버넌스를 대신한다. 누구나 DAO 거버넌스 코인이나 NFT를 구매해 DAO에 참여할 수 있다. DAO는 비즈니스부터 과학 연구, 영화 제작 등 무엇이든 새로운 프로젝트를 함께하기 위해 관심사와 이해관계가 맞고, 프로젝트에 기여할 수 있는 전문성을 가진 사람들이 모여 투표로 의사결정을 하고 기여한 만큼 보상받는다.

DAO는 크리에이터가 다른 사람들과 함께 일할 수 있는 새로운 조직 형태가 될 수 있다. 다양한 재능과 관심을 지닌 사람들은 DAO에서 함께 일할 수 있다. 구성원 각자가 탈중앙화된 시스템의 일부로 활동하며, 일반적인 커뮤니티나 클럽처럼 중앙화된 운영진이 따로 존재하지 않는다. DAO의 거버넌스 시스템으로 투표권, 발언권을 행사함으로써 운영되기 때문에, 결정권이 민주적으로 행사되며, DAO의 금융 거래와 규칙도 투명하게 공개된다.

DAO 구성원들은 탑다운 방식으로 평가와 보상을 받지 않는다. DAO에서는 스마트 컨트랙트(계약)가 기여도 산정과 보상 부여의 기준이 된다. 각자의 기여도와 역할이 달성되면 스마트 컨트랙트에 기록된 인센티브 구조에 따라 보상을 받는 것이다. DAO는 MZ세대가 선호하는 미래의 직장이 어떤 모습일지 힌트를 제공한다. DAO의 구성원 참여도와 의사 결정 속도가 전통적인 조직만큼 좋을지는 아직 사례가 많지 않아 알 수 없다. 그럼에도 DAO를 미래 세대의 직장으로 점쳐 볼 수 있는 이유는 많은 MZ세대 직장인들이 관리자의 수직적인 감시와 감독을 받지 않지 않고, 공정한 평가와 보상이 가능한 DAO의 개념에 공감할 것이기 때문이다.

DAO와 크리에이터 이코노미

MZ세대 크리에이터는 앞으로 자신이 원하는 프로젝트를 진행하는 DAO에 자발적으로 소속되어 협업하게 될 것이다. DAO 밴드를 결성해 함께 음악을 만들고, 결과물을 NFT로 공동 소유한 뒤, 크리에이터 생태계 내에서 수익을 창출한 후 기여도에 따라 분배를 받을 수도 있다. DAO와 NFT를 활용하면 블록체인상 스마트 계약에 따라 구성원들에게 사전에 약속된 만큼 보상하고, 프로젝트의 창작물과 수익도 여러 크리에이터가 다수의 NFT로 공동 소유하고 보상받을 수 있다. 크리에이터가 1인 사업가라면, DAO는 다양한 재능을 가진 크리에이터들이 협업하는 새로운 비즈니스 공동체라고 할 수 있다.

DAO에는 다양한 종류가 있고, 재미있는 활동을 보여 주는 DAO들이 출현하고 있다. 이런 모습들은 '나도 DAO를 해 볼까' 하는 호기심을 자극한다. 특정 자산에 자금을 모아 공동 투자하고 보유하는 투자 및 컬렉터 DAO, 비슷한 관심과 기호를 지니고 여러 가지 모임과 행사를 함께 하는 소셜 DAO, 탤런트 에이전시처럼 같은 영역의 전문가로 구성되어 상품과 서비스를 창출하는 서비스 DAO 등이 있다.

크리에이터 이코노미와 가장 밀접한 DAO 유형은 미디어 DAO다. 미디어 DAO는 미디어를 광고 후원이 아니라 토큰 이코노미로 운영한다. 토큰 이코노미란 공동체에 바람직한 역할을 한 구성원에게 보상으로 토큰을 주는 시스템이다. 기자, 리서치 전문가, 편집자, 영상 제작자, 콘텐츠 마케팅 전문가들은 미디어 DAO가 운영하는 미디어 채널의 콘텐츠 제작과 운영에 다양하게 기여했을 때 토큰으로 보상받을 수 있다. 미디어 DAO의 의사결정은 최고 경영자가 하는 것이 아니라, 콘텐츠를 현장에서 만들고 홍보하는 모두가 거버넌스에 참여해 직접 발언하고 투표할 수 있다. 미디어 DAO의 토큰을 가진 모든 이들이 의사결정에 참여할 수 있기 때문에 이를 토큰 민주주의라고도 한다.

뱅크리스Bankless는 20만 명의 구독자를 보유한 대표적인 미디어 DAO로 웹3.0의 선구자를 표방하며, 웹3.0 산업에 관한 전문 뉴스레터와 팟캐스트 콘텐츠를 제작해 운영한다. 'BANK'라는 토큰으로 리서치, 글쓰기, 그래픽 디자인, 번역, 마케팅 등 참여자의 활동을 보상하는 토큰 이코노미를 가동하고 있다.

웹3.0, 탈중앙화된 콘텐츠 소유와 유통

크리에이터 이코노미의 세 번째 흐름은 크리에이터와 오디언스가 탈중앙화된 권력을 기존의 플랫폼 기업과 중간 매개자 등으로부터 돌려받으면서, 산업과 금융에서 합리적인 소유와 보상이 이루어지고 자율적인 운영이 가능해지는 것이다. 웹3.0의 기반이 되는 블록체인 기술은 콘텐츠의 소유와 운영을 어떻게 변

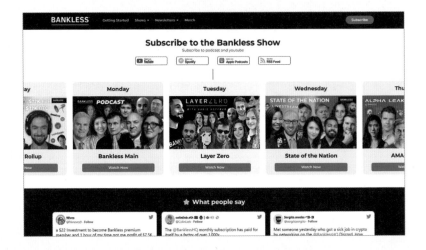

뱅크리스 홈페이지

화시키고, 이를 통해 크리에이터 이코노미는 어떤 방향으로 진화하게 될까?

웹3.0에서는 인터넷 사용자의 콘텐츠가 P2P에 분산되어 저장된다. 콘텐츠는 중앙화된 데이터베이스에 저장되는 대신 분산원장Distributed ledger이라는 장부, 즉 다수의 개인이 나누어 저장하는 디지털 장부에 거래가 기록된다. 블록체인 네트워크에 참여하는 개인의 컴퓨터는 하나의 노드가 되며, 각각의 노드가 서버 역할을 한다. 각 노드는 P2P 방식으로 직접 연결된다. 이 새로운 디지털 장부 기술에 의해 원본의 진위 및 소유가 증명 가능한데, 블록체인 네트워크에 참여한 사용자들이 함께 비교 검증해 합의에 이르는 방식이다. 따라서 누구도 마음대로 거래 기록을 위조할 수 없다. 탈중앙화된 인터넷에서는 중앙화된 원장이나 서버가 없고, 중앙에서 소유권이 기록된 디지털 장부와 네트워크를 관리하는 주체도 필요 없다. 다수 개인의 노드가 모인 블록체인 네트워크가 중앙 서버가 담당하던 역할을 대신하며, 블록체인은 네트워크에 참여해 기여하는 개인에게 토큰token으로 보상한다. 따라서 암호화폐는 블록체인 네트워크에서 중요한 역할을 한다.

콘텐츠와 데이터를 중앙에서 통제하는 기존 플랫폼의 권력은 웹3.0에서 약해질 수밖에 없다. 웹3.0에서는 인터넷에서 사용자들이 콘텐츠를 토큰화해 거래, 소유, 투자하는 모든 금융 활동의 흐름도 탈중앙화된다. 또한 사용자의 데이터와 활동이 플랫폼에

콘텐츠를 단일 원장에 저장

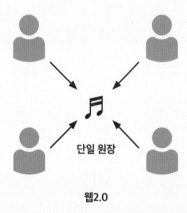

웹2.0

콘텐츠의 거래 기록을 분산 원장에 저장

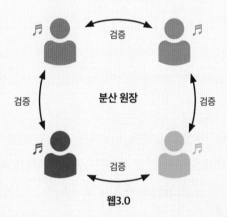

웹3.0

기여하면 토큰으로 보상을 받으므로 자율적으로 운영될 수 있다.

하지만 이런 완벽한 탈중앙화 개념은 아직까지는 이상에 가깝다. 사용자 편의성을 확보한 탈중앙화 서비스는 아직 소수에 그칠 뿐이다. 암호화폐나 NFT의 프라이빗 키 암호를 잃어버리면 자산을 찾을 수 없게 되는 등 웹2.0에 익숙한 사용자들이 겪는 사용자 편의성의 문제도 보완되어야 한다. 탈중앙화 개념대로 서비스를 구현하면 아이디 없이 블록체인 지갑 연결로 서비스를 이용하게 되는데, 그럴 경우 실물 경제와 연동시켜 서비스를 운영하는 데 어려움이 따른다. 이런 문제들을 보완하기 위해 암호화폐를 보관하는 지갑에 연결하지 않고도 이메일 계정 등의 인증을 통해 ID를 만들고 신용카드로 결제할 수 있도록 하는 방식도 등장했다.

여러 웹3.0 기반 서비스들에서 크리에이터의 콘텐츠, 디지털 재화 거래에 사용되는 암호화폐와 NFT 등 디지털 자산이 호환되어야 수많은 크리에이터와 오디언스, 이해관계자들이 함께 블록체인 네트워크에 참여하는 토큰 이코노미도 규모의 경제를 이룩할 수 있다. 하지만 코인 상장을 통해 돈을 벌고 싶은 사업자들이 각자 ICO(Initial Coin Offering, 가상화폐 상장)를 하고, 별도로 생태계를 구축하겠다고 나서는 것도 웹3.0의 발전에 긍정적인 것만은 아니다. 특정 암호화폐만으로 운영할 수 있는 자생적인 경제도 아직 성공한 적은 없다.

웹3.0의 주인공은 콘텐츠와 커뮤니티를 만드는
크리에이터와 오디언스

테슬라의 CEO 일론 머스크Elon Musk는 2021년 12월 자신의 트위터에 "웹3.0을 본 사람이 있나? 난 찾을 수가 없다"고 했다. 또한 트위터의 창업자 잭 도시도 "네티즌 당신들은 웹3.0을 소유하고 있지 않다"라며 "벤처캐피탈과 그들에게 돈을 주는 투자자들이 있을 뿐"이라고 머스크와 함께 비판에 나섰다. 아직 실체가 분명하지 않은 웹3.0에 일침을 가한 것이다. 그리고 2022년에는 가상화폐 및 NFT의 가격이 급락하며 시장의 공포와 의구심도 커졌다.

이런 논란에도 웹3.0 지지자와 기업들은 자신들이 지향하는 탈중앙화의 세계관과 경제관에 확신을 가지고, 시장의 의구심 속에서도 그 가능성을 스스로 만들어 가고 있다. 이미 활발히 활동 중인 크리에이터들은 이렇게 구현되는 웹3.0의 인프라를 적극 활용하며 새로운 크리에이터 이코노미 기반을 구축해 나갈 것으로 기대된다. 이들은 디지털에서 사랑받는 콘텐츠 IP를 만들고, 커뮤니티와 팬덤을 통해 문화와 경제를 융합하여 크리에이터 이코노미 생태계에 활기와 다양성을 불어넣고 있다.

기존의 크리에이터 이코노미에서 콘텐츠 소비자라는 역할에 국한되어 온 오디언스 역시 웹3.0 시대에는 NFT를 소유하거나 DAO에 참여하여 창작자 발굴과 후원, 크라우드 펀딩, 커뮤니티 운영, 2차 창작 등 생산적 역할을 하게 될 것이다. 이로써 콘텐츠 소비자들도 크리에이터의 성장에 기여한 만큼 보상을 얻을 것이며, 창작자와 소비자의 경계가 옅어지는 현상이 가속화될 것이다.

크리에이터의 비즈니스 모델

D2C에서 P2P로

웹3.0 기술 중 크리에이터 이코노미 측면에서 가장 활용 가능성이 높은 것은 크리에이터가 희소성과 창조성이 있는 콘텐츠, 특허, 디자인 같은 지식재산에 대한 소유권과 경제적 가치를 보장받을 수 있다는 것이다.

이때 소유권과 경제적 보상의 핵심은 콘텐츠를 P2P 방식으로 유통하는 것이다. 크리에이터 이코노미2.0이 플랫폼을 통한 소비자 직거래D2C 방식으로 운영되었다면, 크리에이터 이코노미3.0은 여기서 한 단계 발전하여 개인 간 직접 거래P2P 방식으로 확장될 것이다. 중개자 없는 P2P 방식의 콘텐츠 저장과 유통 기술이 실현되면 개인들이 직접 콘텐츠를 거래하는 것도 가능해질 것이기 때문이다. 기존 플랫폼의 정책에 얽매이지 않고 콘텐츠 생산자와 소비자가 직접 거래할 수 있는 탈중앙화된 자체 플랫폼과 미디어는 앞으로 크리에이터에게 비즈니스의 기회가 될 것이다.

IPFS와 콘텐츠의 P2P 비즈니스 모델

NFT 마켓플레이스인 오픈씨와 블록체인 기반 음악 스트리밍 서비스인 오디우스는 원본 데이터를 저장하고 백업하는 데 분산형 스토리지인 IPFS(InterPlanetary File System, 분산형 파일 시스템에 데이터를 저장하고 인터넷으로 공유하기 위한 프로토콜)를 사용해 크리에이터의 P2P 콘텐츠 유통을 가능하게 한다. IPFS는 웹 2.0의 HTTP(HyperText Transfer Protocol, 웹서버와 사용자의 인터넷 브라우저 사이에 문서를 전송하기 위한 프로토콜)에 대응하는 웹 3.0의 새로운 인터넷 프로토콜이다.

IPFS는 디지털 데이터를 전 세계 수많은 PC에 분산하여 저장하고 공유할 수 있는 P2P 파일 시스템이다. IPFS는 웹3.0 버전의 AWSAmazon Web Services나 구글 클라우드 같은 인터넷 스토리지 및 서버 시스템으로 볼 수 있다. AWS는 아마존의 데이터 센터에 사용자의 데이터를 저장하고 서버를 제공하며, 구글 클라우드 역시 GCPGoogle Cloud Platform를 제공하기 위한 구글의 데이터 센터를 운영한다. 이런 중앙집중식 데이터 센터 없이도 수많은 PC들이 노드로 참여하는 P2P 네트워크에 스토리지를 운영하는 것이 IPFS다. 파일의 저장, 복제, 공유가 분산된 P2P 네트워크에서 이루어지는 것이다. 과거 사용자 간 P2P 네트워크로 불법 공유 파일을 다운받는 데 사용되었던 토렌트Torrent나 소리바다와 IPFS를 비교해 이해를 돕기도 한다.

IPFS는 파일이 있는 위치가 아닌 '찾을 대상', 즉 '콘텐츠'를 시스템에 전달해 인터넷에 있는 파일을 불러올 수 있는 프로토콜이다. 기존 인터넷 프로토콜인 HTTP는 데이터 서버가 있는 IP 주소나 URL을 통해 콘텐츠를 찾는 방식이었다. 따라서 특정 위치에 존재하던 콘텐츠가 소실되면 그 콘텐츠는 찾을 수 없게 된다. HTTP는 데이터를 중앙집중식 서버에 저장하기 때문에, 해킹과 관리 소홀로 문제가 발생할 수 있었다. IPFS는 저장할 데이터를 분할하여 여러 컴퓨터로 분산하면서 해시Hash를 할당하는 방식으로, 이 해시들이 모인 테이블에서 그 콘텐츠를 보유 중인 노드를 찾을 수 있다. 실제로 'https://ipfs-search.com'에 들어가면 IPFS에 저장된 콘텐츠를 이름이나 해시값으로 검색할 수 있다. 문서, 오디오, 이미지 등으로 콘텐츠 카테고리에 따라 결과를 보여 주기 때문에 웹2.0처럼 콘텐츠를 쉽게 찾을 수 있다. P2P에 참여하는 노드들이 기여한 만큼 보상하고, 네트워크에 바람직하지 않은 활동에 대해서 패널티를 부여하는 토큰 보상 방식으로 운영된다.

P2P 방식으로 콘텐츠가 분산 유통되면 콘텐츠 수요자와 공급자가 직접 만나고, 중개자의 역할을 없애는 것이 아니라 필요한 만큼으로 줄이면서, 참여자 노드의 자율적인 검증 역할과 보상 부여가 가능해질 수 있다. 중개자, 사용자, 참여자 간 운영과 보상의 권한이 분산되는 것이다.

NFT 마켓플레이스 오픈씨

오픈씨는 2018년에 데빈 핀저Devin Finzer와 알렉스 아탈라Alex Atallah가 창업한, NFT를 거래할 수 있는 마켓플레이스다. PFP(프로필 사진)로 사용하는 멤버십 NFT, 미술, 음악, 게임 아이템 등의 콘텐츠 NFT, 아티스트의 디지털 굿즈 같은 컬렉터블 NFT, 인기 스포츠팀의 선수 카드나 경기 장면 등을 담은 스포츠 NFT, 가상 부동산 NFT처럼 다양한 NFT가 발행되어 거래되고 있다.

오픈씨가 창작자와 구매자를 연결하는 중앙화된 플랫폼처럼 보일 수 있지만, 기존 웹2.0 플랫폼처럼 NFT의 원본 콘텐츠 자체를 서버에 저장하고 있지 않다. NFT의 메타데이터(원본 콘텐츠 정보)는 IPFS에 분산 방식으로 저장한다. 또 이더리움, 솔라나, 클레이튼 등 다양한 블록체인 네트워크와 연결해, 크리에이터가 원하는 블록체인 네트워크를 선택하여 NFT를 발행하고, 발행자와 구매자, 구매자와 구매자가 P2P 방식으로 거래한다. 오픈씨에서 NFT를 민팅하는 데는 제한 조건이 없어, 누구나 자신의 콘텐츠를 NFT로 발행할 수 있으며 NFT 발행 수수료는 2.5%이다. 수요자가 크리에이터로부터 NFT를 구매해 소유하다가 다른 수요자에게 되팔 수 있기 때문에 오픈씨는 P2P이면서 마켓플레이스인 셈이며, 이런 환경을 최적화하여 NFT 거래를 활성화시킨 웹3.0 서비스다.

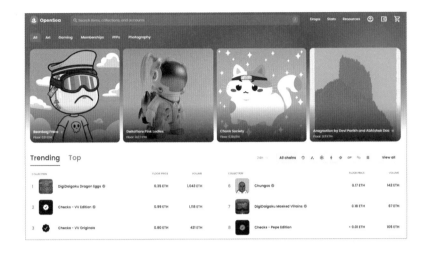

오픈씨 메인화면

웹3.0 음악 비즈니스의 미래를 실험하는 오디우스

오디우스Audius는 누구나 자신의 음악을 자유롭게 배포하고 합리적인 수익을 얻는 것을 목표로 하는 블록체인 기반 음악 스트리밍 서비스다. 오디우스는 음악 아티스트, 팬, 네트워크 내 노드 운영자 모두에게 합당한 인센티브를 제공할 수 있도록 프로토콜 경제를 구축하여, 웹3.0의 정신을 실질적인 서비스 생태계 내에 구현했다는 평가를 받는다. 오디우스 사용자(MAU 기준)는 2021년 8월 530만 명에 달했으며, 웹3.0 서비스 중에서는 1차적인 성공을 거둔 소비자 앱이다. 주로 인디 음악이 오디우스에 올라와 있지만, 위저Weezer와 같은 유명 레이블의 아티스트들도 신곡 발표에 오디우스를 활용하기도 한다. 오디우스의 경우 이메일과 패스워드로 로그인이 가능하기 때문에, 사용자가 음악을 듣는 데 특별히 블록체인이라서 적응해야 하는 장벽이 없도록 서비스를 만들었다. 오디우스가 탈중앙화된 소비자 앱으로 활성화될 수 있었던 이유는, 바로 블록체인을 몰라도 음악을 듣고 올리는 것을 자연스럽게 만든 사용자 경험에 있다.

오디우스에서는 아티스트에게 스트리밍 수익의 10%를 제공하고, 나머지 10%를 네트워크에 참여하는 노드 운영자에게 지급하는 블록체인 생태계를 목표로 한다. 옆의 그림과 같은 프로토콜에 의해 오디우스에서는 스트리밍 시장을 P2P화하여, 음원 유통 과정에서 유통사와 레이블을 거치지 않고 아티스트가 직접 팬과 만나 절대 수익을 가져갈 수 있다.

NEXT GENERATION

WEB-3 STREAMING PLATFORM

Audius is a brand-new streaming platform built for all musicians, not just those signed to labels.

Build a fanbase, share your works in progress, and then publish your completed tracks for all the world to hear. Create, grow, and monetize, all without the need to graduate off the platform or sign a record deal.

오디우스 메인화면

아티스트는 음악을 콘텐츠 노드Content node의 IPFS 기반 분산형 스토리지에 업로드해 토큰 보상을 얻고, 이후 사용자는 콘텐츠 노드에서 음악 데이터를 받아 스트리밍하면 토큰 보상을 얻는다. 디스커버리 노드Discovery node는 콘텐츠 렛저Content ledger에서 사용자가 원하는 정보를 추출하고 분류하는 인덱싱 기능을 하는데, 이로 인해 재생 목록, 피드 등이 운영 가능하다. 콘텐츠의 각 노드에 기여한 사용자들은 그 가치만큼 오디우스 자체의 네이티브 토큰인 오디오 토큰$Audio으로 보상을 받는다. 콘텐츠 렛저는 음악 콘텐츠와 메타데이터, 수익 분할 구조, 콘텐츠 소유 구조, 거버넌스 시스템 등 오디우스의 프로토콜과 작동 원리에 대한 정보를 보유한 곳이다. 중요 정보의 분산화로 콘텐츠 렛저가 투명하게 유지되기 때문에 아티스트는 자신의 음악이 얼마나 많이 재생되고 수익이 얼마인지 직접 확인할 수 있다.

스포티파이Spotify나 애플 뮤직Apple Music 같은 중앙 집중식 스트리밍 플랫폼의 경우, 업계 추산에 따르면 음원 수익의 약 12% 정도만 아티스트에게 지급된다. 국내의 경우 한국음반산업협회 RIAK에 따르면 음원 다운로드나 스트리밍에서 실연자에게 배분되는 수익은 약 6.5%, 저작권자에게 지급되는 수익은 약 11%이며, 서비스 사업자의 수수료가 30~35%에 이른다. 음원 수익의 약 50%가 음반 제작사의 몫인데, 제작사는 다시 음악이 상품으로 유통될 수 있도록 돕는 중간 유통사들(카카오엔터테인먼트, 지니뮤직, CJ E&M, NHN 벅스 외 다수)에 수익을 분배한다. 음악 사업

오디우스 프로토콜

출처 : Audius Docs

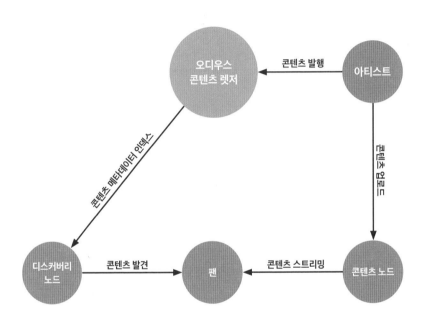

이 고도화되다 보니 중간 유통 과정에서 발생하는 비용도 많다. 게다가 개인 창작자나 소형 기획사가 멜론 같은 음원 서비스 업체와 직거래하는 것도 대단히 어렵다. 이와 달리 오디우스에서는 인지도에 상관없이 누구나 유통사를 통하지 않고도 직접 음악 스트리밍 서비스에 음원을 유통할 수 있다.

음악 추천 등 음악의 소비에 초점을 맞춘 스트리밍 플랫폼과 달리, 오디우스는 아티스트와 팬이 직접 소통하고 교류할 수 있는 기능이 있다. 오디우스의 '리믹스 대회'는 아티스트와 팬의 콜라보레이션으로 새로운 음악을 만들고 공유하는 재미를 누릴 수 있도록 유도한다. 무엇보다 원 창작자인 아티스트뿐만 아니라 팬 역시 2차 창작자로서 음악을 즐기면서 창작할 수 있는 기회를 열어 준 것이다. 따라서 앞으로의 음악 산업이 전문 아티스트가 아닌 일반인 누구나 C2E(Create to Earn, 창작하면서 보상을 받는 활동)를 지향할 것으로 전망할 수 있다. 또 오디우스에서 팬들은 아티스트의 굿즈나 티켓, 앨범 등을 NFT로 구매하고, 컬렉터블(Collectibles, 크립토 소장품) 항목을 트위터, 개인 블로그 등에서 공개할 수 있다. 오디우스는 앞으로 팬과 아티스트가 직접 소통하고 거래하는 P2P가 음악 비즈니스 전반에 자리 잡을 가능성을 실험하고 있다.

2021년 8월부터 오디우스는 틱톡과 제휴를 맺어, 아티스트가 오디우스 플랫폼의 음악을 틱톡 사운드 킷에 업로드 후 사용할 수 있게 했다. 이제 아티스트는 자신의 음악을 틱톡에 노출할 수 있게 되었다. 대부분의 스트리밍 서비스가 사용자들이 외부 플랫폼으로 이탈하지 않도록 폐쇄적인 구조를 갖고 있는 데 반해 오디우스는 인디 음악을 틱톡에 홍보하고, 틱톡 사용자들을 오디우스에 유입하는 선순환을 만들고자 제휴 파트너십에도 적극적이다. 디파이랜드DeFi Land는 오디우스처럼 솔라나Solana 블록체인을 기반으로 구축된 메타버스 플랫폼인데, 오디우스는 여기에 가상 라디오 타워를 세워 사용자가 메타버스에서 음악을 들으며 보상을 얻는 P2E(Play to Earn, 게임 등을 플레이하며 보상을 얻는 사용자 활동)도 가능하게 했다.

그러나 오디우스의 미래가 밝기만 한 것은 아니다. 예를 들어 사운드클라우드SoundCloud는 누구나 음원을 올릴 수 있는 UGC 방식의 스트리밍 서비스로 2008년에 서비스를 시작했다. 사운드클라우드는 1억 7,500만 명 규모의 사용자를 확보하고서도 마땅한 수익 모델을 정착시키지 못해 재정적으로 어려운 상황에 봉착했다. 사운드클라우드도 오디우스처럼 인디 음악 비중이 절대적인데, 주류 음악이 들어오지 않다 보니 광고 수익에 한계가 있었다. 사용자 입장에서는 들을 음악이 한정적이기 때문에 유료 구독 모델이 활성화되기도 쉽지 않았다. 오디우스는 2021년 한 해 암호화폐 가격의 상승과 함께 사용자의 주목을 받은 웹 3.0 서비스이지만, 아직 수익 모델을 찾지 못했기 때문에 크리에이터 이코노미를 정착시킨 서비스라고 할 수는 없다. 오디우스는 아직 유료 구독도 도입하지 않은 무료 플랫폼으로 아티스트 수익이 제한적이다. 저작권 위반 콘텐츠의 업로드를 저지할 수 있는 시스템을 갖추지 못했기 때문에 다른 크리에이터의 음원을 올리는 유저를 막지 못하는 것도 문제다. 콘텐츠 삭제를 커뮤니티에서 투표로 결정하는 거버넌스 시스템을 마련할 예정이지만, 콘텐츠 노드에 대량으로 음악이 업로드되는 가운데 투표를 하는 것이 효율성을 발휘할 수 있을지도 의문이다.

오디우스는 우리가 음악을 창작하고 소비하는 과정을 바꾸려는 시도를 하고 있다. 오디우스처럼 크리에이터와 팬, 노드 운영자를 참여시키는 프로토콜 생태계가 음악 산업에 크리에이터 이코노미를 정착시키는 모델이 될 수 있을지는 앞으로 좀 더 지켜볼 필요가 있다.

크리에이터와 팬이
소유와 헤택을 함께 누리는
콘텐츠 자산, NFT

Chapter 03

NFT와 크리에이터 이코노미의 확장성

NFT는 특정 플랫폼에 의해 콘텐츠의 소유권과 경제적 가치가 좌우되지 않고, 크리에이터가 자율적으로 커뮤니티를 개발하고 수익을 추구할 수 있는 새로운 가능성을 보여 준다. 동시에 NFT를 활용하면 크리에이터에게 더 많은 자유가 주어지지만, 그만큼 직접 노력을 기울여야 하는 부분이 많고 리스크도 더 클 수 있다는 점도 함께 고려해야 한다.

대체 불가능한 토큰Non-Fungible Token을 뜻하는 NFT를 블록체인 플랫폼, 가상화폐, 탈중앙화앱DApp, Decentralized Application과의 연결성 차원에서 이해하면 NFT가 크리에이터 이코노미에 어떻게 쓰일 수 있을지 폭넓게 바라볼 수 있다.

우선 '토큰Token'은 달러와 같은 화폐인데, 블록체인 기반의 애플리케이션에서 디지털 자산을 거래할 수 있는 가상화폐crypto currency다. NFT를 민팅할 수 있는 글로벌 블록체인 플랫폼으로는 이더리움과 솔라나가 대표적이다. 국내에서는 카카오의 클레이튼Klaytn이 대표적인 블록체인 플랫폼이다. 가상화폐는 현재 블록체인 기반으로 운영되는 탈중앙화앱에서 디지털 자산asset과 상품good을 거래하는 데 쓰이는 돈이며, 블록체인 네트워크와 거버넌스 운영을 위해 인센티브로 쓰이는 화폐다.

토큰은 블록체인 플랫폼을 통해, 참여자를 공동의 목적으로 '연결'하는 돈이다. 토큰을 기반으로 한 NFT가 크리에이터와 소유자를 연결하는 경제가 될 수 있다는 뜻이다. 대체 가능성Fugibility은 거래 상품이 각각 동일해서 서로 바꿔도 구분이 안 된다는 의미이고, 반대로 대체 불가능성Non-fungibility은 거래 상품이 각각 유일무이한 특성을 가지고 있기 때문에 1:1로 교환할 수 없다고 이해하면 된다. 가상 부동산이나 디지털 아트 작품, 디지털 프로필 사진, 이벤트 티켓 등은 고유한 가치와 특성을 가졌기에 '대체 불가능'하다.

이제 블록체인 기반의 메타버스, 게임, 음악 스트리밍 같은 탈중앙화앱에서 크리에이터가 만든 모든 '창작물'은 고유한 효용과 콘텐츠 가치를 기반으로 NFT로 '토큰화'되기 시작했다. NFT의 등장으로 크리에이터 이코노미의 범위는 가상 세계의 창작물과 상품으로 확장되고, 새로운 성장성을 맞이하고 있다.

크리에이터와 팬의 거래가 자유로워지는 NFT

NFT는 크리에이터라면 누구나 영상, 사진, 글, 음악, 일러스트 등의 콘텐츠를 가상자산인 토큰으로 발행해, 콘텐츠 소유권을 판매할 수 있게 한다. NFT는 블록체인상 분산된 렛저distributed ledger 형태의 디지털 장부에 기록된 소유권과 원본의 정보로 구성된다. 다만 NFT가 콘텐츠의 원본 자체는 아니며, 블록체인에는 NFT 원본 콘텐츠의 정보를 메타 데이터로 기록하고 있을 뿐이다. 또 NFT에는 콘텐츠의 저작권이 있는 것은 아니어서, NFT를 구매해도 소유권만 이전받을 뿐 콘텐츠를 재생산, 복제하거나 상업적으로 이용할 수 있는 권리를 얻는 것은 아니다. 하지만 일부 NFT 프로젝트는 2차 창작 권리를 오픈하기도 한다. 콘텐츠 라이선스 이용과 같은 저작권을 배제하되, 소유자에게 혜택과 권리를 부여해 실질적인 효용을 만들어 내는 것이 NFT의 특징이다. 음악 앨범을 구매한 사람들에게 특정 콘텐츠를 구독할 수 있게 하거나, 공연 티켓을 구매한 사람들에게 디너파티 초대권을 부여하는 등 NFT 구매자에게 특정 경험에 접근할 수 있는 권리가 효용이 된다.

디스코드Discord 같은 P2P 커뮤니케이션 툴이 접목되면서, NFT는 크리에이터와 팬을 직접 연결하는 커뮤니티를 강화시키는 도구로도 쓰인다. 디스코드에 커뮤니티를 구축할 때는 '서버'를 개설한다고 표현한다. 개설자가 직접 코드를 쓰는 것은 아니지만 봇bot이라고 하는 로봇의 도움으로 서버의 자동화 기능을 사용해 플랫폼에 종속되지 않는 P2P 커뮤니티를 만들 수 있다. 중개자 없이 크리에이터와 오디언스가 직접 연결되기 때문에, 크리에이터 이코노미 3.0은 'P2P 모델'로 볼 수 있다. 커뮤니티를 P2P로 운영하면서 이 안에서 민팅과 커뮤니티 이벤트 등을 진행하기 위해서는 24시간 1:1에 가까운 커뮤니케이션 노력이 필요하기 때문에 별도로 '커뮤니티 매니저'라는 직종이 등장할 정도다. 따라서 초기 팬덤이 형성되는 중인 크리에이터가 창작 활동과 커뮤니티 관리를 병행하기 위해서는 더욱 많은 노력이 필요하다.

민팅minting은 콘텐츠를 NFT로 만들어 발행하는 과정이다. 'Mint'는 화폐를 주조한다는 뜻으로, 누구나 민팅에 도전할 수 있다. 즉 콘텐츠가 있고, 콘텐츠와 연관된 커뮤니티 가치 및 효용을 기획하고 팬들에게 직접 마케팅할 수 있다면, 누구나 민팅을 할 수 있고 크리에이터로서 성장하기 위한 자금을 모을 수 있다는 뜻이다. 민팅의 절차 또한 간단해서, 블록체인 지갑과 콘텐츠만 있으면 쉽게 민팅을 할 수 있다. 크리에이터가 민팅을 할 때 가격과 수량, 구매자에게 부여하는 보상 및 혜택도 자유롭게 설정할 수 있다. 소유자에게 제공할 수 있는 희소성과 효용에 따라 민팅의 성공 여부가 달라진다.

콘텐츠가 크리에이터에서 구매자에게 양도된 후에 재판매가 일어나면 소유자의 변경 정보가 블록체인의 장부에 기록되고, 원작자에게 재판매 수수료가 지급되어 지속적인 수익이 가능하다. 크리에이터 NFT의 가치와 희소성이 증가하면 NFT 가격이 올라가면서 팬들 역시 투자 효과를 누릴 수 있다. 다만 크리에이터가 만든 콘텐츠의 가치에는 관심이 없고 단기적인 시세차익을 노린 투기 자금이 유입될 경우에는 문제가 생긴다. NFT에 단기적인 시세를 부양하고 거래를 일으키는 방향으로 커뮤니티가 운영될 수 있기 때문에, 궁극적으로 좋은 콘텐츠와 팬덤이라는 크리에이터 이코노미의 본질적 가치를 흐릴 수 있다. 이것이 크리에이터가 특히 주의해야 할 점이고, 필자들도 가장 우려하는 점이다. 투자는 장기적인 목적이 되고, 콘텐츠를 통해 좋은 문화와 경험을 나눌 수 있는 성숙한 커뮤니티가 형성되어야 한다.

NFT와 '소유 가치'의 경제

NFT를 활용하면 누구나 자신의 콘텐츠를 블록체인상 디지털 장부에 소유권을 기록하고, NFT라는 디지털 등기 권리증을 암호화폐로 거래할 수 있다. 웹1.0은 콘텐츠의 '읽기' 작업을 디지털로 옮겼고, 웹2.0은 콘텐츠의 '창작과 공유'를 디지털화했지만,

콘텐츠의 '소유'는 여전히 현실 세계의 문제로 남아 있었다. 웹 2.0에서는 콘텐츠 소유권 행사에 환경적인 제약이 있었다. 디지털에서 크리에이터의 콘텐츠는 특정 플랫폼의 중앙 집중식 서버에 직접 저장되므로 그 소유권을 통제하기가 어렵기 때문이다. 또 개방적인 웹2.0에서는 콘텐츠가 많이 공유되고 복제될수록 가치가 올라가지만, 콘텐츠의 희소성은 낮아졌다. CD나 mp3 파일로 음악을 소유하기보다는 스트리밍 서비스를 이용하는 경우를 생각하면 이해가 쉬울 것이다. 반면 현실 세계에서는 콘텐츠의 소유권 거래가 가능한데, 대표적으로 경매 시장에서는 물리적인 작품과 그에 대한 소유권을 둘 다 낙찰자에게 돈을 받고 넘길 수 있다.

웹3.0은 NFT를 통해 개인의 콘텐츠 '소유'를 디지털화한다. 지금까지 크리에이터 이코노미가 콘텐츠 이용 가치의 수익화로 발전해 왔다면, 앞으로는 여기에 콘텐츠 소유 가치의 수익화가 더해지게 된다. 즉, '콘텐츠 이용 가치' + '오디언스 경험 가치' + '소유 가치'를 통해 새로운 시장이 형성되고 더 큰 가치가 창출되면서 크리에이터 이코노미도 확장될 것이다.

a16z는 뉴스레터 유료 구독 서비스 서브스택, 블록체인 프로젝트 솔라나랩스Solana Labs, 가상화폐 거래소 코인베이스Coinbase, NFT 마켓플레이스 오픈씨 등 블록체인 관련 기업에도 가상자산 펀드Cryptocurrency funds를 꾸준히 조성해 투자하고 있다.

a16z에서 발간한 리포트인 〈2022년 크립토 현황〉에 따르면

2021년에 이더리움 기반으로 NFT를 발행한 2만 2,400명의 크리에이터가 올린 수입은 39억 달러다. 이는 창작자가 민팅을 통해 1차 판매한 금액과 오픈씨에서 거래자 간 2차 판매되었을 때 발생한 로열티를 합한 금액이다. 리포트는 39억 달러가 크리에이터 이코노미에서 얼마나 큰 금액인지 비교하기 위해, 주요 콘텐츠 플랫폼의 크리에이터 수입과 비교했다(다음 그래프 참고). 이 비교 자료에 따르면 유튜브의 3,700만 개 채널의 수입이 150억 달러이고, 스포티파이의 11만 명 아티스트의 수입이 7억 달러에 달하는 반면, 페이스북 29억 명 사용자의 수입은 300만 달러에 불과하다. 2만 명을 갓 넘는 크리에이터의 NFT 수입이, 크리에이터 이코노미에서 가장 큰 규모를 차지하는 유튜브 수입의 26%나 되며, 스포티파이에서 발생한 아티스트 수입의 56%에 달하는 것이다.

유튜브나 스포티파이 크리에이터의 수입은 콘텐츠 광고, 유료 구독료처럼 유저가 콘텐츠를 이용하는 과정에서 발생한 '사용 가치'에 의한 수입이고, NFT 크리에이터의 수입은 콘텐츠 소유권 거래에 의한 '소유 가치'에 대한 수입이다. 따라서 이 자료는 비교 준거가 다른 수입을 비교한 측면이 있다. 페이스북의 경우 크리에이터 펀드를 조성해 배분하는 경우가 있지만, 광고 수익 배분과 유료 구독 등 크리에이터 이코노미의 비중은 미미한 수준이다. 이렇게 비교 준거가 다를지라도 '총액' 기준으로만 단순 비교한다면 콘텐츠의 '소유 가치'가 발생시킬 수 있는 크리에

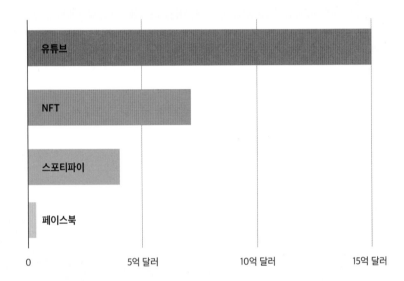

2021년 크리에이터의 수입 원천별 추정 수입

출처: a16z[7]

유튜브

NFT

스포티파이

페이스북

| 0 | 5억 달러 | 10억 달러 | 15억 달러 |

이터 이코노미의 잠재성은 상당히 크다고 볼 수 있다. 아직까지는 극히 일부 크리에이터가 NFT 발행을 실험적으로 시도해 보는 단계다. 따라서 앞으로 크리에이터 이코노미의 '사용 가치'에서 발생하는 크리에이터 수입 외에 '소유 가치'를 직접 행사함으로써 발생하는 수입이 확대되면 크리에이터 이코노미는 꾸준히 다양성과 성장성을 만들어 갈 수 있을 것이다.

그러나 NFT가 넘어야 할 산도 있다. 바로 NFT가 단기적인 투기 대상이 되지 않도록 하고, NFT를 소장해야 할 가치와 혜택이 콘텐츠에서 나와야 한다는 점이다. 아직 블록체인 기반 대표 서비스가 대중화되지 않았기 때문에, 독자들은 분산원장이나 DAO, NFT 같은 블록체인의 기술적 개념에 대해 들어 본 적은 있어도 익숙하지는 않을 것이다. 블록체인 기술은 아직 대중화되지 않은 상태에서 주로 암호화폐를 거래하는 데 활용되었다. 프로필 사진으로 쓸 수 있는 디지털 캐릭터가 먼저 NFT라는 디지털 자산으로 거래되기 시작했고, 2021년은 NFT의 해라고 할 정도로 많은 프로젝트가 생겨났다.

그런데 NFT의 경우, 암호화폐처럼 아직 그 가치가 완전히 증명되기도 전에 시세차익 위주로 거래되다 보니 가격의 버블이 크게 형성되었다. NFT 거래량은 2021년에 폭발적으로 증가했지만, 2022년 미국 연준의 긴축 정책으로 유동성이 줄어들면서 오픈씨의 NFT 거래량이 99% 감소하는 사태에 이르렀다. 대다수 NFT의 가격이 급락했으며, 콘텐츠 IP의 가치와 사업성, 커뮤니티 멤버를 위한 효용이 겸비되지 못한 프로젝트들이 사양길로 접어들었다. 캐릭터나 가상 부동산 위주의 본질적 가치에 대한 합의가 부족하여, 돈을 벌기 위해 '웹3.0'으로 NFT 프로젝트를 마케팅했다는 비판이 쏟아진 것도 무리는 아니었다.

이렇게 NFT 버블이 꺼지는 와중에도 나이키, 스타벅스, 아디다스 등의 기업들은 NFT를 통한 브랜드 IP와 커뮤니티 강화에 힘쓰고 있다. 스타벅스는 NFT 기반 고객 멤버십앱인 '스타벅스 오디세이Odyssey'를 출시하고, 기존의 별 스탬프 대신 '여정 스탬프Journey stamp'라는 NFT 리워드 프로그램을 도입했다. 암호화폐 지갑 없이 신용카드 결제로 스탬프 NFT를 구매할 수 있으며, 스탬프 NFT를 소유하면 크리에이터 협업, 스타벅스의 클래스와 행사 초대, 커피농장 관광 등의 혜택도 받을 수 있다. 나이키의 '닷 스우시.Swoosh'는 가상 의류, 스니커즈, 악세서리를 거래할 수 있는 플랫폼으로 나이키의 컬렉션을 선보일 뿐만 아니라, 크리에이터들도 가상 신발과 의류를 창작해 수익화할 수 있도록 한다. 아디다스는 BAYC와 함께 만든 아바타 '인디고 허츠Indigo Herz'라는 저지를 입은 원숭이 캐릭터 아바타를 2022년 카타르 월드컵의 트레일러 영상에서 선보여 화제가 되었고, 첫 번째 NFT 웨어러블 컬렉션인 버추얼 기어virtual gear를 출시했다.

이처럼 NFT 성공의 핵심은 커뮤니티와 콘텐츠 팬덤이다. 커뮤니티와 콘텐츠 팬덤의 활성화는 크리에이터가 가장 잘하는 일이다. 앞서 살펴본 웹3.0 뮤지션 대니얼 앨런의 사례처럼 음악이나 아트 등 크리에이터의 창작성을 사회가 인정할 수 있는 분야의 NFT는 투자 침체기인 크립토 윈터 속에서도 민팅에 성공하고 있다. 사실 온라인에서 커뮤니티와 팬덤을 가장 잘 만들어 온 콘텐츠 가치 생산자는 크리에이터이기 때문에 NFT가 성공하려면 크리에이터의 역할이 꼭 필요하다.

2022년 12월 비플은 〈월스트리트저널〉이 주최하는 테크 라이브 이벤트에서 "NFT는 이제 죽은 것 아닌가?", "NFT는 아티스트에게 어떤 가능성이 있겠는가?"라는 질문에 이렇게 답했다. "비트코인 가격은 사이클을 타지만, 기술 자체는 장기적으로 가치를 보여 줄 것이다. 미래에는 모든 아트 작품에 NFT가 붙여질 것이라고 생각한다. NFT는 아트 작품의 진위를 인증하는 데 필요한 표준화 시스템이 될 것이고, 앞으로 모든 사람이 NFT의 데이터베이스를 통해 작품을 검색하게 될 것이다."

창작자에게 주도권을 주는 NFT 경제

NFT는 '크리에이터 이코노미 3.0'의 특징을 우리에게 보여 주기 시작했다. 바로 콘텐츠 경제의 주도권과 힘을 온전히 크리에이터와 팬에게 돌려주는 탈중앙화의 속성이다. NFT는 크리에이터에게는 자신의 창작물에 대한 정당한 보상을 받을 권리를, 팬에게는 자신이 좋아하는 크리에이터와 각별한 관계를 형성할 기회를 동시에 만들어 준다. 음악 NFT 분야에서 혁신가로 나서고 있는 EDM 아티스트 '3LAU'는 대형 레코드 레이블과 음악 스트리밍 회사들이 음악 유통에 주도권을 가지고 막대한 수익을 챙기면서, 정작 음악을 만든 아티스트는 정당한 보상을 받을 수 없는 구조를 불합리하게 여겼다. 그는 음악 NFT 플랫폼 '로열Royal. io'을 창업하고, 이 플랫폼에서 자신의 앨범을 토큰화해 판매했다. 판매 수량과 방식을 자유롭게 설정하고, 입찰 가격 순위에 따라 다양한 리워드 상품도 기획했다. 무엇보다 구매자에게 소유 지분만큼의 로열티 지급도 약속했다.

NFT 시장에서는 크리에이터가 창작물을 유통하는 룰을 스스로 정하고, 거래에 참여하는 팬들은 NFT를 통해 창작물을 소유하고 그 가치를 다른 소유자들과 공유한다. 콘텐츠가 유통되는 기존 플랫폼들은 거래의 룰과 수익 분배 방식을 모두 플랫폼이 결정한다. 하지만 NFT 시장에서는 크리에이터가 모든 거래 권한을 가지고, NFT를 구매하여 커뮤니티에 참여하는 팬에게 혜택을 제공함으로써 팬과 더 밀접한 관계를 맺을 수 있다. 크리에이터는 유튜브나 네이버처럼 콘텐츠 유통과 중개 플랫폼 없이도 자신의 커뮤니티를 구축하여 콘텐츠와 예술 작품, 멤버십, 이벤트 티켓, 구독권 등 모든 경험을 NFT로 판매할 수 있다. 여기서 웹2.0 플랫폼이 수행하던 '중개' 역할이 최소한으로 남거나 없어지는 대신, 크리에이터는 NFT를 통해 P2P로 콘텐츠와 경험을 팬들에게 직접 판매하게 된다. 따라서 '크리에이터 이코노미 3.0'

은 강력한 커뮤니티 위에 비즈니스를 함께 구축할 수 있는 새로운 방법이다.

이렇게 NFT는 크리에이터와 팬이 함께 주도하는 경제의 청사진을 보여 주는 것인지도 모른다. NFT는 크리에이터에게만 소유와 경제의 권한을 주는 것이 아니라, NFT를 소유한 팬도 여러가지 혜택과 권한을 누릴 수 있다. 크리에이터는 NFT 소유자에게 공연 티켓, 파티 참여권, 창작 콜라보레이션 참여 기회 등 다양한 온오프라인 경험 및 혜택을 줄 수 있다. 또 크라우드 펀딩처럼 NFT 민팅으로 창작 프로젝트를 위한 후원을 받고, 크리에이터가 민팅 참여자들에게 콘텐츠 로열티 권리 같은 경제적 보상을 블록체인상 스마트 계약 형태로 자유롭게 포함시킬 수 있다. NFT 소유자인 팬에게 콘텐츠 저작권을 개방해 2차 창작을 허용하기도 한다. 이 책을 읽는 독자들은 스마트 계약이 무엇이고 NFT로 어떻게 이런 것들이 가능하다는 말인지 어렵게 느낄수 있다. 쉽게 말해 스마트 계약Smart Contract이란 컴퓨터 '코드'로 된 약속이라고 생각할 수 있다. 이 약속을 이행하고 이행 여부를 검증하는 것이 블록체인 네트워크에서 자동화되기 때문에 중개자의 역할이 없어진다.

크립토 투자자가 아니라면 아직까지는 NFT를 이해하기가 어려울 것이다. 일반 사람들에게 NFT란 무엇일까? NFT는 크리에이터의 팬들에게 과연 어떤 경험을 주고, 어떤 면에서 실용적 가치가 되는 것일까? 마이크로소프트의 창업자 빌 게이츠는 전 세

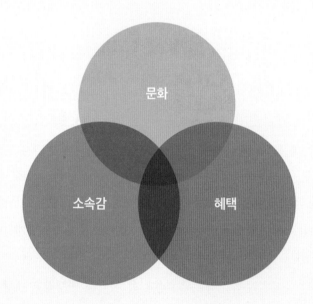

계에서 가장 비싼 NFT로 꼽히는 BAYC(지루한 원숭이들의 요트 클럽)를 두고, "원숭이를 담은 값비싼 디지털 이미지가 확실히 세계를 엄청나게 개선할 것"이라며 NFT에 낀 거품을 비꼬기도 했다. 아직까지 시세차익 위주의 리셀 거래가 주를 이루다 보니, 실제 가치에 대한 의구심이 일어날 수밖에 없다.

일각에서는 NFT를 '리셀(재판매)'해서 돈을 버는 수단으로 여겨, 한정 판매 상품과 동일시하기도 한다.《팬덤 경제학》의 저자 데이비드 스콧은 국내 언론과의 인터뷰에서, 기업의 한정판 마케팅을 두고 "투기꾼이 드나드는 리셀 시장은 팬을 구축하는 효과적인 방법이 아니다. 회사가 팬덤을 유지하려면 이러한 투기꾼을 무시해야 한다. 리셀 시장 형성은 해당 브랜드에 긍정적이라고 보지 않는다"고 밝히기도 했다. NFT의 희소성을 강조해, 투기성 자금이 리셀에 나서게 하고 단기 가격 상승을 부추기는 것은 바람직한 NFT의 활용방안이 아니다. NFT를 통해 문화적 경험과 커뮤니티에 소속되는 재미를 누리고자 하는 소비자들을 내쫓는 일이 될 수 있기 때문이다.

NFT가 평범한 사람들의 '문화' 생활을 돕는 멤버십이라면 좀 더 이해하기 쉬울 것이다. NFT는 음악이나 영화, 스포츠, 취미 등에 열정을 가진 크리에이터와 팬이 만드는 문화와 소속감, 그리고 혜택의 결합이다. NFT는 콘텐츠의 소유권을 나타내지만, 동시에 경험적 요소를 포함해 콘텐츠를 즐기는 과정을 가치화할 수 있다는 것이 크리에이터 이코노미에서는 중요한 포인트다. NFT가 공연 티켓이 되고 아티스트가 주최하는 파티의 초대권이 된다면, 소속감을 드러내는 프로필 사진이나 기념 소장품으로 활용된다면, 크리에이터가 이런 혜택과 효용을 NFT 소장자에게 자유롭게 부여할 수 있다면 자연스레 NFT에 대한 수요가 생겨날 것이다. 팬들이 꼭 리셀하지 않아도 리스크 부담 없이 NFT를 소장하고 NFT의 혜택 즐겁게 누릴 수 있을 때 NFT의 소비자 가치 사슬이 완성된다.

NFT가 한 단계 성숙한 팬덤과 크리에이터 이코노미를 동시에 만들어 낼 수 있을까? 팬들이 NFT 소유로 문화를 즐길 수 있고, 덤으로 크리에이터 후원과 투자의 기쁨을 누릴 수 있다면 가능할 것이다. 또 크리에이터가 후원을 받아 더 큰 창작 프로젝트를 기획하고, P2P 방식으로 비즈니스 규모를 확대할 수 있는 기회를 얻을 수 있다면 가능할 것이다.

자신이 열광하는 문화에 대한 즐거움과 기쁨을 자신의 컬렉터블로 온라인에서 표현하고, 크리에이터는 물론 팬들의 아이덴티티의 일부가 되는 NFT를 기대해 본다. 다음 장에서는 크리에이터 이코노미의 소비자 가치 사슬의 관점에서, 팬 경험을 중심으로 NFT의 7가지 효용과 사례를 살펴보자.

Chapter 04

① NFT를 디지털 프로필로 사용하기

NFT의 가장 대중화된 활용 방법은 바로 디지털 프로필이다. 프로필 사진으로 쓰이는 NFT를 PFP Profile Picture라고 부르며, NFT의 시초격인 크립토펑크CryptoPunks도 24×24 픽셀 단위로 인간, 좀비, 원숭이, 외계인의 종을 표현하는 피부색과 모자, 헤어스타일, 담배, 선글라스, 수염 등의 특징으로 조합된 PFP다. 크립토펑크 NFT는 총 1만 개로 한정되어 있고, 종과 특징에 따라 희소성이 달라지게 조합되어 있다. 크립토펑크는 이더리움 표준 규약인 ERC20 Ethereum Request for Contents 20을 변형해 만든 최초의 NFT로 상징성과 역사성을 가지고 있다. 크립토펑크는 개발자들이 실험적으로 만든 뒤, 1만 개 중 1,000개의 개발자 물량을 제외한 9,000개가 대중에게 배포되어 트위터 등 소셜미디어에서 PFP로 쓰였다. 자연스레 크립토펑크 NFT를 소유한 사람들의 커뮤니티가 생겨났으며, PFP는 자신이 어떤 NFT 커뮤니티 멤버인지 표현하는 수단이 되었다.

PFP NFT의 커뮤니티 가치와 콘텐츠 팬덤의 가능성을 크게 보여 준 프로젝트는 바로 앞서 소개한 바 있는 BAYC이다. BAYC를 만든 유가 랩스Yuga labs는 지루한 원숭이들이 암호화폐로 엄청난 돈을 벌어들인 뒤 삶에 지루함을 느낀다는 크립토적 세계관을 담아, 배경색과 외모, 모자, 의상 등 170개의 특성을 조합한 캐릭터로 PFP를 구성했다. 유가 랩스는 BAYC NFT의 소유자에게 커뮤니티 활동에 참여할 수 있는 멤버십을 부여하고, 특별한 혜택을 제공해 뜨거운 반응을 모았다. 2021년 BAYC NFT 소유자들은 자신이 소유한 NFT의 IP를 자유롭게 활용해 2차 창작을 할 수 있는 '오픈 라이선싱'을 받았다. 앞서 NFT는 콘텐츠 저작권을 제외한 소유권만 포함하는 개념이라고 했는데, 이례적으로 PFP를 2차 창작과 상업적 마케팅에 사용할 수 있는 권리를 소유자들에게 허용한 것이다. 그러자 NFT 소유자들은 BAYC 캐릭터와 세계관의 열렬한 지지자이자, 콘텐츠의 팬덤을 만들어 내는 또 다른 크리에이터로 거듭나게 되었다.

BAYC NFT 소유자들은 BAYC 캐릭터를 등장인물로 한 드라

BAYC NFT를 소셜미디어 프로필로 사용한 스눕독(위), 에미넴(중간), 일론 머스크(아래)
출처: 트위터

마를 만들기도 했고, 캐릭터 티셔츠 등 굿즈를 제작해 판매하기도 했으며, BAYC NFT 소유자들이 공동 작업한 게임과 광고가 출시되기도 했다. NFT 소유자들 중에는 캘리포니아주 롱비치에서 '보어드&헝그리Bored & Hungry'라는 햄버거 가게를 연 사람도 있다. 또 플로리다주 마이애미의 나이트클럽은 BAYC 11번 NFT를 구매한 후, 11번이라는 번호를 모티프로 한 'E11EVEN' 브랜드를 만들어 슈퍼클럽, 호텔, 레지던스, 보드카 주류에 상업적으로 사용하고 있다. 보어드&헝그리와 E11EVEN 모두 가상화폐로 결제를 받으면서, 가상 세계와 현실 경제를 잇는 콘텐츠 팬덤 경제를 보여 준다. 여기에 가수 마돈나, 저스틴 비버, 래퍼 스눕독과 에미넴, 일론 머스크 등 수많은 유명인들이 BAYC NFT를 소셜미디어의 프로필로 사용하면서, BAYC 커뮤니티는 아무나 가질 수 없는 한정판 명품처럼 소유욕을 자극하는 가치로 거듭나게 되었다.

아프리카TV는 인기 BJ들이 자신의 아바타를 NFT로 발행해 팬들에게 팔 수 있는 'AFT마켓'을 오픈했다. 팬들은 이 아바타 NFT를 구매해 아프리카TV의 메타버스 플랫폼인 '프리블록스'에서 사용해 다른 사용자들과 재미있게 소통할 수 있다. 프로게이머 출신 게임 스트리머인 BJ '철구'는 AFT마켓에서 자신의 3D 아바타 NFT를 발행했는데, 이 NFT가 2.55이더리움(1,370만 원)에 낙찰되기도 했다. AFT마켓은 독특한 NFT 수익금 분배구조를 가지고 있다. 팬들이 NFT를 구매하는 데 지불한 금액에서

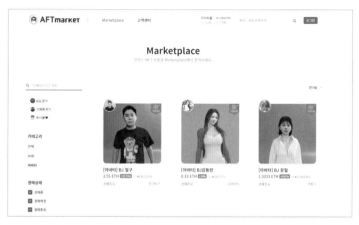

아프리카TV의 NFT 거래소 ATF마켓에서 판매되고 있는 BJ 아바타 상품들

수수료를 제외한 50%가 BJ에게 후원되고, BJ에게 별풍선을 가장 많이 후원한 유저와 광고주에게도 각각 2%, 3%를 배분한다. NFT 소유자들은 구매한 NFT를 자신의 이더리움 지갑에 보관했다가 재판매해 시세차익에 의한 투자 수익을 거둘 수도 있다.

크리에이터의 NFT를 소셜미디어의 프로필 사진으로 활용하면서 팬들은 자신이 어떤 크리에이터를 좋아하고 후원하는지 바로 표현할 수 있다. 또한 멤버십을 소유한 커뮤니티의 가치와 콘텐츠 세계관을 통해 자신의 취향을 재미있게 드러내는 경험도 할 수 있다. IP를 보유한 BAYC, 월드 오브 우먼World of Woman 등 NFT 프로젝트들은 발행한 PFP NFT의 활용 범위를 메타버스와 게임 내 아바타로 넓히기 위해 더샌드박스 등 다양한 메타버스 플랫폼으로 사용 범위를 확대하고 있다. BAYC는 2022년 7월 NFT를 사용할 수 있는 자체 메타버스 '아더사이드OtherSide'의 데모와 백서를 공개하기도 했다. 크리에이터는 PFP로 사용할 수 있는 NFT를 발행할 때, NFT 소유자를 위한 커뮤니티 운영과 멤버십 혜택 부여, 사용 가능한 서비스 등을 함께 고민할 필요가 있다. PFP NFT의 경우 가격 하락과 동시에 가치도 하락하면서, 단순히 아바타로만 사용하는 PFP NFT의 한계도 분명하게 나타났기 때문이다.

② 실물 티켓을 대신하는 NFT 티켓

국내에서 클래식 분야 최초로 클래식 카드 NFT가 발행되었다. 이 NFT는 '고성현 NFT'라 부를 수 있는데, 성악가 고성현의 오페라 데뷔 40주년 콘서트의 VIP 티켓 개념으로 기획되었기 때문이다. 그는 세계 유명 오페라극장에서 주연으로 수백 회 공연을 해 온 세계적인 성악가다. 국내에도 그의 팬들이 많은데, 이 클래식 팬들을 위해 공연 티켓과 함께 여러 VIP 혜택을 담은 회원권 개념으로 레전드 성악가의 한정판 NFT를 처음으로 시도한 것이다.

'고성현 NFT'는 노멀, 레어, 레전드 등급에 따라 공연 후 성악가와 개인 촬영, 저녁 만찬 참여 기회 같은 특별 혜택이나 할인권, 앨범, 프로그램북 등을 증정하는 혜택을 포함했다. NFT도 그가 노래하는 모습을 담은 영상을 카드로 제작하여, 소장의 의미가 더해지도록 기획되었다. 클래식 애호가들에게 친숙한 공연과 성악가와의 만남이라는 체험을, 소장 가능한 NFT VIP 티켓 형태로 제작했기 때문에 NFT를 처음 접하는 사람도 쉽게 접근할 수 있다. 첫 시도인 만큼 공연 티켓 대부분은 인터파크를 통해 판매하고, NFT 티켓은 실험 차원에서 한정판으로 100개만 발행했다. 전체 100장 중 70장을 특별 수량으로 와디즈에서 크라우드 펀딩 형식으로 판매했으며, NFT는 오픈씨에서 블록체인 지갑인 메타마스크를 이용해 거래할 수 있도록 했다. 목표 금

소장의 의미가 더해지도록 기획된 성악가 고성현의 NFT 티켓

출처: 와디즈

액 500만 원으로 시작한 펀딩은 6일간 36명이 참여해 1,980만 원 펀딩에 성공하면서 목표 대비 396%의 성과를 올렸다. 데뷔 40주년 기념 콘서트가 성황리에 개최되었음은 물론이다.

블록체인 기술을 활용하는 NFT 티켓은 실물 티켓에 비해 장점이 다양하다. NFT 티켓은 티켓을 발행하는 회사가 티켓 판매 사이트 같은 중개자를 거치지 않고 곧바로 NFT 마켓에 업로드하는 방식으로 공개된다. NFT는 분산형 스토리지인 IPFS에 저장되고, 블록체인 네트워크가 소유자와 거래 정보를 신뢰성 있게 기록 및 검증하기 때문에, 적은 비용으로 안전하게 티켓을 발행할 수 있다. 티켓 위변조나 온라인 판매 사기, 암표 업자의 불법 행위도 방지할 수 있으며, 중간 유통 수수료도 줄일 수 있다. 티켓 구매자의 입장에서도 NFT 티켓은 재판매가 가능하기 때문에, 공연에 가지 못할 상황이 생겼을 때 NFT 마켓에서 안전하게 되팔 수 있다. 인기 티켓의 경우 소비자가 또 다른 소비자에게 프리미엄을 붙여 판매해 추가 이익을 보더라도, 원창작자는 수수료를 취할 수가 없었다. 반면 NFT 티켓은 리셀의 가치가 원창작자에게도 돌아가도록 하고 있다. 창작자와 공연 기획자가 NFT 티켓의 판매 데이터에 직접 접근할 수 있기 때문에, NFT 티켓팅을 도입하면 데이터에 근거해 수요를 예측하고, 리워드 설계와 마케팅 전략을 개선할 수도 있다.

NFT 티켓을 발행해 NFT 마켓플레이스에서 판매할 경우에는 인터파크, YES24, 티켓링크 같은 티켓 판매 플랫폼을 통해 공연

소식을 노출하거나 홍보할 수는 없다. 따라서 크리에이터가 직접 자신의 커뮤니티에서 공연을 홍보하거나, 팬들을 만날 수 있는 여러 디지털 채널을 통해 마케팅을 하는 준비와 노력이 필요하다. 활성화된 유튜브 채널이나 인스타그램 계정 같은 소셜미디어가 있고 이미 인지도가 높은 크리에이터라면, NFT 프로젝트의 홍보가 용이하다. 하지만 처음부터 P2P 방식으로 팬을 모으려 한다면 마케팅에 더욱더 많은 노력을 기울여야 한다.

NFT 티켓을 비롯해 NFT를 통한 멤버십, 크라우드 펀딩 등 P2P 방식의 비즈니스에서는 플랫폼에 의한 대규모 노출이나 중앙집중적 관리와 소통을 기대하기 어렵다. 이 때문에 창작자 스스로 홍보하고 커뮤니티에 모인 팬들과 거의 1:1에 가깝게 소통하며, 여러 가지 이슈가 생기면 빠르게 대응해야 한다. 이것이 웹 3.0 시대의 크리에이터가 더 부지런해져야 하는 이유다. 크리에이터는 콘텐츠 제작과 퍼블리싱만으로도 바쁘기 때문에 커뮤니티 소통까지 병행하다가 잘못하면 번아웃될 수도 있다. 이에 웹 3.0에서는 크리에이터나 개발자들이 커뮤니티 관리 업무를 다른 사람에게 일임하기도 한다. 이 과정에서 '커뮤니티 매니저'가 NFT 프로젝트의 커뮤니티 관리와 소통을 전담하고, 커뮤니티 이벤트를 기획하는 직종으로 떠올랐다.

'고성현 NFT'처럼 NFT 티켓은 팬들에게 다양한 혜택과 리워드를 제공할 수 있다. 또 NFT 티켓 구매자들만 소유할 수 있는 특별 콘텐츠를 담아 소장 가치도 높여 준다. 실물 티켓이 공연이나 이벤트라는 상품을 판매하는 수단이라면, NFT 티켓은 공연이나 이벤트를 특별하게 만드는 팬 경험 전체를 세세히 설계하고 연결하는 커뮤니티 마케팅 수단이 된다. 최근에는 메타버스 가상공간에서 펼쳐지는 대규모 e스포츠 행사나 뮤지션 공연의 티켓도 NFT 발행이 시도되었다. 이처럼 NFT 티켓으로 현실 세계 이벤트뿐만 아니라 가상 세계의 경험까지 판매할 수 있다.

글로벌 블록체인 유통 채널이자 블록체인 솔루션 기업인 스마트렛저SmartLedger는 블록체인 기반 티켓팅 시스템인 티켓민트TicketMint를 내놓았다. 티켓민트는 NFT 티켓팅 시스템을 크리에이터와 기업에 제공해 메타버스 공간 내 가상 이벤트와 공연의 마케팅, 디지털 자산 머천다이징 시장을 개척하는 것을 목표로 하고 있다. 티켓민트는 NFT 티켓팅의 블록체인 솔루션으로, 이 솔루션이 실제로 활성화되기 위해서는 크리에이터, 팬, 기업이 만드는 생태계가 구축되어야 한다.

티켓민트는 에픽Epik, 옴니스케이프 XROmniscape XR, 토닉포우TonicPow 세 기업과 전략적 파트너십을 발표하기도 했다. 트래비스 스콧, 이지라이프 같은 유명 뮤지션들이 가상공간에서 공연을 하기도 했던 메타버스 게이밍 플랫폼 '포트나이트'를 보유한 에픽과의 파트너십이 첫 번째였다. 가상 이벤트와 공연 플랫폼을 NFT 티켓팅으로 연결을 시도한 것이다. 옴니스케이프 XR은 세계 최대 소비자 가전 및 IT 박람회인 CES 2022의 '올해의 톱3 이노베이션'에 이름을 올리기도 했다. 옴니스케이프 XR은 위치기

크리에이터, 팬, 기업이 만드는 새로운 생태계

출처: 티켓민트 홈페이지

반 가상 플랫폼으로, 유저들이 가상공간의 위치를 인터넷 도메인처럼 구매한 뒤 유료 광고나 콘텐츠 수익을 올릴 수 있도록 돕는 서비스다. 토닉포우는 P2P로 인플루언서를 추천하고 프로모션하는 블록체인 플랫폼이다. 토닉포우와의 파트너십으로 티켓민트에서 NFT 티켓을 발행한 크리에이터는 티켓을 마케팅하고 판매할 수 있는 P2P 채널을 확보할 수 있게 되었다. 토닉포우는 인플루언서의 콘텐츠와 상품 추천 시스템 및 캠페인 노출, 암호화폐를 통한 결제, 할인 서비스 연계를 블록체인으로 지원하고 있다.

③ NFT 멤버십과 구독 경험

NFT 멤버십은 구매한 팬들과 커뮤니티를 만들고 지속적인 관계를 만들어 나가는 좋은 방법이다. 한 크리에이터의 NFT를 구매한 팬들은 음악, 문학, 교육 등 해당 크리에이터의 전문 분야 콘텐츠에 관심이 높은 사람들이다. 따라서 NFT 구매자만 접근할 수 있는 크리에이터의 웹사이트나 디스코드 그룹, 온라인 카페 등의 커뮤니티를 제공하고, 이 안에서 팬들이 관심 있는 분야의 경험과 활동, 이벤트 참여 기회를 제공할 수 있다. 이를테면 좋아하는 작가의 책을 읽는 '독서 커뮤니티', 와인을 함께 공부하고 시음하는 '와인 그룹'처럼 함께 활동할 수 있는 취미 커뮤니티나, 크리에이터가 팬들에게 소식과 정보를 알리는 소통 커뮤니티가 있다. 이런 면에서 NFT 멤버십은 공통의 취향을 가진 사람들끼리 문화 교류를 하는 '살롱salon'의 기능을 한다. 또 NFT의 가격과 희소성에 따라 차등화된 혜택을 제공하는 '멤버십 레벨'은 크리에이터의 비즈니스와 관련한 VIP 마케팅 수단이 될 수 있다.

《보르도의 전설》NFT 프로젝트

제인 앤슨Jane Anson은 와인 전문가이자 와인에 관한 글을 써서 여러 상을 받은 유명 와인 작가다. 작가는 《보르도의 전설Bordeaux Legends》이라는 자신의 베스트셀러를 10여 년 만에 재발간하면서 100권만 한정판 책 NFT로 발간했다. 《보르도의 전설》초판은 프랑스어로 2012년에, 영어로 2013년에 출간되었는데 영어판은 6개월 만에 완판될 정도로 인기가 높았고, 작가는 이 책으로 국제와인위원회 심사위원단상 등 여러 상을 수상했다. 한때 영어판 중고책이 3,000달러에 거래될 정도로 《보르도의 전설》은 와인 애호가들에게 뜨거운 사랑을 받았으나, 작가는 수상의 영예를 안은 이 명작을 다시 발간하지 않았다. 그러다 출간후 10여 년이 흐른 2022년에 문득 이 책에 '풍부한 생명력'을 담고 싶다는 소망에서 전자책 NFT를 출간했다.

《보르도의 전설》NFT를 구매한 홀더들은 전자책과 북커버를 디자인한 이안 패덤Ian Padgham의 디지털 아트 작품을 받았고, 작가의 웹페이지인 'janeanson.com'의 평생회원이 되는 혜

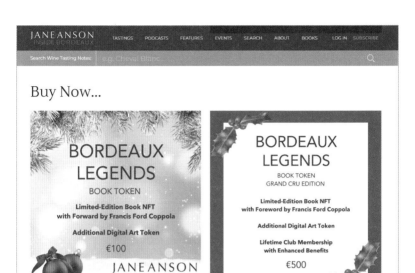

책에 풍부한 생명력을 담아낸 전자책 NFT

출처: janeanson.com

택도 함께 얻었다. 웹페이지에는 온라인 테이스팅과 팟캐스트 콘텐츠가 공개되어 있다. 작가의 전문적인 테이스팅 리포트나 메모, 인사이트 있는 글이나 연중 행사 참여권은 연간 110유로를 지불하는 '유료 구독 회원'에게만 제공된다. 'janeanson.com'의 유료 구독자가 되는 것은 와인 애호가들에게는 와인에 관한 살아 있는 지식과 인사이트를 꾸준히 받아 볼 수 있는 좋은 기회다. NFT 한정판 소유자들에게 평생 유료 구독이라는 특전을 주었기에, NFT의 가치는 상징성을 담은 전자책을 소유할 수 있는 것 이상으로 커졌다. 《보르도의 전설》 NFT는 500유로(약 65만 원)에 민팅했다. 오픈씨에서 NFT 소유자 변동 기록을 볼 수 있는데, 《보르도의 전설》의 경우 거의 거래가 없다. 아마 NFT 소유자들이 《보르도의 전설》 전자책과 북아트 작품, 그리고 무엇보다 작가의 콘텐츠를 평생 구독할 수 있는 멤버십 경험을 쉽게 포기하지 않으려 하기 때문일 것이다.

《보르도의 전설》 NFT처럼 사람들이 꼭 소유하고 싶어 하는 콘텐츠에 멤버십의 가치를 더한다면 NFT의 성공 가능성이 훨씬 높아진다. 기업의 경우 멤버십 등급별 혜택을 세분화해 NFT의 프리미엄을 극대화하고, 고객이 브랜드의 VIP가 되도록 소유욕을 자극하면서 마케팅 효과를 거두기도 한다. 또 NFT를 무료로 에어드랍한 후, 이 NFT를 받은 소유자들을 브랜드의 NFT 멤버십 행사에 초대하거나 콘텐츠를 제공하여 고객과 소통할 수 있는 커뮤니티를 만들기도 한다. 브랜드 NFT를 소유한 멤버들만 구매할 수 있는 한정판 상품을 만들어 멤버십 마케팅을 하는 것도 가능하다. 따라서 크리에이터 역시 NFT 멤버십을 활용해 팬들에게 제공하는 콘텐츠와 경험의 가치를 오랫동안 소유하며 누리고 싶은 더 특별한 것으로 만드는 방안을 고민할 필요가 있다.

'보스 뷰티스' NFT 프로젝트

'보스 뷰티스Boss Beauties'는 '여성이 고안한, 여성을 위한Designed by girls, for girls'이라는 커뮤니티 비전을 내세우는 여성 중심의 NFT 프로젝트다. NFT는 슈퍼파워를 가진 여성 캐릭터들의 컬렉션으로 구성되어 있는데, 보스 뷰티스의 첫 번째 NFT 컬렉션은 NFT 최초로 뉴욕증권거래소NYSE에 전시되어 1시간 만에 전량 판매되는 기록을 세웠다. 보스 뷰티스는 젊은 여성 리더가 사회를 변화시킨다는 분명한 세계관을 바탕으로, 여성 멘토십 프로그램을 운영하고 NFT를 발행해 후원자를 모집한다. 프로젝트를 후원하는 NFT 홀더들을 위해 'BB 클럽하우스BB clubhouse'라는 NFT 멤버십 프로그램을 운영한다. NFT 홀더들이 블록체인 지갑을 연결하면 BB 클럽하우스 프로그램의 최신 혜택과 특전을 확인하고 자신이 원하는 혜택을 찾아볼 수 있다. 무료로 책을 보내 주거나 NFT를 무료로 에어드랍해 주기도 하고, 여성 리더들의 강연도 무료로 볼 수도 있다. 이처럼 '후원자' 전용 멤버십으로 후원의 가치를 높여 줄 수 있다.

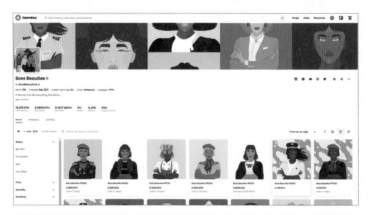

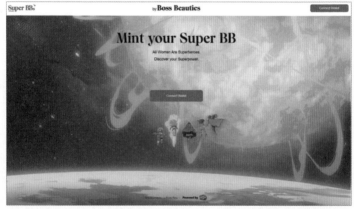

보스 뷰티스에서 발행한 NFT와 디지털 컬렉션
출처: 오픈씨(위), superbb.club(아래)

수요층을 세분화한 NFT 수익 모델

피터 양Peter Yang은 소셜 뉴스 웹사이트 레딧Reddit의 프로덕트 리더이자 학습 DAO인 오디세이Odyssey를 운영하고 있다. 그는 NFT 멤버십이 팬들의 지불 용의에 따라 수요층을 세분화해, 광고, 구독 외에 추가적인 수익을 창출할 수 있는 수단이라고 설명한다. 피터 양이 제시하는 다음의 그래프를 보면, 크리에이터는 콘텐츠에 지불 용의가 없는 팬 세그먼트에서는 광고 모델로 돈을 벌고, 콘텐츠에 약간의 돈을 지불할 용의가 있는 팬 세그먼트에서는 유료 구독 모델로 이득을 얻으며, 이보다 훨씬 많은 돈을 지불할 용의가 있는 진정한 팬들에게서는 후원 등 또 다른 방법으로 수익을 창출할 수 있다. 또한 NFT는 그 희소성을 크리에이터가 타깃에 따라 조절해 발행하며 지불 용의에 따른 모든 레벨을 타깃화할 수 있는 수단이라고 강조했다.

피터 양이 제시한 그래프는 사실 경제학의 '가격 차별화' 원리가 크리에이터 이코노미에도 적용된다는 것을 보여 준다. NFT는 크리에이터가 초기 민팅 가격과 수량을 결정할 수 있는 상품이다. 따라서 이론적으로는 크리에이터가 수요자 세그먼트에 따라 끊임없이 다양한 NFT 상품을 개발한다면, 모든 세그먼트에서 수익을 창출해 전체 수익을 확대할 수 있다. 이것은 무슨 의미일까? 크리에이터 이코노미에서 성공하려면 다양한 상품과 수익 모델을 마련하는 것이 중요하다는 말이다. 우리가 논의하는 크리에이터 이코노미의 진화 단계 역시 수익 모델이 점점 다양해

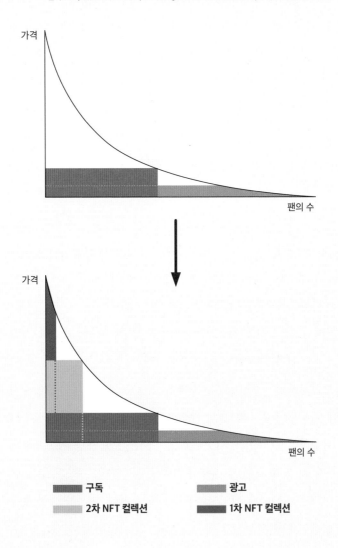

지면서, 크리에이터 이코노미 산업 전체가 확장성과 성장성을 가진다는 의미다. 크리에이터는 팬들을 세분화하고, 각 세그먼트에 맞는 차등화된 혜택으로 구성된 NFT 멤버십을 운영할 수 있다. 이때 수익에 너무 치중하면 부작용이 생길 수 있다. 팬들이 만족할 수 있는 양질의 오디언스 경험을 개발해, 매력 있는 효용을 충분히 제공하는 것이 신뢰 관계를 바탕으로 한 커뮤니티 구축에 본질적인 필요조건이다.

④ 크라우드 펀딩

웹3.0 기술은 크리에이터가 자신의 열정과 아이디어가 만들어 갈 미래에 후원해 줄 초기 팬이자 후원자를 모을 수 있는 기회를 열고 있다. 바로 NFT를 통해서 아직 1,000명의 진정한 팬도 모으지 못했지만 앞으로 1,000명 혹은 수만 명, 수십만 명 이상의 팬덤을 만들 크리에이터를 발굴하고 후원하려는 초기 팬이자 후원자를 모을 수 있다. 크리에이터 이코노미1.0에서는 초기 팬들이 특별히 소장하거나 기억할 수 있는 혜택을 크리에이터가 직접 제공할 수는 없었다. 그러다 크리에이터 이코노미2.0에서는 초기 팬들에게 D2C로 자금을 모으고, 후원자에게 특별판 책이나 앨범, 굿즈를 리워드로 제공하는 크라우드 펀딩이 가능해졌다. 그렇게 크라우드 펀딩은 여러 독립 크리에이터의 새로운 성장 경로로 떠올랐다. 크리에이터 이코노미3.0에서는 블록체인 기술을 이용해 초기 후원자에게 다양한 방식으로 보상하고 성장의 결과를 커뮤니티가 공유함으로써 더 적극적인 크라우드 펀딩이 가능해졌다.

인스타그램의 CEO 애덤 모세리Adam Mosseri는 테드TED 연설 '블록체인 위에 세워진, 크리에이터가 주도하는 인터넷A Creator-Led Internet, Built on Blockchain'에서 가상화폐, NFT, DAO, 스마트 컨트랙트 등 웹3.0 기술이 개인에게 힘을 이전시키고, 궁극적으로 크리에이터가 주도하는 인터넷을 만들 것이라고 했다. 특히 애덤 모세리는 블록체인 기술을 이용해 크리에이터가 스타트업처럼 크라우드 펀딩을 받아, 크리에이터 이코노미 내에서 자신의 사업을 키우는 일이 가능해질 것이라며 이렇게 말했다. "크리에이터로서 당신은 자신의 포부를 실현하는 데 필요한 돈을 모으기 위해 (블록체인) 기술을 이용하게 될 것이다. 만약 당신이 그렇게 하기로 결정했다면, 당신이 미래에 만들게 될 지분equity을 판매할 수 있다." 그는 웹3.0 시대 크리에이터의 크라우드 펀딩에 대한 이해를 돕기 위해 구체적으로 몇 가지를 가정했다. 가령 크리에이터는 NFT를 발행해 미래에 만들 콘텐츠의 지분을 자신을 지지하는 커뮤니티에 판매하여 투자금을 받는다. 그다음 블록체인의 스마트 컨트랙트로 투자자에게 유튜브 광고 수익, 패트리온 유료 구독료, 인스타그램 상품 판매 수익의 일부를 배분하는 계약을 맺는다.

애덤 모세리의 상상력처럼 P2P 방식으로 크라우드 펀딩이 이루어지려면 매개자가 없어도 거래의 중간 과정이 모두 신뢰성 있게 이루어져야 한다. P2P 당사자 외 은행과 같은 중앙집중식 기관을 거치지 않더라도, 계약을 검증해 줄 변호사를 동반하지 않더라도, 유튜브, 인스타그램, 페트리온에 수익 확인을 요청하지 않더라도 투명하고 안전하게 거래, 계약, 정산이 가능해야 한다. 현실에서는 쉽지 않은 일이다. 여기서 블록체인 기술과 스마트 컨트랙트의 개념이 꼭 필요하다. 스마트 컨트랙트는 앞서 보았듯이 블록체인에 기록된 디지털 계약서다. P2P 크라우드 펀딩에 수반되는 계약 조건이 아무리 복잡해도 계약 이행이 코드로 작성되어 자동으로 실행되며, 블록체인으로 검증하고 기록해 P2P 당사자 간 계약 사항을 믿고 확인할 수 있다.

인스타그램 CEO가 웹3.0 시대 크라우드 펀딩에 대해 가정하고 상상한 것은 이미 실험적인 시도로 그 가능성이 확인되고 있다. 현재 음악 레이블, 엔터테인먼트 기업, 제작사, 플랫폼 기업, 투자 회사와 같은 '중개자'를 통하지 않고 크라우드 펀딩을 받는 크리에이터가 등장하고 있다. 아직 인지도가 없는 크리에이터가 초기 팬들에게 중개자 없이 직접 펀딩을 받는다는 것은 크리에이터로서는 중간에 어떤 실패나 위험이 발생해도 불굴의 사업가적 정신을 발휘해야 하는 치열한 과정이기는 하다. 앞서 보았던 미국의 독립 뮤지션 대니얼 앨런의 사례는 웹3.0 시대의 크리에이터와 스타트업 CEO가 얼마나 닮았는지 잘 보여 준다.

⑤ 로열티 수익을 배분받기

NFT는 팬들을 콘텐츠 산업과 크리에이터 이코노미의 수동적인 수요자가 아닌 경제의 일원으로 참여하도록 유도한다. NFT를 구매한 팬들은 크리에이터의 후원자이자 콘텐츠 컬렉터로서 크리에이터가 구축한 소경제 내에서 중요한 역할을 한다. 팬들은 개인의 취향과 안목으로 크리에이터의 미래 가치를 알아보고, NFT를 구매해 새로운 크리에이터를 발굴하는 컬렉터 역할을 한다. NFT 수입은 크리에이터가 창작 활동에 집중할 수 있도록 경제적인 후원의 역할을 한다. 팬들은 자신이 소유한 콘텐츠의 매력을 자발적으로 홍보하고 전파하는 일종의 팬덤 에반젤리스트 역할도 한다. 크리에이터는 NFT 소유자들의 이러한 기여에 어떻게 경제적 보상의 경험을 제공할 수 있을까? 소유 지분만큼 콘텐츠 로열티 수익을 배분해 주는 것이 좋은 대안이 될 수 있다. 토큰 1개당 받을 수 있는 로열티가 적더라도 토큰을 보유하면서 커뮤니티 활동을 하는 동안 꾸준하게 지급된다면, 팬들도 크리에이터가 만드는 경제의 후원자이자 투자자로서의 호혜적 관계를 실감할 수 있기 때문이다.

아티스트가 음원 스트리밍에서 발생하는 로열티 수익 권리를 NFT로 발행할 수 있는 음악 NFT 플랫폼도 생겨났다. 미국의 유명 EDM DJ이자 프로듀서인 3LAU가 대학 친구이자 오픈도어 Opendoor 창업자인 JD Loss와 함께 만든 '로열'이 대표적이다. 로

로열 홈페이지
출처: royal.io

열은 뮤지션의 팬들이 자신이 좋아하는 음악의 일부분을 NFT로 소유하고, 음악 스트리밍에서 발생하는 로열티 수입을 배분받을 수 있게 한다. 아티스트는 NFT의 가격과 소유 지분, 권리와 혜택을 여러 등급tier으로 세분화해 발행할 수 있다. 팬들은 로열에서 NFT를 통해 99달러 정도의 소액 투자로도 음악의 소유 지분과 로열티 권리를 획득할 수 있다. 로열은 전문가나 대형 레이블이 아닌 일반 대중도 음악에 투자할 수 있는 기회와 로열티 수익 기회를 누리게 해 주고, 아티스트의 독립성과 선택의 자유까지 높여 주었다.

> "로열의 미덕은 오디오 파일을 토큰화tokenize하지 않는다는 점이다. 로열은 음악 플랫폼이 아니다. 음악 플랫폼으로 생각하는 것은 오해다. 로열은 음악 권리rights의 마켓플레이스이며, 음악 권리의 플랫폼이다."
>
> ＊ 로열의 창업자 3LAU가 NFT NOW와 한 인터뷰에서

창업자 3LAU는 로열이 단순히 음악 NFT 플랫폼으로 불리기를 원하지 않는다며, 로열은 음악의 '권리rights'를 거래하는 마켓플레이스이자 플랫폼이라고 강조한다. 권리를 거래한다는 관점은 NFT와 크리에이터 이코노미의 중요한 활용점을 시사한다. 크리에이터가 NFT를 통해 소유권뿐 아니라 저작권, 로열티 권리, 공연권, 출판권, 공중송신권 등 다양한 권리들 중에 콘텐츠

〈Ultra Black〉

골드: 0.0143% 스트리밍 로열티 오너십 £37 ($50)
플래티넘: 0.0857% 스트리밍 로열티 오너십 £184 ($250)
다이아몬드: 2.14% 스트리밍 로열티 오너십 £3679 ($4999)

〈Rare〉

골드: 0.0113% 스트리밍 로열티 오너십 £73 ($99)
플래티넘: 0.0658% 스트리밍 로열티 오너십 £368 ($499)
다이아몬드: 1.5789% 스트리밍 로열티 오너십 £7358 ($9999)

수요자들에게 매력도가 높은 권리를 NFT로 팔 수 있다는 점이다. 저작권이나 로열티 같은 경제적 수익 권리뿐만 아니라, 공연에 사용하거나 출판하거나 방송으로 내보낼 수 있는 권한 등을 NFT로 살 수 있다면, 크리에이터는 권리 판매에 따라 수익 창출을 다변화할 수 있고, 원본 콘텐츠가 원저작자가 아닌 NFT 권리 소유자들에 의해 다양하게 활용, 배포되는 길도 열린다.

로열에서 실제로 어떻게 로열티 권리를 판매하고 지급하는지 살펴보자. 2022년 1월 로열에서 최초로 NFT를 민팅한 아티스트는 유명 힙합 가수 나스Nas다. 나스는 〈Ultra Black〉과 〈Rare〉 두 곡의 로열티 권리를 로열에 판매했다. 민팅 시 각각 '골드', '플래티넘', '다이아몬드' 3개의 등급으로 나누어 NFT 가격과 로열티 지급 비율을 달리했다. 〈Ultra Black〉의 다이아몬드 등급 로열티 배분율은 2.14%로 상당한 수준인데, 이 정도의 로열티를 배분받기 위해서는 4,999달러를 지불하고 NFT를 사면 된다. 사용자 편의성을 위해 가상화폐가 아닌 신용카드 결제를 받는 것도 눈여겨볼 수 있다. 로열은 2022년 7월에 서비스를 론칭한 뒤 처음으로 로열티를 지급했다. 나스는 〈Ultra Black〉과 〈Rare〉 두 곡에 대해 NFT 홀더들에게 각각 3,439달러와 1만 2,309달러를 지급했다. 로열티는 약속된 스케줄에 팬들의 디지털 지갑으로 에어드랍되는 방식으로 지불되었다.

로열은 2021년 8월에 씨드 자금 1,600만 달러(약 2,240억 원)을 받아 개발을 시작했고, 2021년 11월 5,500달러(7,700억 원)의 시리즈A 투자를 받았다. 누적 투자액이 7,100만 달러로 한화 약 1조 원에 달하는 규모다. 시리즈A에는 a16z, 코인베이스 벤처, 커넥트 벤처, 파운더스 펀드처럼 웹3.0 기업에 투자하는 유명 VC뿐만 아니라, 카이고Kygo, 나스, 체인스모커스Chainsmokers 같은 아티스트도 투자에 참여했다. 웹3.0 음악 서비스로는 오디우스와 갈라 뮤직Gala Music 같은 분산형 스트리밍 서비스, NFT 시장의 쇼피파이로 개인 크리에이터가 개인 브랜드 페이지 내에서 음악을 NFT로 발매할 수 있는 Sound.xyz 등이 있다. 이 중에서 로열은 스포티파이나 애플 뮤직의 스트리밍 수익을 배분받는 로열티 권리를 NFT로 발행할 수 있는 유일한 서비스다.

3LAU는 음악 스트리밍 로열티 기반의 생태계가 생겨나기를 바라는 듯 HIFI에 투자했다. HIFI는 크리에이터가 활동하는 여

러 플랫폼과 계정의 로열티 수익 데이터를 통합 분석, 관리해 주는 '로열티 대시보드 솔루션'을 제공하는 스타트업이다. HIFI는 음악계에서 활동하는 크리에이터가 스포티파이, 애플 뮤직 등 여러 스트리밍 서비스에서 발생하는 자신의 로열티 수익 흐름을 한곳에 모아 비즈니스 분석, 투자자 및 관리자 공유 등을 돕는 서비스다. HIFI는 음악 산업이 웹2.0의 스트리밍 서비스와 NFT 두 가지 기술이 융합되어 크리에이터 이코노미로 진화하는 모습을 보여 준다. P2P 기반의 크리에이터 이코노미가 성공하기 위한 관건은 거래 당사자 간 신뢰다. '로열티 대시보드'는 크리에이터가 자신의 콘텐츠 로열티 수익을 후원자에게 투명하게 공개해 주기 때문에 기본적인 신뢰를 담보할 수 있는 방안이다. 이러한 투명성을 근거로 팬들이 로열티를 받을 수 있는 NFT를 구매해 크리에이터를 후원하는 일이 대중화될 수 있을지는 앞으로 좀 더 지켜봐야 한다.

⑥ 실물 작품을 페어링한 NFT

NFT는 주로 디지털 콘텐츠의 소유권으로 거래되지만, 소장할 수 있는 실물 작품이나 실물 상품을 NFT에 페어링해 실물을 판매하기도 한다. 이때 구매자는 상품의 '정품 인증서'이자 소유를 증명하는 '디지털 권리증'인 NFT는 자신의 블록체인 지갑으로 받고, 상품은 실물로 인도받는다. 구매자는 NFT를 재판매하는 방식으로 상품을 원하는 타인에게 양도할 수 있다. 2차 구매자는 NFT를 통해 블록체인에 기록된 생산자와 상품 정보, 소유권 거래 이력 등을 확인할 수 있다. 따라서 상품의 진위를 보증받고 투명하게 거래할 수 있다.

우리가 명품 시계나 가방을 살 때, 페어링된 NFT를 자연스럽게 함께 확인하고 구매하는 일이 머지않아 보편화될 것이다. 대표적인 글로벌 럭셔리 기업들도 처음에는 메타버스에서 아바타에 입힐 수 있는 가방, 의류, 신발을 컬렉터블 아이템으로 판매하는 시도를 했고, 실물 상품과 페어링한 NFT 발행을 준비했다. LVMH, 리치몬트, 프라다 3사는 '아우라' 블록체인 컨소시엄을 구성했는데, 이를 기반으로 한 정품 인증 시스템을 준비 중이다. 럭셔리 기업으로서는 NFT를 도입해 짝퉁 거래를 막고, 명품 리셀 시장에서 소비자 간 2차 거래 수수료도 받을 수 있다.

명품과 같은 원리로 우리가 좋아하는 예술 작품을 NFT로 구매하고 인증하며, 동시에 실물 오브제로 소장하는 것도 가능해졌다. 뉴욕 기반의 블록체인 스타트업 플립킥Flipkick은 조각이나 회화 등 실물 작품이 NFT와 페어링된 원본이 맞는지를 전문가가 아닌 암호 기술로 인증하는 서비스를 제공한다. 과거에는 인증과 관련해 예술 작품 경매 시장이 수집 수요를 독점했다면, 앞으로는 NFT를 통해 일반 사람들에게도 소장 수요가 대중화되는 길이 열렸다. 지금까지는 예술 작품 경매 시장이 소수의 유명 작가와 경매 회사, 부유한 컬렉터들의 영역이었다면, NFT 덕분에 크리에이터와 커뮤니티가 중심이 되는 새로운 경매 시장이 창출되고 있기 때문이다. NFT가 보다 대중화되면 우리가 좋아하는 크리에이터의 실물 책이나 음반, 그림을 실물로 소장할 수 있게 페어링한 NFT를 누구나 소유하는 시대가 올 것이다. 대중이 컬렉터로 나선다면, 전문가가 아닌 대중이 문화예술을 평가하는 취향과 기준이 중요해질 것이다.

2021년 크리스티 경매에서 NFT에 페어링된 비플Beeple의 실물 작품 〈우주비행사 조각Astronaut Sculpture〉이 2,900만 달러에 팔린 바 있다. 레픽 아나돌Refik Anadol은 게임, 자연, 도시 등에서 나오는 데이터를 재료로 움직이는 이미지를 만드는 아티스트다. 그는 동대문 DDP의 건축물을 캔버스 삼아 이루어진 미디어아트 쇼 '서울라이트'의 총감독으로 활동하기도 했는데, 이러한 미디어 작품들이 NFT와 페어링되어 판매된다.

NFT와 페어링된 아트 작품의 전용 전시 공간이 국내외에 생겨나고 있다. NFT 아트 작품의 경우 감상할 수 있는 실물 오브제와 페어링하면, NFT 구매자들은 실제로 이 작품을 소유했다는 느낌을 받게 된다. 글로벌 아트페어 '키아프 서울KIAF SEOUL'은 2022년부터 '키아프 플러스'를 신설해 관객들이 미디어아트 작품과 함께 NFT 아트 작품도 현장에서 감상할 수 있는 자리를 마련했다. 앞으로는 디지털아트 작품뿐만 아니라 크리에이터의 책이나 음반 등 실물화된 콘텐츠를 NFT와 페어링해 소유하고,

전시하고, 감상하는 새로운 경험이 가능할 것이다.

디지털 콘텐츠는 발견과 소비가 편리하지만 시간이 지나면 잊힌다. 일반 오디언스의 경우 스트리밍이나 오디오북 같은 콘텐츠의 디지털 소비에 아쉬움이 없지만, 팬덤 소비자는 좋아하는 크리에이터의 콘텐츠를 일상에서 재경험하고 소장하면서 오래 누리기를 원한다. 이때 NFT는 콘텐츠의 디지털 소비와 아날로그적인 경험을 연결하는 브리지 역할을 할 수 있다. 디지털 플랫폼을 통해 콘텐츠를 대중에게 유통하되, 팬덤 소비자에게는 실물로 소장할 수 있는 책이나 CD 음반, 디지털 액자로 감상할 수 있는 그림을 NFT와 함께 판매하는 것이다. 소장품은 수량이 한정되어 있어 NFT 페어링 이후 소장을 원하는 소비자는 NFT 홀더에게 구매하게 되고, 소유권 이전에 따른 일정 수수료는 원저작자인 크리에이터에게 돌아간다.

실물과 페어링된 NFT는 크리에이터가 원본 콘텐츠의 상징성과 희소성을 가치화하기에도 좋다. 인기 웹툰 작가나 소설 작가들은 직접 손으로 편집한 흔적이 남아 있는 작품의 초안을 실물 책으로 소량만 찍어 낸 후 NFT를 통해 경매 방식으로 판매할 수 있다. 인기 작품의 원본 창작 과정을 팬들에게 소장할 수 있는 가치로 만들어 주는 것이다. 한정판의 진위는 NFT로 인증할 수 있기 때문에, 팬들 간 NFT 페어링 작품의 거래가 투명하고 신뢰성 있게 이루질 수 있다. 크리에이터는 실물 NFT를 수익으로 접근하기보다, 콘텐츠의 가치를 기억하고 소장하는 문화를 만들어 가는 데 초점을 맞추는 것이 좋다.

⑦ 화이트리스트와 에어드랍

화이트리스트와 에어드랍은 NFT 소유자를 대상으로 한 인센티브 부여 수단이다. NFT 시장이 뜨거울 때 화이트리스트에 포함된다는 것은, NFT 소유자가 프로젝트의 NFT를 지속적으로 보유하도록 제공하는 보상의 하나였다. 기존 홀더들은 신규 민팅에서 NFT를 우선적으로 또는 민팅가보다 낮은 가격에 구매할 수 있는 화이트리스트에 포함되어, NFT를 구매하기만 하면 더 높은 가격으로 되팔 수 있었다.

에어드랍은 NFT를 무상으로 받는 것으로, 홀더들을 NFT 프로젝트의 이벤트나 마케팅에 적극 참여시킬 수 있는 보상책이 되었다. 민팅 소식 등을 트위터로 공유하거나, 홀더들이 게임에 참여하거나 아이디어를 응모한 대가로 NFT를 에어드랍 받은 후 되팔면 이익을 얻을 수 있었다. 화이트리스트로 구매하거나 에어드랍 받은 NFT를 곧바로 매물로 내놓는 이들도 많아, 프로젝트의 성장까지 장기 보유를 계획한 홀더들은 이들을 달가워하지 않기도 했다.

독립 크리에이터가 발행한 NFT의 소유자들은 투자자 성향보다는 팬덤 성향이 높다. 이들은 크리에이터에게 충성도가 높으며, 음악, 웹툰, 영상 같은 NFT의 오리지널 콘텐츠의 소비자다. 따라서 크리에이터는 팬들에게 제공하는 화이트리스트와 에어드랍을 경제적인 인센티브보다는 소장 욕구와 재미를 함께 부여하는 수단으로 더 유리하게 활용할 수 있다.

크리에이터에게 화이트리스트와 에어드랍은 기존 NFT에서 세계관을 확장하는 캐릭터나 아이템을 NFT 소유자들에게만 우선 선보여, 확장된 IP를 기반으로 한 게임이나 웹소설 등의 콘텐츠를 출시하기에 앞서 팬덤을 연결하는 수단이 될 수 있다. 기존 홀더에게 신규 NFT를 우선 구매할 수 있게 하거나, 신규 NFT를 에어드랍해 호기심을 자극하고, 이후에 연결된 세계관을 공개한 뒤 새로운 캐릭터가 등장하는 콘텐츠를 출시할 수 있다. 에어드랍의 경우 NFT를 보상받기 위해 달성해야 하는 퀘스트 같은 게임적 요소를 도입하면, 참여자들의 재미와 몰입을 증가시키는 효과를 볼 수 있다.

자신만의 우주가
모두의 우주로,
메타버스

Chapter 05

메타버스에서 활약하는 크리에이터들

"우리는 함께 광대한 크리에이터 이코노미를 열어 갈 것이다."

2021년 10월, 마크 저커버그는 세계 최대 소셜미디어 기업 페이스북의 사명을 메타Meta Platforms Inc.로 교체한다고 공식적으로 발표하며 위와 같이 말했다. 90분간 메타가 꿈꾸는 메타버스에 대해 열변한 저커버그는 "메타버스 콘텐츠 크리에이터를 육성하는 데 1억 5,000만 달러(1,800억 원)를 투자할 것"이라고 밝히며 이를 통해 "수조 달러의 디지털 커머스 생태계가 구축되고 수백만 개의 크리에이터와 개발자 일자리가 탄생할 것"으로 자신했다.

메타버스는 우리가 살아가는 현실 세상(유니버스)이 가상(메타)과 결합되고 아바타의 모습으로 다른 사람들과 상호작용하는 가상공간이다. 코로나 기간에 우리는 원격 근무, 콘서트, 대형 콘퍼런스, 선거 유세 같은 현실 세계의 일을 그대로 메타버스에서도 할 수 있음을 실감했다. 메타버스는 나의 아바타를 표현하는 공간이 되었고, 사람들은 메타버스에서 보여지는 자신을 꾸미기 위해 아이템을 구매했다. 현실에서 갖지 못하는 부동산 대신 가상 토지를 사기도 했다. 나를 위한 소유, 타인과의 소통, 창작과 재미 같은 현실 세계의 욕구들도 메타버스에서 그대로 드러났다. 이런 메타비스의 내용이 2000년대 초에 등장했던 소셜미디어 '세컨드 라이프'나 '싸이월드'와 흡사하다며 새로울 것이 없다고 생각하는 사람들도 있다. 하지만 자신의 창작물로 수익을 창출하는 크리에이터 이코노미의 유무에 중요한 차이가 있다.

메타는 2021년 10월 페이스북 커넥트 행사에서 '호라이즌 월드Horizon Worlds'라는 메타버스 플랫폼을 선보였는데, 바로 여기에 이러한 메타버스상像이 그대로 담겨 있다. 메타는 사명 변경 후 오큘러스Oculus를 인수했고, VR 헤드셋인 메타 퀘스트Meta Quest를 개발해 하드웨어에서 소프트웨어와 콘텐츠에 이르는 메타버스 생태계를 구축하겠다는 비전을 보여 주었다.

그런데 '메타버스' 하면 어떤 서비스가 떠오르는가? 가장 먼저 떠오르는 것은 '호라이즌 월드'가 아니라 '로블록스', '더샌드박스', 네이버의 '제페토'일 것이다. 메타의 호라이즌 월드는 영화 〈레디

플레이어 원〉에서처럼 VR 헤드셋을 착용하고 현실보다 더 매력 있는 가상 세계를 경험하는 미래의 기술상을 중심으로 서비스의 콘셉트를 소구했다. 이에 반해 트렌드는 아직 발전 중인 VR 기술보다 메타버스에서 자연스레 창작의 재미를 누리고, 메타버스 안에서 형성되는 크리에이터 이코노미에 참여하는 방향으로 흐르고 있다. 마크 저커버그 2023년 3월 향후 메타의 투자 최우선순위는 AI라고 밝히며 메타버스 사업에서 힘을 빼는 모습을 보이기도 했다.

로블록스, 더샌드박스, 제페토의 핵심적인 공통분모는 '메타버스', '크리에이터 이코노미', '사용자 제작 콘텐츠UGC' 중심이라는 점이다. 게임 회사들은 직접 대규모 개발팀을 투입해 게임을 만들고 출시한 뒤, 게임 내 유료 아이템과 재화 구매를 유도해 회사의 수익을 극대화하는 전략을 펼쳐 왔다. 반면 메타버스 게이밍 플랫폼들은 콘텐츠 창작자와 소비자를 연결하는 플랫폼 역할을 하고 있다. 이들은 점차 웹3.0 기술을 접목해, 플랫폼에 기여한 사용자에게 보상하는 토큰 이코노미를 조성하고, 콘텐츠를 기반으로 한 NFT 크리에이터 이코노미를 발전시킬 기회를 만들고 있다. 브랜드들은 메타버스 내에 IP를 구축하고, 크리에이터를 브랜드 IP를 재생산하고 확장시킬 파트너로 인식하고 있다.

메타버스 게이밍 플랫폼은 전문가가 아닌 일반 사용자가 콘텐츠와 아이템을 쉽게 만들 수 있는 게임 엔진과 디자인 툴, 튜토리얼을 제공한다. 대표적으로 로블록스 스튜디오나 제페토 스튜디오가 그러하다. 아이템을 판매할 수 있는 마켓플레이스를 만들고, UGC 게임의 수익을 크리에이터에게 배분하기도 한다. 사용자의 콘텐츠 창작 및 게임 플레이 행위를 보상하는 토큰 이코노미도 선보이고 있다.

지금까지 메타버스에서 실험했던 토큰 이코노미는 크게 3가지 형태로 나타난다. 첫 번째는 로블록스처럼 개인 크리에이터가 만든 UGC 게임이 유통·플레이되고, 크리에이터에게 게임 판매 수익을 게임 토큰으로 보상하는 형태다. 두 번째는 액시인피니티Axie Infinity처럼 게임을 하면서 사용자가 가상화폐 형태의 돈을 버는 P2EPlay to Earn 형태다. P2E 게임은 돈을 벌 수 있다는 점 때문에 붐이 일었고, 스테픈Stepn처럼 운동을 하면서 돈을 버는 M2EMove to Earn로까지 유행이 번지기도 했다. 그러나 지속 가능하지 않은 구조 때문에 빠르게 붐이 꺼지는 현상도 나타났다. 세 번째는 더샌드박스처럼 NFT 형태로 크리에이터가 만든 메타버스 아타바와 에셋, 게임을 판매할 수 있는 형태다.

10대들의 놀이터가 된 메타버스, 로블록스

로블록스Roblox는 미국의 10대들이 주축이 되어 크리에이터이자 사용자로 참여하는 메타버스 게이밍 플랫폼이다. 로블록스는 게임을 만드는 회사가 아니고, 누구나 쉽게 게임을 만들고 퍼블리싱해 돈을 벌 수 있게 해 주는 오픈 월드 개념의 플랫폼이라는 점이 특이하다. 크리에이터에게 콘텐츠 제작 도구인 로블록스 스튜디오와 퍼블리싱 플랫폼을 제공하며, 사용자가 게임 내 화폐인 로벅스Robux를 써서 사용료를 지불하고 게임을 하면, 그 수익을 크리에이터와 로블록스가 나누는 방식으로 운영된다.

로블록스의 최고 인기 게임 중 하나인 '탈옥수와 경찰Jailbreak'은 1999년생 크리에이터 알렉스 발판즈가 만들었다. '탈옥수와 경찰'의 누적 플레이어 수는 48억 명이고, 게임 내 아이템 판매액은 연간 수십억 원에 이른다. 알렉스는 로블록스에서 만난 친구와 아홉 살부터 게임 만들기에 몰두해서 고등학교 3학년이던 2017년에 이 게임을 내놓았다. 로블록스에는 알렉스처럼 어렸을 때부터 로블록스로 게임 제작과 코딩을 배운 크리에이터가 상당수다. 로블록스에서 올린 수익이 10만 로벅스(약 140만 원) 이상이 되면 로벅스를 현금으로 출금할 수 있다. 로블록스 내 게임 크리에이터는 800만 명 이상이고, 2021년까지 크리에이터에게 지급된 수익은 2억 달러(약 2,800억 원)에 달하며, 1인당 평균 1만 달러(약 1,400만 원)의 수익을 올린 것으로 나타났다.

메타버스 하면 어른들은 VR 기술과 가상공간의 사무실이나 일을 떠올리는데 반해, 10대들은 그냥 로블록스를 메타버스라고 생각한다. 로블록스에는 크리에이터만큼이나 소비자 역시 Z세대가 많다. 미국 Z세대의 55%가 로블록스에 가입했으며, 이들은 하루 평균 2.6시간을 로블록스에서 보낸다고 한다. Z세대에

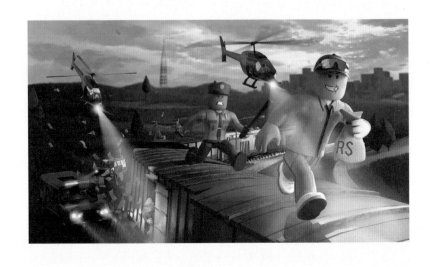

누적 플레이어 48억 명에 달하는 '탈옥수와 경찰' 플레이 화면

출처: 로블록스 홈페이지

게 로블록스는 게임을 하는 곳일 뿐만 아니라, 다른 플레이어들과 만나는 소셜미디어이기도 하다.

로블록스는 초보자도 사용할 수 있는 '게임 엔진'인 로블록스 스튜디오를 크리에이터에게 제공한다. 게임 엔진이란 게임에 공통적으로 사용되는 캐릭터, 옷, 액세서리, 지형 등을 프리셋 형태로 제공하고, 크리에이터가 아이디어만 있으면 간단한 조작만으로 게임을 만들 수 있게 한 개발 도구다. 유니티나 언리얼이 대표적이다. 로블록스 스튜디오를 사용하면 많은 오브젝트가 프리셋으로 제공되기 때문에 정교한 디자인은 어렵지만, 기초부터 모든 것을 개발해야 하는 수고를 덜 수 있다. 이런 효율성 덕택에 1인 혹은 소규모 팀의 크리에이터가 게임 엔진을 이용한 게임 제작에 나서고 있다. 또 로블록스 스튜디오는 코딩을 할 줄 모르는 사용자도 그래픽 UI(사용자 인터페이스)로 조작하면서 프로그래밍을 하고 결과를 플레이해 보면서 직관적으로 터득할 수 있다. 로블록스로 게임을 만드는 10대들은 로블록스 스튜디오로 게임을 만드는 과정 자체가 재미있어서 다른 플랫폼보다 로블록스에서 창작활동을 하는 것이 즐겁다고 말할 정도다.

로블록스는 사실 웹2.0 초기부터 UGC 게임의 시대를 열었다. 로블록스 스튜디오는 2007년에 도입되었고 가상화폐 로벅스도 2013년에 생겼다. 그런데 로블록스가 큰 인기를 끌게 된 것은 2010년대 후반부터 10대들이 게임 크리에이터로 나서면서 또래 플레이어들이 대거 유입되었기 때문이다. Z세대 플레이어들은 유튜브에서 로블록스를 플레이하는 영상을 보고 흥미를 얻었고, 또래 친구들의 초대로 직접 게임을 해 보고 빠져들면서 확산되었다. 어린이 게임 크리에이터들은 처음에는 단순한 버추얼 룸을 만들고 아바타의 모습으로 다른 또래들과 게임 안에서 돌아다니는 것을 재미있어 하다가, 점차 복잡한 형태의 게임을 만들고 로벅스로 보상받는 것을 즐기게 되었다.

웹3.0과 메타버스 결합의 선두주자, 더샌드박스

대표적인 블록체인 기반 메타버스 플랫폼으로 '더샌드박스 The Sandbox'가 있다. 더샌드박스는 애니모카브랜즈Animoca Brands 의 자회사로 지난 2021년에 소프트뱅크 등으로부터 1,100억 원 (9,300만 달러)의 시리즈B 투자를 받았다. 투자 시점 기준 더샌드박스 내 가상 토지인 랜드LAND 소유자가 1만 2,000명이 넘고 플랫폼 내 판매액이 1,700억 원을 웃돌았다.

더샌드박스의 이승희 한국사업총괄 이사는 "메타버스가 기존 디지털 서비스와 구분되는 중요한 특징은 사용자와 생산자 간 경계가 없어진다는 점"이라며 "우리는 이런 세계를 조성하기 위해 UGC와 블록체인 NFT를 기반으로 삼았다"고 이야기했다. 더샌드박스는 2차 창작, 게임, 아바타 및 아이템 등 다양한 UGC로 제작되고, NFT로 판매할 수 있도록 콘텐츠 제작 툴과 크리에이터 생태계를 함께 제공하기 시작했다.

우선 더샌드박스는 다양한 글로벌 IP가 랜드를 구입하여 메타버스를 구축하게 하는데, 단순히 글로벌 IP 사업자의 사업적 이익을 보장하는 형태가 아니다. 크리에이터가 함께 수익을 누릴 수 있도록 저작권 공유, 2차 창작 장려 및 NFT 거래를 통한 수익화 방안도 함께 준비하고 있다. IP 사업자들도 더샌드박스와 파트너십을 맺어, 오리지널 콘텐츠를 즐기는 동시에 재생산하고 확산하는 '팬슈머(Fansumer, 상품이나 브랜드의 생산 과정에 참여하는 소비자)' 비전을 모으고 있다.

SM엔터테인먼트는 더샌드박스와 파트너십을 맺고 있다. 이와 관련해 이수만 총괄 프로듀서는 2022년에 열린 제3회 세계문화산업포럼에서 "메타버스 세상에서 저와 SM이 만드는 오리지널 콘텐츠인 킬러 콘텐츠는 전 세계 K-Pop 팬덤과 프로슈머의 리크리에이션을 통해 가치가 극대화될 것이다. 누구나 창조 활동을 즐기는 메타버스 엔터테인먼트 세상을 만들기 위해, 저는 미래의 음악, 영상, 디자인, 게임 등 범문화창조산업을 위한 새로운 비전 'P2C\ :sub:Play to Create'를 제안했으며, 컬처 테크놀로지를 확장해 창조성을 일깨우고 창작을 통한 경제활동이 가능한 새로운 P2C 생태계를 구축하고 있다"고 말했다. K-Pop이라는 슈퍼 IP를 일구고 산업화한 이수만 프로듀서가 크리에이터 이코노미와 엔터테인먼트 사업을 메타버스로 연결하려는 시도는 자못 흥미롭다. 메타버스에서 K-Pop 콘텐츠를 재생산할 수 있도록 콘텐츠 에셋을 과

더샌드박스가 제공하는 NFT 제작 툴 복스에딧
출처: 복스에딧 홈페이지

감히 개방하고 창작에 필요한 컬처 테크놀로지를 제공해, 누구나 '놀면서 창조하는P2C' 데 이용할 수 있게 하겠다는 것이다.

더샌드박스가 지향하는 '오픈 메타버스'에는 K-Pop 콘텐츠 외에도 뷰티, 패션, 명품 등 브랜드나 게임, 영화, 캐릭터 등 다양한 IP들이 더샌드박스 같은 메타버스로 들어와 UGC 생태계에 적극적으로 IP를 개방하고자 할 것이다. 이때 NFT가 메타버스의 IP 에셋을 소유하고 거래 가능하게 하여, '2차 창작'이라는 크리에이터 이코노미의 새로운 시장을 열어 갈 것이다. 더샌드박스 COO인 세바스티앙 보르제Sebastien Borget는 "스눕독, 워킹데드, 스머프, 뽀로로에 등장하는 캐릭터를 모두 모아 나만의 이야기를 만들고, 이를 수익화할 수 있는 장소는 더샌드박스가 유일하다"라고 말했다. 사업자들이 IP의 2차 창작권, 공연권 등을 크리에이터 생태계에 오픈하면, 팬슈머인 크리에이터가 NFT로 이 IP 에셋을 구매해 메타버스 생태계 내에서 'P2C', 즉 콘텐츠를 즐기면서 다양하게 재창작하고, 2차 창작물까지 NFT를 통해 수익화하는 것이다.

대형 사업자와 브랜드들이 독점적으로 개발하고 소유했던 IP의 고유 권한을 크리에이터에게 오픈하려는 탈중앙적인 시도는 이례적이나, 웹3.0 시대에는 이러한 시도가 보편화될 것이다. 브랜드는 메타버스 내에서 자신의 브랜드 플랫폼을 구축하고, 크리에이터를 브랜드 플랫폼에서 활동하게 하는 새로운 인플루언서 마케팅의 일환으로 활용될 것이다. UGC에 의해 IP 사업자의 오리지널 콘텐츠와 브랜드 가치가 확산하고 성장할 수 있으며, 메타버스 내 '팬슈머' 크리에이터들과 직접 터치포인트를 만들 수 있기 때문이다.

더샌드박스는 메타버스 내에서 사용할 수 있는 아바타 및 아바타 패션 아이템을 픽셀의 3D 버전인 복셀voxel 기반으로 만들 수 있는 '복스에딧VoxEdit'을 제공하고, 복스에딧에서 만든 에셋을 NFT 마켓플레이스에서 판매하게 해 준다. 복스에딧의 사용 방법은 간단하다. 크리에이터는 프리셋으로 제공되는 오브젝트를 이용한 모델링과 움직임을 줄 수 있는 애니메이터를 통해 간단히 아이템을 만들 수 있다. 약 20억 원 규모의 크리에이터 펀드를 조성해 복스에딧을 이용해 아이템을 만드는 복셀 아티스트에게 최소 10달러에서 최대 1,000달러의 보조금을 지급하고 있다.

더샌드박스는 게임 크리에이터 유치에도 적극적이다. 코딩 없이 게임을 만들 수 있는 '더샌드박스 게임 메이커'를 제공하는데, 게임을 만들 때 필요한 오브젝트들의 경우 복스에딧으로 만들어 판매 중인 다른 크리에이터의 아이템을 NFT로 구매할 수 있다. 더샌드박스의 목표는 이런 방식으로 게임의 크리에이터와 게임의 플레이어에게 모두 리워드를 제공하는 토큰 이코노미이며, P2E 기능도 포함하고 있다.

더샌드박스 내 모든 경제는 샌드SAND 토큰과 블록체인을 기반으로 한다. 크리에이터가 만든 아이템과 콘텐츠는 온전히 크리에이터 자신이 소유하며, 샌드 토큰으로 판매할 수도 있다. 2022년

8월에 공개한 알파 시즌3에서는 더샌드박스의 토큰 이코노미를 강화하기 위한 시즌권 형태의 NFT '알파 패스'도 출시했다. 플레이어는 알파 패스가 있으면 샌드 토큰 추가 보상 혜택, 더샌드박스 내 랜드, 아바타, NFT 컬렉션 보유에 따른 추가 보상을 받을 수 있다. 더샌드박스 유저들 역시 NFT를 구매하고, 더샌드박스의 토큰 이코노미에 참여하도록 게임 경제를 설계하고 있다.

웹3.0과 메타버스의 시너지를 노리는 제페토와 라인

글로벌 누적 가입자 3억 명을 돌파한 네이버제트의 제페토 역시 크리에이터 이코노미를 핵심 비전으로 성장하고 있는 메타버스 플랫폼이다. 크리에이터는 '제페토 스튜디오'를 이용해 자신만의 아이템과 콘텐츠를 자유롭게 만들 수 있다. 제페토 스튜디오도 템플릿 에디터 형태로 되어 있기 때문에 크리에이터가 손쉽게 3D 아이템을 만들어 판매할 수 있다. 사용자는 제페토 내에서 통용되는 화폐인 '젬'으로 개인 크리에이터가 만든 패션 아이템을 구매하고, 크리에이터는 판매 수익이 5,000젬(약 11만 원) 이상이 되면 현금화할 수 있다. 제페토 스튜디오의 가입자만 200만 명에 이를 정도로 관심이 뜨겁다. 현재 제페토의 패션 아이템 크리에이터로 유명한 렌지는 "아바타에 자신이 원하는 옷을 입히고 싶다는 마음으로 제페토 크리에이터 활동을 시작했다"면서 자신의 유튜브 채널에서 제페토 월 수익이 1,500만 원이라고 공개해 주목을 받기도 했다.

제페토는 더샌드박스처럼 글로벌 IP를 제페토 공간 내에 유치하고 있다. 크리스찬 디올, 구찌, 나이키, 랄프로랜 등 글로벌 패션 기업과 하이브, JYP, YG엔터테인먼트 같은 K-Pop 기업의 IP와도 제휴했다. 구찌는 제페토에 2021년 이탈리아 피렌체의 구찌 매장을 그대로 옮긴 '구찌 빌라'를 선보였고, 2022년에는 서울에서 열린 '구찌 가든 아키타이프' 전시의 공간과 작품을 모사한 가상공간을 선보이기도 했다. 제페토는 로블록스처럼 UGC 위주의 게임 생태계도 넓히고자 한다.

제페토는 메타버스와 NFT를 연결하는 크리에이터 이코노미 조성을 위해 NFT 사업을 추진 중인 라인 블록체인 플랫폼과도 시너지를 기대한다. 계열사인 라인의 기반은 라인 블록체인 플랫폼이다. 라인의 웹3.0 콘텐츠 사업은 크게 일본의 라인 NFT 사업과 글로벌 시장을 대상으로 한 '도시DOSI' 투 트랙으로 나뉘며, 일본과 글로벌 모두에서 창작자, 기업, 팬덤 소비자를 대상으로 NFT 사업을 진행하고 있다. 일본 사용자들이 라인 ID로 사용할 수 있는 블록체인 지갑 라인 비트맥스 월렛Line BITMAX Wallet을 운영해 오다가 2023년 3월 도시 월렛DOSI Wallet에 통합되었다. 이로써 도시 월렛은 전 세계 360만 유저가 사용하는 가상자산 지갑이 되었다.

라인 NFT(위)와 라인 도시(아래) 메인화면

먼저 자회사인 LVC 주식회사는 라인 NFT를 론칭하고 일본에서 인기 있는 애니메이션, 게임, 캐릭터 등 다양한 콘텐츠를 NFT로 거래할 수 있게 했다. 애니메이션 '기동경찰 패트레이버', 인기 캐릭터 '베타쿠마', 일본 엔터테인먼트 기업인 요시모토흥업의 한정판 NFT 동영상 '요시모토 NFT 시어터' 등을 활용한 NFT들이 판매되고 있다.

이어 라인의 또 다른 자회사 라인 넥스트는 일본 외 글로벌 시장을 대상으로 한 NFT 플랫폼인 '도시DOSI'를 출시했다. '도시'는 한국어의 도시City와 같은 어원인데, 전 세계 크리에이터, 기업, 팬덤이 스스로 가상 경제권과 도시를 만들어 간다는 비전을 담았다. 도시의 블록체인 생태계는 이러한 비전을 구체적으로 보여 주는데, '도시 스토어DOSI Store'는 기업이 NFT를 판매할 수 있는 브랜드 스토어이고, 게임과 엔터테인먼트 등 콘텐츠 특화 서비스를 이용할 수 있는 전용 NFT 지갑인 '도시 월렛DOSI Wallet', NFT 기반 멤버십인 '도시 시티즌DOSI Citizen'이 있다. 글로벌 인기 웹툰 시리즈 〈지옥〉의 세계관을 담은 '지옥'이나 CJ ENM 산하 '다이아 티비DIA TV'의 버추얼 케이팝 아티스트 '아뽀키APOKI' 같은 슈퍼 IP들과 라인의 NFT 아바타 서비스인 '알파 크루즈'도 도시 스토어에 입점한다. 알파 크루즈의 NFT를 구입하면, 크리에이터가 콘텐츠에 대한 3D 모델 데이터와 상업적 이용 권리를 부여하여 2차 창작을 유도한다는 방침을 내세우고 있다. 라인 넥스트는 NFT 생태계 확장 주도를 목표로 게임, 웹툰, 엔터테인먼트,

메타버스, 아트 등 다양한 분야의 글로벌 기업들과 파트너십을 통해 NFT 밸류체인을 구축하고 있다.

로블록스는 크리에이터를 위한 전용 게임 엔진과 아이템 제작 툴을 만들고, 메타버스에서 크리에이터 이코노미 산업을 선도적으로 열었다. 더샌드박스와 제페토, 라인 등 메타버스 플랫폼은 로블록스가 보여 준 크리에이터 이코노미 경제 모델에 웹 3.0을 접목시키려 한다. 이들은 NFT 형태로 다양한 콘텐츠 IP의 에셋을 메타버스에서 유통시키고, NFT로 구매한 콘텐츠를 활용해 2차 창작을 활성화하는 방식으로 IP 사업자와 크리에이터의 연결을 구상 중이다.

유튜브에서 메타버스로, 장르를 넘나드는 버추얼 유튜버

'버추얼 유튜버Virtual YouTuber, VTuber' 혹은 버추얼 스트리머 Virtual Streamer는 실제 사람은 아니지만 유튜브, 트위치 등에서 활동하는 가상의 2D, 3D 아바타 캐릭터를 말한다. 초기에 이들은 모션캡처 기능을 활용하여 스트리밍 인터넷 방송에서 주로 활동했다. 하지만 이제는 엔터테인먼트, 음악, 예능, 애니메이션, 드라마처럼 다양한 장르를 넘나들며 출연하고, 이를 기반으로 새롭고 강력한 캐릭터 팬덤을 키워 나가고 있다.

2016년 스스로를 버추얼 유튜버로 소개하며 이 장르를 개척한 일본의 '키즈나 아이'는 고도의 모션캡처 기술과 성우의 뛰어난 역량이 결합하여 시청자를 콘텐츠에 몰입시키는 탁월한 감정 표현 능력을 보여 주었다. 전성기의 키즈나 아이는 유명 연예인 못지않은 많은 활동을 했는데, 발표한 노래가 여러 차례 음원 차트 순위에 오르기도 하고, 니코니코 초파티, 유튜브 팬페스트재팬 등에서 팬들과 무대를 가지기도 했다. 또한 피규어 상품을 출시하거나 편의점 로손 등 기업들과의 콜라보레이션은 물론, 일본 관광국의 공식 홍보대사로 임명되어 활동하기도 했다. 이처럼 키즈나 아이는 버추얼 유튜버라는 새로운 장르를 만들고 이를 통한 새로운 비즈니스 영역을 개척했다.

일본에서는 버추얼 유튜버를 기업적으로 육성하고 수익화 사업을 전개하는 전문 기업들을 중심으로 크리에이터가 참여하는 메타버스 콘텐츠가 산업화되고 있다. 대표적인 기업은 2022년 6월 8일 도쿄 증권거래소에 상장된 일본기업 애니컬러Anycolor이며, 비상장기업인 홀로라이브Hololive 프로덕션도 있다.

애니컬러는 160여 명의 버추얼 유튜버를 보유하고 있으며, 시청자들이 라이브 스트리밍 일정을 확인하고 굿즈도 구매할 수 있는 니지산지nijisanji 앱을 개발했다. 캐릭터와 영상, 음악, 뮤직비디오 등 콘텐츠 IP와 D2C 앱은 애니컬러가 개발하고, 소속 크리에이터는 라이브 스트리밍을 통해 캐릭터의 개성과 재능을 표현하고 시청자들과 소통한다. 이런 분업화 덕택에 많은 사람이 니지산지의 버추얼 유튜버에 쉽게 도전할 수 있다. 니지산지가 보유한 유튜브 채널의 연간 총 시청시간은 2020년에 약 2억 7,000만 시간, 2021년에 약 5억 시간, 2022년에 6억 4,000만 시간으로 지속적으로 성장했다. 2021년에는 니지산지 영어 버전을 출시하고 한국, 중국, 인도, 인도네시아에서 현지화한 스트리밍 채널들이 발전하면서 애니컬러는 급성장했다. 애니컬러는 일본뿐만 아니라 중국, 한국 등 해외에서도 니지산지 오디션을 개최하여 해당 국가의 크리에이터를 모집하고, 현지 크리에이터가 직접 시청자들과 라이브 스트리밍을 하며 팬덤을 키우고 있다. 또한 현지 직원들이 직접 해외 크리에이터를 매니지먼트하여 그 수준을 관리한다. 플레이보드 웹사이트인 유튜브 글로벌 슈퍼챗 수익 순위 톱 100에서 애니컬러 같은 기획사에 소속된 버추얼 유튜버가 가장 큰 비중을 차지할 정도로 관련 시장이 확대되고 있다.

한편 국내의 대표적인 버추얼 유튜버로는 아뽀키APOKI, 대월향, 우왁굳의 와타버스WAKTAVERSE 등이 있다. 이러한 버추얼 유튜버로는 아뽀키처럼 애니메이션에서 방금 튀어나온 것 같은 귀여운 모습에 춤과 음악이 수준급인 '엔터테이너형' 캐릭터도 있고, 대월향같이 밈이나 롤플레잉 요소들로 재미와 공감을 주는 '크리에이터형' 캐릭터도 있다.

우왁굳TV의 운영자 우왁굳은 게임 방송 유튜브 크리에이터이자 트위치의 파트너 스트리머다. 본래 게임과 관련하여 온갖 신선한 콘텐츠를 뽑아내기로 유명했던 우왁굳은 얼마전 스트리

우왁굳이 창조한 메타버스 왁타버스(위)와 세계관의 핵심 이세계 아이돌(아래)

출처: youtube @waktaverse

밍 방송의 기존 개념을 뛰어넘는 세계관을 보여 주는 메타버스 콘텐츠 '왁타버스Waktaverse'를 선보였다.

왁타버스 세계관의 핵심에는 우왁군이 기획한 프로젝트를 통해 2021년 12월에 정식 데뷔한 '이세계 아이돌(이세돌)'이 있다. 기존에 VR챗(가상현실 지향 음성 채팅 소프트웨어) 기반의 콘텐츠를 창작해 오던 우왁군은 2021년 6월에 자신의 팬커뮤니티 '우왁물'에 팬들을 대상으로 VR 기반 버추얼 아이돌 오디션 공지글을 올렸는데, 이것이 이세돌의 시작이었다. 이처럼 유명 음반사나 엔터테인먼트 기획사에서 모집을 한 것이 아니라, 개인 크리에이터 한 명이 하나의 '시청자 참여 콘텐츠'로 시작한 것이 바로 이세돌이다. 이 게시글이 올라오고 나서 약 200명이 프로젝트에 지원했으며, 이들을 대상으로 오디션을 진행했다. 이 과정도 공중파 오디션처럼 콘텐츠로 제작되어 공개했으며, 50여 일간의 오디션 끝에 최종 멤버 6명이 선정되었다.

이들은 2021년 12월 17일 디지털 싱글 앨범 〈RE:WIND〉를 발표하며 가수로 데뷔했고, 멜론 차트 80위, 벅스 1위, 가온 다운로드 차트 1위 등을 기록하며 음원 시장에서 돌풍을 일으켰다. 데뷔 뮤직비디오도 누적 조회수 1,000만 뷰를 넘을 정도로 많은 관심을 받았다. 특히 이세돌은 본 채널뿐 아니라 각각의 멤버들도 채널을 별도로 운영하고 있다. VR챗과 언리얼 엔진을 통해 뮤직비디오, 예능, 팬미팅 등 다양한 콘텐츠를 제작하며 이들만의 독특한 세계관을 구축하고 있다.

왁타버스의 사례에서 볼 수 있는 특징은, 메타버스 콘텐츠와 세계관이 대기업이 아니라 인터넷 방송인 개인 크리에이터와 그의 팬덤에 의해 만들어졌다는 것이다. 이 메타버스는 크리에이터와 커뮤니티 멤버가 함께 만들어 가는 가상 세계로, 일반적인 아이돌 데뷔와 달리 프로젝트에 필요한 물리적 비용을 훨씬 적게 들이고도 디지털 공간에서 버추얼 아이돌의 성공을 일궈 냈다. 앞으로 이러한 사례들이 늘어나면서 크리에이터와 그들의 팬덤이 함께 만들어 가는 자생적 메타버스 콘텐츠 사례는 더 많아질 것이다. 이제 더 다양한 장르를 넘나드는 버추얼 유튜버의 활동을 보게 될 것이다.

조만간 버추얼 유튜버들은 기존의 스트리밍 플랫폼을 넘어 메타버스로 활동 영역을 확장할 것으로 기대된다. 버추얼 유튜버의 강점은 3D 가상 캐릭터와 고유한 세계관으로 메타버스 콘텐츠 제작이 용이하다는 것이다. 버추얼 유튜버는 라이브 스트리밍을 통해 평소에 강한 팬덤을 구축해 놓은 만큼, 그 팬덤을 메타버스로 끌어올 수 있는 이점을 가지고 있다. 반면 '메타버스 네이티브' 크리에이터, 즉 메타버스 플랫폼에서 성장한 크리에이터는 아바타 아이템이나 게임 창작에 주력하기 때문에 IP와 팬덤이 강한 경우는 많지 않다. 버추얼 유튜버가 본격적으로 메타버스 플랫폼에서 활동하게 될 경우, 그 세계관과 팬덤이 이전되면서 메타버스 크리에이터 생태계에도 많은 변화가 일어날 것으로 기대된다.

크리에이터,
미래 세대가 선호하는 궁극의 일자리

100년 전 케인스가 예측한 세상,
남는 시간을 어떻게 할 것인가?

경제학자 존 메이너드 케인스는 1930년 발표한 에세이 〈우리 손자 세대를 위한 경제적 가능성Economic Possibilities for Our Grandchildren〉에서 "100년 후에는 일하는 시간이 크게 줄어들 것이고, 사람들은 여가 시간을 어떻게 쓸 것인지에 가장 큰 관심을 가질 것"이라고 말했다. 기술 혁신이 앞으로 경제를 크게 성장시켜 2030년쯤에는 소득이 4~8배까지 증가하고 노동 시간이 획기적으로 줄어들 것이기 때문에 부자가 아닌 지극히 평범한 사람들도 경제적, 시간적 여유를 누리게 될 것이라는 예측이었다.

1930년대까지만 해도 보통 사람들이 그것을 '누린다'는 생각을 하기 힘들 정도로 '여가'는 보편적인 문화는 아니었다. 사람들은 절대적 빈곤을 해결하기 위한 노동에 평생 대부분의 시간을 투입해야 했다. 케인스의 글에 따르면 "사람들이 일에 너무 몰입한 나머지 일을 하지 않고 여가를 보낸다는 것에 두려움이 있을 정도"였다.

　　이런 환경에서 케인스는 앞으로 여가 시간이 부자만이 아니라 평범한 사람들에게도 보편화될 것이라고 예측했다. 심지어 100여 년 뒤의 손자 세대는 경제적 풍요를 누리며 여가 시간에 무엇을 할지 고민하게 될 것이라고 했다. 더 나아가 2030년에는 돈이 삶의 목적이 아닌 수단이 되고, 삶을 진정으로 즐기고, 도덕적 원칙을 지키는 데 관심을 가질 것이라는 문화적 변화까지도 예견했다.

　　그 바탕에는 기술적 진보에 대한 믿음이 있었다. 부자가 아닌 일반 시민은 여가조차 누리기 어렵던 당대에 케인스의 예언은 미래에 대한 지나친 낙관으로만 받아들여졌다. 하지만 우리는 일상 속에서 대부분의 사람들이 여가에 관심을 가지고, 흔히 말해 '워라밸'이 중요한 시대에 살게 되었다. 가까운 미래인 2030년에는 더 그렇게 될 것으로 보인다.

주4일 근무제 그리고 크리에이터 이코노미

기술 발전이 노동 시간의 감소와 여가 시간의 증가로 이어질 것이라는 케인스의 예측은 우리나라를 비롯한 선진국에서 이미 현실화되고 있다. 2004년부터 주5일 근무제가 본격화되며 지난 20년간 여행, 레저, 창작 등 문화 활동이 사람들의 일상으로 자리 잡았고, 최근에는 유연근무제와 재택근무가 도입되면서 여러 직장 또는 여러 직업을 갖는 N잡러, 플랫폼을 통해 원하는 만큼만 선택해서 일하는 긱 워커gig worker, 그리고 나만의 콘텐츠로 새로운 기회를 만드는 크리에이터 등 새로운 근무 형태가 생겨나고 있다. 이러한 제도들 덕분에 근무 시간과 형태를 유연하게 운영할 수 있게 되면서 자신만의 여가 시간도 확보할 수 있게 되었다.

동시에 노동의 효율도 높아지고 있다. 물리적 거리를 뛰어넘어 다른 사람들과 소통할 수 있는 메타버스와 가상현실VR 기술, 원격 근무를 효율화하는 클라우드와 통신 기술이 출퇴근과 이동을 위한 시간을 대폭 감소시키고 있기 때문이다. 이런 흐름 속에 사람들이 최소한의 노동 시간을 추구하게 되면서 주4일 근무제가 시행되거나, 더 이상 근무 시간이 업무 평가의 기준이 되지 않는 시대가 곧 도래할 것이다.

일각에서는 인공지능과 로봇 기술의 발전이 가져올 무인화가 일자리를 감소시킬 것이라고 우려한다. 1930년대 미국 사람들도 기술의 진보가 가져올 실업 문제를 걱정했는데, 케인스는 기술의 발전으로 일자리가 없어지는 속도보다 새로운 일자리가 생겨나는 속도가 더 빨라질 것이라고 주장했다.

케인스의 이 주장은 지난 역사를 돌아보면 옳았다. 기술은 지난 100년간 많은 일자리를 무력화시켰지만, 우리는 계속해서 새로운 직업의 등장을, 더 많은 일자리가 창출되는 것을 목격해 왔다. 우리는 시대의 변화에 따라 등장한 새로운 일자리와 경제에 대해 초기에는 과소평가하는 경향이 있다. 하지만 그러한 변화들로 다음 세대들이 동경하는 직업이 나타난다. 아이돌, 프로게이머, 프로그램 개발자 등이 대표적이다.

여가 시간의 증대는 사람들의 창작 본능을 일깨울 것이다. 평범한 개인도 자신만의 팬덤을 만들고 새로운 가치를 만들 수 있게 되며, 크리에이터 이코노미는 계속해서 새로운 일자리를 만들어 나갈 것이다.

시대마다 달랐던 여가 시간 보내기 그리고 신산업의 등장

여가 시간이 증가하면서 사람들의 욕구는 더 높은 단계로 상승했고, 이에 따라 새로운 산업이 등장했다. 주6일제가 일반적

	노동집약적 경제	인터넷 경제	크리에이터 이코노미
근무 체제	주6일	주5일	자유로운 근무형태
여가 활동	TV시청 〉 수면 〉 가사 잡일 〉 가족과 함께	영화, 전시, 공연 관람 등 문화생활, 국내외 여행, 레포츠 활동, 동호회	크리에이터 활동
매슬로의 욕구 이론	하위 욕구 (생리적 욕구, 안전의 욕구)	중위 욕구 (소속과 애정의 욕구)	상위 욕구 (자아 존중 및 자아실현 욕구)
삶의 동기	경제적 안정, 개인의 욕구 충족보다 는 사회경제적 발전에 헌신	타인과 함께하기, 좋아 하는 것을 함께할 그룹 에 소속	타인에게 인정받기, 디지털에서 개인의 영향력과 명예
대표 신산업	텔레비전, TV 방송, 제 조업	싸이월드와 다음 카페, 멀티플렉스 영화관, 공연, 여행 산업	유튜브, 인스타그램, 메타버스, 스마트폰

이던 2000년 통계청이 발표한 한국 사람들의 생활 시간 조사를 보자. 가장 높은 순위를 차지하는 것은 TV 시청(62.7%)이었고, 휴식 또는 수면(70.7%), 가사잡일(33.5%), 사교(32.3%)가 뒤를 이었다. 적극적인 여가에 해당하는 창작적 취미(3.2%)나 스포츠(8.0%) 등은 상대적으로 그 비중이 낮았다. 사람들은 오랜 근무 시간으로 인한 피로를 늦잠과 낮잠을 취하면서 풀고, 남는 시간에는 TV를 시청하거나 집안일을 하며 대부분의 여가 시간을 보냈던 것이다. 이는 '자신'을 돌보기 위한 최소한의 행동이었다. 심리학자 에이브러햄 매슬로의 욕구 이론에 따르면 이는 생리적 욕구나 안전의 욕구에 해당하는 낮은 단계의 욕구들이다.

2004년 주5일 근무제 시행 이후에는 어떻게 변했을까? 관련 통계들에 따르면 TV 시청 시간은 여가 시간이 증가했음에도 오히려 줄었다. 영화, 전시, 공연 관람 및 동호회와 같은 문화생활에 참여하는 시간이 늘었고, 국내외 여행과 레포츠 활동 또한 크게 증가했다. 금요일에는 퇴근 후 연인과 영화를 보며 데이트를 하는 문화가 자리 잡았다. 그러자 멀티플렉스 영화 산업이 크게 확장되고, 골프, 서핑, 숙박업 등 레저 산업이 성장했으며, 해외여행 붐이 일었다.

6일에서 5일로 일하는 날이 하루 줄어들면서 직장 동료가 아닌 취미와 문화를 공유할 수 있는 사람들과의 연결과 관계가 중요해졌고, 함께 어울려 좋아하는 것을 즐기는 문화가 성숙해졌다. 이런 흐름과 함께 '인터넷 카페'나 '인터넷 커뮤니티'에서 정보를 공유하게 되면서 삼삼오오 취미를 같이하는 사람들의 사회적 커뮤니티가 발달했다. 주5일 근무제 이후에는 매슬로의 욕구 이론으로 보자면 중간 단계인 '소속과 애정의 욕구'를 충족하는 사회로 변모한 것이다.

이렇게 산업혁명 시대를 지나 인터넷혁명 시대까지 최소한의 경제적 안정과 소속의 욕구를 충족하게 되었다. 시간적 여유가 늘어날수록 사람들은 새로운 욕구에 목말라 하게 되므로 이런 현상은 당연한 것이다.

읽을거리

크리에이터의 원동력:
진정한 나로 인정받는 것

여가 시간이 보편화되고 사람들이 '자신'에 더욱 집중하면서, 자신을 표현하고 남들에게 인정받으려는 욕구가 늘어났다. 1인 미디어의 등장으로 개인의 일상을 쉽게 공유하고, 각자의 의견이나 지식을 알릴 수 있게 되었다. 따라서 이제는 노출되는 자신의 이미지와 평판이 과거보다 훨씬 중요해졌다. 1인 미디어 시대에는 자신의 재능과 개성을 맘껏 표현하고 이를 시청자에게 인정받는 것이 회사의 상사나 권위 있는 사람들에게 받는 평가보다 중요하다.

재미있는 점은 1인 미디어에서의 반응과 팬덤이 크리에이터로서 자아실현의 피드백 루프를 만든다는 것이다. 크리에이터는 구독자에게 사랑받고 진정한 내가 될 수 있다면 스스로 열심히 일하고 이것으로 동기부여를 한다. 창작의 동기가 '자아실현'에서 나오기 때문에, 이들은 초기에 경제적 보상이 적더라도 스스로 성장하고 만족하기 위해 노력한다.

크리에이터 이코노미는 참된 자신의 모습을 공유하는 경제이다. 은퇴한 유명 패션 디자이너나 올림픽 메달리스트 등 사회적으로 성공한 사람들이 크리에이터에 도전하는 이유가 바로 여기에 있다. 성공하거나 은퇴한 뒤에도 자신만의 콘텐츠를 통해 사람들과 소통하며 새로운 행복을 얻는 크리에이터로서 제2의 삶을 살아가는 것이다.

시청자들은 솔직하고 공감할 수 있는 이야기에 귀를 기울인다. 달동네에서 소박한 삶을 살면서도 스스로를 파이어족이라 칭하며 캠핑을 즐기고 음악도 만드는 유튜버 '히피 이모', 작은 방에서 독신으로 지내는 노총각의 모습을 솔직히 보여 주는 유튜버 '독거노총각', 고시원에 혼자 살면서 옥탑방에서 헬스를 하는 고3 '밍갱티비'처럼 사람들은 다양한 삶의 면면에 공감하고 진실된 지지를 보낸다. 평범한 사람들도 디지털에서 인지도를 얻고, 있는 그대로의 내 모습이 사람들에게 인정받는 새로운 경험을 하면, 이것이 이제까지 잘 느끼지 못했던 '나의 소중함', 곧 자아존중감으로 다가오게 된다.

누구나 크리에이터가 되는 시대다. 10대에 이미 크리에이터 활동을 시작한 이들도 많다. 틱톡의 매출 톱5 크리에이터는 모두 25세 이하 Z세대 크리에이터다. 회사 생활을 '졸업'하고 제2의 커리어로 크리에이터를 선택한 이들도 있다. 현재 직업이나 개인 사업체를 그대로 유지하며 크리에이터를 병행해 대중과 소통하고 나를 알려 새로운 길을 모색 중인 사람들도 많다. 은퇴 후 크리에이터 생활로 활력을 얻는 시니어 크리에이터도 있다. 이렇게 크리에이터의 길을 시작하게 되는 경로와 연령대는 다양하다.

크리에이터 활동의 목적은 단순히 돈을 버는 것은 아니다. 돈을 번다는 것은 결과일 뿐이다. 크리에이터 활동에서 돈을 버는 것과 노는 것, 사람들에게 인정받는 것은 칼로 자르듯 정확히 구분하기 어렵다. 여가 활동과 경제적 생산이 혼합되어 있기 때문이다. 크리에이터 활동은 잉여 시간에 하는 새로운 자기표현과 자아실현이면서, 재창조를 뜻하는 레크리에이션recreation처럼 새로운 사회적, 경제적 가치를 재생산한다. 사람들은 디지털 세상에서 창의적인 일을 하고 여기서 가치를 생산하는 데 주력하게 될 것이다. 이제 크리에이터는 궁극의 직업이 될 것이다.

PART 4

생성형 AI가 바꾸고 있는 크리에이터 이코노미

> 향후 3년 동안 디지털 미디어의 미래는 크리에이터와 AI, 두 가지 주요
> 트렌드로 정의될 것이다.

* 버즈피드 CEO 조나 페레티

챗GPT의 등장과
크리에이터 이코노미

Chapter 01

우리가 지금 크리에이터가 될 수 있는 이유

과거 창작의 세계에 입문하기 위해서는 창작의 원리뿐만 아니라 드로잉, 촬영, 작곡 등과 같은 창작 '기술'을 숙련된 창작자로부터 배우고 훈련을 거쳐야 했다. 어렸을 때부터 창작을 연습해온 소수의 엘리트 창작자들은 남들이 쉽게 따라올 수 없는 정도의 기술을 보유하고 있었고, 이러한 기술 편차로 인해 평범한 이들에게 창작으로 '상업적' 성공을 거두는 일은 말 그대로 하늘의 별 따기였다.

아날로그 시대에서 디지털 시대로 진화하면서 각종 편집 도구도 함께 발전했다. 편집 도구만 다룰 수 있다면 자신의 아이디어를 콘텐츠로 옮길 수 있게 되었지만, 창작의 진입장벽은 여전히 높다. 이러한 도구들을 능숙하게 다루기 위해서는 일정 기간 이상의 훈련이 필요하며, 콘텐츠를 구상하고 제작하고 편집하는 창작 과정에도 많은 시간이 필요하기 때문이다. 1인 미디어의 경우 아무리 좋은 아이디어가 있어도 많은 제작비와 다수의 전문 인력을 투입해야 하는 전문 콘텐츠를 제작하기 힘들었다. 누구나 크리에이터가 되고 싶다는 마음을 가지지만, 지금 당장 시작하지 못하는 현실적인 이유다.

이처럼 높은 진입장벽으로 둘러쌓여 있던 창작의 세계에 큰 충격을 준 사건이 2022년 11월 30일에 발생했다. 바로 대화형 인공지능 챗봇 '챗GPT'의 출시다. 오픈AI가 개발한 생성형 AI 기술인 챗GPT는 인간의 지시를 프롬프트 형태로 입력받아 이메일, 논문, 이력서처럼 지식을 활용한 논리적인 글부터 에세이, 소설, 시와 같은 감정과 맥락을 이해해야 하는 창의적인 글까지 창작해 냈다.

챗GPT는 2022년 11월 30일 GPT-3.5 기술을 기반으로 출시되었고, 2023년 3월 14일 나온 GPT-4를 적용하면서 한층 더 강력한 성능을 보여주고 있다. GPT-3.5는 텍스트 입력만 가능한 언어 모델인 데 반해 GPT-4는 텍스트와 이미지 입력을 받을 수 있는 멀티모달(multimodal, 복합 정보 처리) 모델이다. GPT-4를 사용하면 문자와 사진을 결합해 질문하고 답변을 얻을 수 있다.

가령 밀가루와 계란, 우유 사진을 올리고 "이 재료들로 요리할 수 있는 게 뭐지?"라고 물으면 GPT-4는 팬케이크와 와플을 제시한다. GPT-4는 개발자가 아닌 사람들도 아이디어만으로 웹사이트나 게임을 디자인할 수 있도록 도와주기도 한다. GPT-4 온라인 발표 영상에서 브룩맨 오픈AI 사장은 웹사이트 아이디어와 디자인을 종이에 메모한 뒤 스마트폰으로 찍어 GPT-4에 입력한 후 GPT-4가 수초 만에 메모와 거의 비슷한 웹페이지를 만드는 모습을 시연했다.

평범한 사람들을 가로막고 있던 창작의 높은 장벽들이 스타트업뿐만 아니라 빅테크 기업들이 앞다퉈 쏟아내고 있는 생성형 AI 기술에 의해 조금씩 허물어져 가고 있다. 생성형 AI 기술에 대한 뜨거운 관심은 투자금에서도 확인할 수 있다. 실제로 2021년 이후 생성형 AI에 대한 투자가 급증했는데, 가장 많은 투자금이 몰린 분야는 챗GPT를 개발한 오픈AI와 AI 기반 마케팅 콘텐츠 제작 플랫폼 제스퍼Jasper가 속한 텍스트 영역이다. 여기에만 48건의 투자로 총 8억 5,200만 달러의 투자금이 몰렸다.

그 뒤를 이은 것은 시각미디어 분야로, 58개 기업에 8억 2,200만 달러가 투자되었다. 특히 셀카 10~20장을 업로드하면 아바타를 만들어 주는 '매직 아바타' 기능으로 유명한 애플리케이션 렌사로 대표되는 'AI 아바타' 시장이 2억 5,300만 달러로 가장 많은 투자를 받았다.

생성형 AI에 대한 시장 반응과 사용자수 증가가 즉각적이고

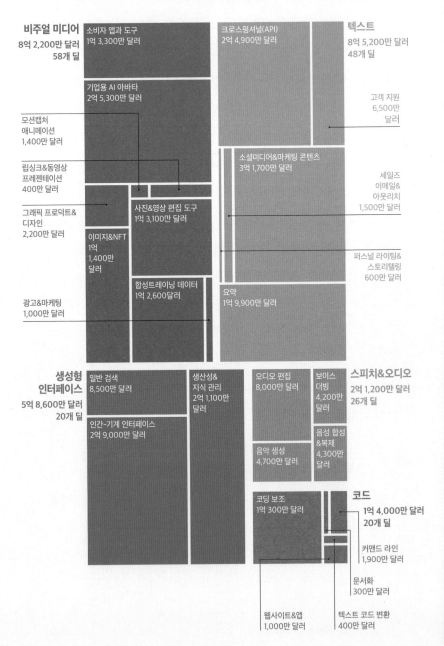

생성형 AI 분야별 투자금 분포(2021~2022)

출처: cbinsights.com

비주얼 미디어
8억 2,200만 달러
58개 딜

소비자 앱과 도구
1억 3,300만 달러

크로스펑서널(API)
2억 4,900만 달러

텍스트
8억 5,200만 달러
48개 딜

기업용 AI 아바타
2억 5,300만 달러

고객 지원
6,500만
달러

모션캡처
애니메이션
1,400만 달러

립싱크&동영상
프레젠테이션
400만 달러

사진&영상 편집 도구
1억 3,100만 달러

소셜미디어&마케팅 콘텐츠
3억 1,700만 달러

세일즈
이메일&
아웃리치
1,500만 달러

그래픽 프로덕트&
디자인
2,200만 달러

이미지&NFT
1억
1,400만
달러

퍼스널 라이팅&
스토리텔링
600만 달러

합성트레이닝 데이터
1억 2,600달러

광고&마케팅
1,000만 달러

요약
1억 9,900만 달러

**생성형
인터페이스**
5억 8,600만 달러
20개 딜

일반 검색
8,500만 달러

생산성&
지식 관리
2억 1,100만
달러

오디오 편집
8,000만 달러

보이스
더빙
4,200만
달러

스피치&오디오
2억 1,200만 달러
26개 딜

인간-기계 인터페이스
2억 9,000만 달러

음악 생성
4,700만 달러

음성 합성
&복제
4,300만
달러

코딩 보조
1억 300만 달러

코드
1억 4,000만 달러
20개 딜

커맨드 라인
1,900만 달러

문서화
300만 달러

웹사이트&앱
1,000만 달러

텍스트 코드 변환
400만 달러

구독 결제 같은 비즈니스 모델도 빠르게 도입되고 있기 때문에 투자금은 더 증가할 전망이다. 챗GPT의 경우 대중화를 측정할 수 있는 월간 활성화 사용자수MAU가 1억 명을 초과하는 데 2개월밖에 걸리지 않았다. 이는 9개월이 걸린 틱톡이나 30개월이 걸린 인스타그램보다도 훨씬 빠른 추세다.

이러한 생성형 AI 서비스는 챗GPT와 동일한 대화형 인공지능을 지향하기 때문에 복잡한 동작 원리를 몰라도, 특별한 기술 없이도 누구나 사용할 수 있다. 대화형 인공지능이라는 말 그대로, 인공지능에 명령을 내리는 데 필요한 것은 특수한 코드나 조건이 아니라 인간의 '언어'다. 글을 쓰든 그림을 그리든, 마치 친구에게 말하는 것처럼 만들고 싶은 주제를 입력하면 콘텐츠가 생성된다. 이제 인간이 해야 할 일은 어떤 콘텐츠를 만들지 구상하는 것, 그리고 인공지능이 생성한 샘플 콘텐츠를 선별해 사람들이 좋아할 만한 콘텐츠로 편집하는 것이다.

이처럼 쉽고, 재미있고, 빠르게 창작이 가능해지면서 크리에이터 이코노미는 점점 더 진화하고 있다. 크리에이터 이코노미의 진화 단계에서 살펴보았듯이, 크리에이터는 그들의 성장을 돕는 새로운 기술과 경제 시스템이 나올 때마다 적극 활용하면서 콘텐츠 시장의 새로운 강자로 부상했다. 기업이 성장하기 위해, 즉 생산성과 수익성을 높이기 위해 자본을 레버리지했다면, 크리에이터는 직접 제작한 콘텐츠, 그리고 1인 미디어 비즈니스의 생산성과 수익성을 높여 주는 기술을 레버리지해 경제적 성장을 이룬 것이다.

인간의 창작 파트너로 등판한 챗GPT

생성형 AI 툴이 대중화된다면 크리에이터 이코노미는 다시 한번 큰 변혁기를 맞이할 수 있다. 실제로 챗GPT의 등장은 AI가 인간의 창작 파트너가 되어 '누구나 크리에이터가 되는 시대'를 열었다. 실사 같은 사진이나 손으로 그린 듯한 이미지를 생성해 주는 스테이블 디퓨전이나 달리Dall-e, 웹툰을 자동 채색하는 웹툰 AI 페인터, 3D나 특수 효과를 적용한 영상을 만들 수 있는 Gen-1 등 많은 창작 AI가 실험되고 있고, 앞으로 더 좋은 창작 AI 도구가 나올 것이다.

2022년 중반까지만 하더라도 생성형 AI 기술의 영향력은 의학이나 과학 연구 분야의 생산성을 혁신하는 데 집중될 것이라 예상했다. 가트너Gartner는 〈2022년 떠오르는 기술과 트렌드 임팩트 레이더Emerging Technologies and Trends Impact Radar for 2022〉 보고서에서 생성형 AI를 영향력 높은 기술 중 하나로 선정했는데, 생성형 AI가 생성하는 데이터는 전체 인터넷 데이터의 1% 미만이지만 2025년까지 10%를 생산하며 중요한 비중을 차지할 것이라고 예측했고, 기술의 테마를 생산성 혁신으로 꼽았다. 특히 약물 발견과 개발 분야의 50%는 생성형 AI를 활용할 것이라고 했다.

하지만 출시 두 달 만에 1억 명의 가입자를 유치한 챗GPT의 사용자 분포는 의외였다. 사용자 중에는 업무에서 데이터를 다루는 과학자들도 있었지만, 대부분은 대학생, 크리에이터, 마케터와 같은 일반인들이다. 이러한 챗GPT 열풍은 앞으로 생성형 AI의 활용 분야가 콘텐츠 창작, 지식 기반 노동, 간단한 웹사이트나 게임 개발, 학생들의 학습 등 B2C(business to consumer, 기업과 소비자 간의 거래) 영역으로 넓어질 것임을 시사한다. 기존 대화형 AI 서비스인 애플의 시리Siri나 아마존 알렉사Alexa 등의 경우 문맥을 잘 이해하지 못해 엉뚱한 대답을 내놓는 경우가 많아 사용자들의 활용도는 간단한 질문과 지시를 하는 데 그쳤다. 반면 챗GPT를 사용해 본 사람들은 챗GPT가 인간의 말을 이해한다는 점에서 신기함과 편리함을 동시에 느낀다. 실제로 챗GPT가 내놓는 글을 보면 언어 능력이 뛰어나며, 사용자와 나눈 앞뒤 대화를 기억하고 문맥에 맞는 답변을 하기 때문에 거의 답답함을 느끼지 않는다.

챗GPT가 일으킨 거대한 변화의 핵심은 인간과 AI 간의 '대화적 인터페이스' 상용화에 있다. 대화 능력을 가진 인공지능 콘텐츠 창작 도구는 크리에이터에게는 파트너나 팀원이 되어 줄 수 있다. 챗GPT가 아직까지 인간과 지적으로 완전히 대등한 파트너라고 볼 수는 없지만, 대화를 주고받을 수 있는 정도의 능력은 충분하다. 1인 창작에 의존하는 크리에이터가 콘텐츠 주제를 찾고 아이디어를 기획하고 발전시키는 데 이를 활용할 수 있다면 창작 과정을 촉진하는 데 큰 도움이 될 수 있을 것이다. 크리에이터는 챗GPT를 브레인스토밍 파트너로 삼을 수 있고, 이 과정에서 새로운 영감을 받을 수도 있다. 챗GPT를 비롯한 생성형 AI

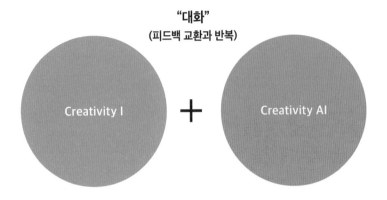

"대화"
(피드백 교환과 반복)

Creativity I **+** Creativity AI

는 사용자와 나눈 대화를 기억하고 맥락에 맞게 답을 내놓기 때문에 일관성 있는 어조나 캐릭터, 주제를 이어 가며 계속해서 인간의 피드백을 받아 블로그 글이나 영상, 영화의 스크립트, 소설과 같이 장문의 텍스트 작업도 가능하다. 이런 특성 때문에 크리에이터들은 챗GPT 등장에 어느 직종보다 높은 관심을 가지고 콘텐츠 창작에 활용하고 있으며, 온라인 커뮤니티에서 활용 사례를 공유하고 있다.

챗GPT는 기존의 방대한 데이터를 학습하고 계산해 인간의 창의성을 모사하고 조합함으로써 새로운 스타일을 만들어 낼 수 있지만, 인간처럼 자아self를 가지고 세상을 직접 경험하고 그 경험을 스토리로 풀어낼 수는 없다. 반면 인간인 크리에이터는 온오프라인 세계를 넘나들며 직접 경험한 스토리와 개성 있는 관점을 콘텐츠에 녹여 낼 수 있지만, 빅데이터를 분석하고 계산하는 컴퓨팅 파워만큼 강력하게 세상의 모든 지식과 과거 창작자들이 남긴 미적 스타일을 전부 학습하고 창작할 수는 없다.

그래서 '대화'는 생성형 AI의 창의성과 크리에이터의 창의성이 결합되고, 서로 다른 성격의 창의성을 강화하기 위한 전제가 되어 준다. 크리에이터의 개인 경험에서 나오는 창의성Creativity I과 인공지능의 빅데이터 학습 능력에서 나오는 창의성Creativity AI을 결합할 수 있기 때문이다. 챗GPT는 Creativity I(나의 창의성)와 Creativity AI(인공지능의 창의성)를 결합한 'AI-powered Creativity'로 크리에이터의 콘텐츠 창작에 패러다임 시프트를 가져오게 될지 귀추가 주목된다.

생성형 AI와
크리에이터

Chapter 02

생성형 AI, 크리에이터를 대체할까?

2016년 구글의 딥마인드DeepMind가 개발한 인공지능 알파고가 나왔을 때, 지적 노동을 동반한 많은 일자리가 인공지능으로 대체될 것이라는 전망이 나왔다. 이때만 해도 예술과 콘텐츠 창작 분야의 일자리는 인공지능이 대체하지 못하리라는 생각이 지배적이었다. 그러나 2023년 챗GPT를 비롯한 생성형 AI의 등장으로 이 전망은 180도 바뀌고 있다. 작가, 화가, 사진가, 조각가, 작곡가와 같은 창작 분야 일자리도 생성형 AI로 대체될 수 있다는 위기감이 생겨난 것이다.

콘텐츠 창작 분야에서 생성형 AI의 역할은 콘텐츠 기획부터 제작, 편집까지 전 과정에서 인간을 보조하는 것이다. 텍스트, 이미지, 목소리 등 다양한 모달리티modality의 제작 툴이 상용화되고 있고, 이 툴들을 조합해 글, 음악, 사진, 일러스트, 웹툰, 영상에 이르기까지 다양한 장르의 콘텐츠를 만들 수 있다. 실제로 〈안전지대The Safe Zone〉라는 단편 영화는 챗GPT가 각본을 쓰고 연출까지 담당하며 일주일 만에 완성됐고, MoMA(뉴욕현대미술관)와 레픽 아나돌이 협력한 'Unsupervised' 전시회는 MoMA가 소유한 근현대 미술 작품 데이터를 AI가 학습한 후 재해석해 시시각각 다른 이미지를 생성하면서 화제가 되기도 했다.

이들은 모두 시대의 기술인 생성형 AI를 활용한 창작물이다. 이러한 콘텐츠들의 제작 과정을 살펴보면 AI를 활용한 창작 방식의 특징을 확인할 수 있다. 첫째, AI를 인간의 파트너로 활용해 (대화를 통해 아이디어를 주고받는) 창작 과정에서 인간의 사고 능력을 촉진한다. 둘째, 데이터를 학습하고 예술적 형태로 표현하는 생성형 AI의 능력을 활용해 새로운 스타일의 콘텐츠를 생성한다. 셋째, AI를 창작 주제에 맞는 샘플들을 빠르게 제작하는 조수로 활용해 제작 공정과 시간을 단축한다.

AI에게 제작할 콘텐츠의 내용을 전달하고, 샘플 결과물들을 조합하고, 그것을 편집해 창작물의 완성도를 높이는 작업은 전적으로 인간의 몫이다. 또한 현재까지 생성형 AI 기술은 콘텐츠 내용에 대한 진위를 판별하지 못하고 편향된 내용도 거를 수 없

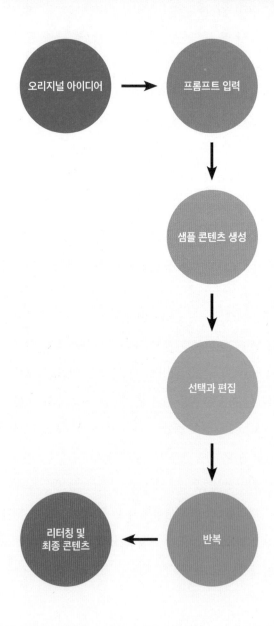

생성형 AI를 활용한 콘텐츠 제작 플로우

오리지널 아이디어 → 프롬프트 입력 → 샘플 콘텐츠 생성 → 선택과 편집 → 반복 → 리터칭 및 최종 콘텐츠

기에 윤리적 책임은 콘텐츠를 만든 아티스트나 크리에이터가 지게 된다. 생성형 AI 기반 창작 소프트웨어 기술과 활용 방식을 기준으로 볼 때 인공지능은 창작 과정의 기능적인 부분들을 보조해 생산성과 표현력을 증강시키는 방향으로 활용되고 있다. 따라서 AI가 창작 과정 전체를 '자동화automation'하고 콘텐츠를 창작하는 직업들을 대체하기는 아직까지 어렵다고 볼 수 있다.

생성형 AI로 크리에이터가 만들 수 있는 콘텐츠

블로그

챗GPT가 나오자마자 레딧과 같은 소셜커뮤니티에서는 챗GPT를 이용해 몇 분 만에 수십 개의 블로그 포스팅을 만들어 내는 팁들이 전해졌다. 먼저 브랜드 이름, 주제, 주제 카테고리별 포스팅 제목 리스트, 포스팅별 상세 작문, 포스팅에 사용할 해시태그까지 요청해 받아 볼 수 있다. 챗GPT에게 저작권에 걸리지 않는 이미지를 생성해 주는 사이트의 API(Application Programming Interface, 컴퓨터와 사람, 컴퓨터와 컴퓨터, 사람과 사람 등 서로 다른 사물이나 인간이 소통하기 위한 방법)를 사용해 적절한 이미지를 생성해 줄 것을 요청할 수도 있다.

다만 챗GPT는 이런 절차를 일일이 프롬프트로 입력해 주어야 하는 단점이 있다. 이런 단점을 보완하는 블로그 포스팅에 전문화된 생성형 AI 서비스들도 있다. 해외에서는 재스퍼, 카피 ai_Copy ai가, 국내에서는 뤼튼, 라이팅젤 등이 대표적이다. 블로그 생성 과정이 포맷화되어 있고, 카피도 추천해 주기 때문에 이용하기에 편리하다. 챗GPT의 경우 생성한 내용을 'csv' 파일로 다운로드받을 수 있는데, 블로그 발행 자동화 툴을 이용하면 이를 대량 발행하는 것도 가능하다.

그러나 생성형 AI로 생성한 블로그에서 대량으로 포스팅할 경우 블로그의 품질이 낮은 판정을 받아 검색 노출이 되지 않는 불이익을 받을 수도 있으므로 주의가 필요하다. 또한 챗GPT는 현재 2021년까지 사전학습된 데이터를 소스로 콘텐츠를 생성하기 때문에 시의성 있는 주제로 블로그를 만들기 어렵다는 한계도 분명하다. 무엇보다 단순히 챗GPT로 생성한 글을 그대로 게시한다면 경쟁이 치열한 블로그 시장에서 실제 사용자들에게 노출되기 어려울 수 있다. 차별성이 부족하기 때문이다. 챗GPT는 현재 대부분의 질문에 정형화된 답변을 하고 있는 수준인데다, 다른 생성형 AI가 생성한 글과도 유사할 수 있다. 그래서 챗GPT로 글을 작성할 때는 이를 활용해 초안의 아이디어를 얻고, 여기에 차별화할 수 있는 자신만의 아이디어와 관점을 덧붙이는 과정이 반드시 필요하다.

생성형 AI는 정보의 진위 판별을 잘 하지 못한다는 단점도 있다. 구글의 바드_Bard는 광고에서 "9살 아이에게 '제임스웹 우주망원경_James Webb Space Telescope'의 새로운 발견에 대해 어떻게 설명해 줄 수 있을까?"라는 질문에 사실관계와 다른 정보를 포함한 답변을 내놓기도 했다. 미국의 기술 전문 매체 씨넷CNET은 생성형 AI로 작성한 77건의 기사를 배포했는데, 절반 이상의 기사에서 사실관계 오류가 발견되기도 했다. 이처럼 생성형 AI가 틀린 사실을 정답인 것처럼 답변하는 현상을 '환각hallucination'이라고 부르며, 학습한 데이터와 프롬프트에 따라 편향성을 보이기도 한다. 크리에이터는 생성형 AI 툴을 사용해 생성한 포스팅을 꼼꼼히 읽어 보고 틀린 내용은 없는지, 편향되거나 부자연스러운 문장은 없는지도 체크해 봐야 한다.

팟캐스트

생성형 AI 툴은 크리에이터의 팟캐스트 제작 효율을 높여 주고, 전문 제작자가 아니어도 좋은 청취 경험을 만들 수 있도록 도와준다. 네이버 클로바더빙Clova Dubbing, 구글 텍스트투스피치Text-to-speech 등이 대표적이다. 이들 애플리케이션은 팟캐스트 대본을 만들고 텍스트를 음성으로 바꾸어 주는(더빙) 생성형 AI 기술을 통해 전문 성우나 진행자 없이도 크리에이터가 원하는 목소리로 팟캐스트 방송을 만들 수 있다. 문자 음성 전환Text-To-Speech: TTS AI는 성우가 녹음한 팟캐스트와 구분이 되지 않을 정도로 기계음이 아닌 생생한 음성 사운드를 만들어 내며, 녹음실이나 녹음 장비 없이도 언제든 간편하고 빠른 제작을 가능하게 해 준다. 국내 TTS 서비스 타입캐스트typecast의 AI는 가상 캐릭터가 말하는 모습과 싱크된 음성 콘텐츠를 생성함으로써 팟캐스트를 동영상으로 만드는 서비스를 제공한다.

더브벌스Dubverse 같은 다국어 더빙 AI를 이용하면 팟캐스트를 외국어로 제작해 배포할 수도 있고, 구글의 뮤직LMMusicLM 같은 음악 AI를 이용하면 저작권에 위배되지 않는, 즉 크리에이터에 개인화된 음원을 제작해 팟캐스트에 삽입할 수도 있다. 구글의 뮤직LM의 경우 텍스트를 입력하면 작곡을 해주는데, 이를 통해 크리에이터가 자신의 팟캐스트 주제곡을 쉽게 만들 수 있다. '이완', '수면', '집중'과 같이 크리에이터가 원하는 심상에 맞게 개인화해 주는 엔델Endel을 이용하면 명상이나 집중을 위한 팟캐스트도 제작할 수 있다.

그런데 크리에이터가 없는 AI 팟캐스트, AI 동영상 플랫폼이 고정 청취자와 팬덤을 확보할 수 있을까? 가능성은 여전히 실험 중이다. 모든 콘텐츠를 AI로 생성해 방송하는 팟캐스트 플랫폼 'podcast.ai'는 방문한 청취자가 요청한 주제들을 AI로 만들어 업로드하는 새로운 편성 방식을 취하고 있다. AI가 만든 유명인들의 인터뷰 팟캐스트는 실제 사람을 초청해 이야기하는 것처럼 생생한 수준이다. 다만 이러한 방식으로 교감 없이 인공적으로 제작된 콘텐츠가 청취자의 공감을 얻을 수 있을지는 의문이다. podcast.ai가 이 실험의 결과를 예상보다 빠르게 얻어 낼 수 있을지는 지켜봐야 한다.

Welcome to podcast.ai, a podcast that is entirely generated by artificial intelligence. Every week, we explore a new topic in depth, and listeners can suggest topics or even guests and hosts for future episodes. Whether you're a machine learning enthusiast, just want to hear your favorite topics covered in a new way or even just want to listen to voices from the past brought back to life, this is the podcast for you.

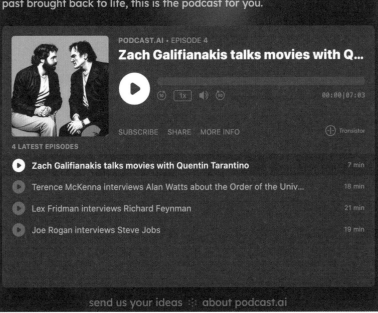

PODCAST.AI • EPISODE 4
Zach Galifianakis talks movies with Q...

00:00|07:03

SUBSCRIBE   SHARE   MORE INFO   ⊕ Transistor

4 LATEST EPISODES

▶	**Zach Galifianakis talks movies with Quentin Tarantino**	7 min
▶	Terence McKenna interviews Alan Watts about the Order of the Univ...	18 min
▶	Lex Fridman interviews Richard Feynman	21 min
▶	Joe Rogan interviews Steve Jobs	19 min

send us your ideas ⠿ about podcast.ai

podcast.ai 메인화면

웹툰

웹툰 창작 영역에서는 이미 크리에이터들이 AI를 자동 채색 작업에 많이 활용하고 있고, 효율성도 인정받고 있다. 2021년 네이버웹툰이 출시한 'AI 페인터'는 출시 당시 1만 5,000여 작품과 30만 장의 이미지를 학습시켜 사람의 얼굴과 신체, 사물과 배경을 자동으로 구분해 채색할 수 있도록 개발되었다.

AI 페인터를 활용하는 웹툰 작가들이 늘어나면서 습작 데이터가 AI 페인터에 계속해서 쌓이고 있고, 이를 통해 툴은 더욱더 정교해지고 있다. 자동 채색으로 수작업에 들어가는 시간을 절약한 후 작가의 리터칭 작업을 거치면 상업 웹툰을 제작할 수 있는 수준이다. 무협 웹툰을 그리는 고일권 작가는 "습작을 할 때 포토샵 프로그램과 태블릿용 터치펜으로 작업하면 컷당 족히 1시간은 걸렸는데, AI 프로그램을 쓴 이후로는 5분이면 충분하다"고 밝히기도 했다.

AI 페인터를 사용해 웹툰 제작 과정에서 '채색' 부분을 자동화할 수는 있지만, 스토리와 캐릭터 구상, 콘티 기획과 습작 스케치는 아직까지 크리에이터의 몫이다. 하지만 후속으로 개발되고 있는 생성형 AI 기술들은 웹툰 드로잉 과정을 자동화해 주고 있다. 네이버웹툰이 출시한 웹툰미WebtoonMe는 셀카 사진이나 쇼츠 영상 같은 다양한 이미지의 얼굴과 배경을 웹툰의 한 장면처럼 만들어 주는데, 실제 웹툰 작가들의 리터칭 기법을 모사하는 알고리즘을 적용해 손으로 그린 것 같은 자연스러운 모습을

네이버웹툰의 AI 페인터 메인화면

연출해 준다. 사용자의 스냅 사진을 웹툰 장면으로 바꿀 수 있다면, 초보 작가들은 드로잉을 하지 않고도 아이디어를 웹툰 장면으로 만들 수 있게 되는 것이다.

국내 스타트업 툰스퀘어가 개발한 '투닝Tooning'은 크리에이터가 입력한 문장의 감정과 상황을 분석해 곧바로 간단한 웹툰 장면을 만들어 주는 기술을 선보였다. 투닝은 웹툰미와 마찬가지로 실제 인물의 사진을 웹툰 캐릭터로 변환해 주기도 한다. 아직까지는 한정된 상황만 웹툰으로 표현이 가능하지만, 인물 사진을 웹툰 캐릭터로 변환해 주는 기능과 캐릭터의 표정이나 헤어스타일 등에 커스터마이징 기능을 제공하기 때문에 그림 실력이 부족해도 웹툰을 만들 수 있도록 도와준다. 이런 기술들은 궁극적으로 아이디어만 있으면 표현 기술에 제약받지 않고 빠르고 간편하게 웹툰을 창작할 수 있게 해 주는 보조 기능을 지향하고 있다.

웹툰 제작의 작업량을 현저히 줄여 주는 기술로는 한국전자통신연구원ETRI이 개발 중인 '딥툰deeptoon'을 들 수 있다. 딥툰은 작가가 시나리오와 작품 초고 스케치만 입력하면 딥러닝 시스템이 시나리오의 나머지 부분을 그린다. 작가에게는 AI가 생성한 시나리오를 편집할 수 있는 툴을 제공하는데, 딥툰의 기술이 상용화된다면 7~8명씩 직원을 두고 작업하는 전문 작가들의 생산성이 크게 높아질 수 있다.

동영상과 이미지

크리에이터들은 챗GPT와 텍스트에 맞는 영상 자료 화면을 넣어 주는 동영상 AI, 텍스트를 음성으로 바꾸어 주는 애플리케이션을 조합해 몇 분 만에 동영상을 만들 수 있는 방법을 찾아냈다. 해외 서비스인 픽토리Pictory나 국내 서비스인 비디오스튜VideoStew 등의 동영상 AI 툴은 영상의 대본 텍스트만 있으면 자동으로 관련 영상을 프레임으로 구성해 준다. 여기에 클로바더빙 같은 TTS 프로그램으로 만든 음성 파일을 넣은 후 자막을 입히면 영상이 완성되는 것이다. 이 방법을 사용하면 생성형 AI로 블로그나 팟캐스트를 만드는 과정처럼 대부분의 영상 제작 공정을 자동화할 수 있다.

하지만 이 방법으로 만들어 낸 콘텐츠들은 일반적인 지식을 읽어 주는 무미건조한 음성에 단순한 배경화면을 입혀 놓은 동영상이 많아 시청자의 흥미를 이끌기는 어렵다. 소셜미디어 사용자(시청자)들은 크리에이터의 캐릭터와 개성을 담고 있거나 몰입과 소통 요소가 있는 동영상을 선호한다. 이런 선호에 부합하기 위해서는 미적 표현이 가능한 이미지나 동영상 AI를 조합해 크리에이터가 개인화된 스타일의 영상을 만들어야 한다.

아바타 프레젠테이션 영상을 자동으로 생성하는 프로그램인 D-ID를 사용하면 크리에이터의 개인 아바타가 말하는 영상을 만들 수 있다. 개인 아바타 이미지와 텍스트만 넣으면 영상이 생성되는데, 아바타 이미지는 이미지 AI로 쉽게 만들 수 있다. 크리에이터는 달리나 미드저니, 스테이블 디퓨전 등 이미지 AI 프로그램에 실물 사진을 업로드하고 원하는 아바타 스타일을 문장으로 입력하면 아바타 이미지를 쉽게 얻을 수 있다. 영상에 삽입하는 이미지도 기존에는 셔터스톡 같은 스톡 이미지 판매회사에서 구매했지만, 이미지 AI를 이용하면 참신한 이미지를 직접 만들어서 사용할 수 있다.

이미지 AI의 경우 직접 촬영하지 않고도 실사와 구분하기 어려울 정도의 사진이나, 전문 애니메이터나 일러스트레이터가 제작한 것 같은 디테일이 살아 있는 캐릭터 이미지를 만들 수 있을 정도로 기술이 발전했다. 국내 온라인 커뮤니티에서 공유되는 70~80년대 홍콩 이미지들이 있는데, 적당히 빛바랜 모습까지 실사처럼 보이지만 상당수가 실제 촬영한 사진이 아닌 이미지 AI로 만든 것이다.

이미지 AI로 생성한 캐릭터를 보정 작업을 거쳐 상업적으로 수익을 올리는 애니메이터도 생겨나고 있다. 이러한 기술이 딥페이크 목적으로 오용된다면 문제가 되겠지만, 크리에이터에게는 창작의 선택권이 늘어나게 된 것이다.

텍스트투이미지Text-To-Image 딥러닝 모델인 스테이블 디퓨전이 나오면서 이미지 AI의 대중화는 더욱 속도가 붙고 있다. 이미지 모델에는 매우 큰 컴퓨팅 파워가 필요해 일반 사용자의 컴퓨터에서 운영하기 어려웠다.

스테이블 디퓨전보다 먼저 나온 미드저니와 달리는 이 문제를

생성형 AI로 만든 홍콩 사진

출처: ddaily.co.kr

해결하기 위해 사용자들이 클라우드 기반으로 모델을 구동할 수 있도록 했지만, 클라우드 사용 비용이 발생하는 단점이 있다. 스테이블 디퓨전은 다운로드와 설치가 필요하다는 단점이 있지만 일반적인 컴퓨터 하드웨어에서도 구동이 가능해 효율성은 더 높다. 또 스테이블 디퓨전은 오픈소스로 프로그램을 공개해, 높은 개발비를 투자하여 모델 자체를 개발하기 어려운 스타트업들도 파인 튜닝fine-tuning 과정을 거쳐 특화된 이미지 AI 서비스를 쉽게 개발할 수 있도록 하고 있다.

스테이블 디퓨전의 모델을 파인 튜닝해 개발된 이미지 AI 서비스로는 AI 프로필 사진을 만드는 '매직 아바타'로 유명한 렌사나, 크리에이터가 애니메이션 캐릭터를 그리는 데 사용하고 있는 노벨AINovel AI가 있다. 파인 튜닝을 거쳐 파생된 서비스들이 이미지 AI를 사용자의 목적에 맞게 대중화하고 있는 것이다.

크리에이터가 동영상 AI를 활용해 영화나 3D 애니메이션과 같이 고품질의 영상을 만들 수 있도록 하는 생성형 AI 기술도 개발되고 있다. 생성형 AI 스타트업인 런웨이Runway가 스테이블 디퓨전의 동영상 버전이라고 소개하며 출시한 'Gen-1'은 기존 동영상의 스타일을 텍스트 프롬프트로 변경하거나 텍스처가 없는 추상적인 3D 모형을 실제 촬영한 영상처럼 렌더링하는 등 고품질의 영상 제작이 가능하다.

Gen-1은 데모 영상에서 거리에 있는 사람들을 점토 애니메이션으로 바꾸거나 탁자 위에 놓인 책을 도시의 야경으로 바꾸

실제 영상과 점토 애니매이션 기술을 적용한 Gen-1의 영상

출처: research.runwayml.com/gen1

어 주는 등의 기능을 선보였다. 이러한 기능들을 두고 런웨이의 발렌수엘라 CEO는 "영화 제작사와 VFX 에디터가 편집 작업에 사용하는 다년간의 기술 노하우를 담았다"고 강조하기도 했다.

플랫폼 기업들도 크리에이터가 쉽게 영상을 만들 수 있는 생성형 AI 프로그램이 자신들의 플랫폼에 록인Rock-in하게 하는 요소라는 점을 인지해 '텍스트투비디오Text-To-Video' AI 서비스를 개발했다. 메타는 '메이크어비디오Make-a-Video'를 출시했고, 구글은 '페나키Phenaki'를 공개했다.

이러한 텍스트투비디오 AI 서비스는 딥페이크 영상이나, 폭력적이거나 성적인 영상을 무분별하게 제작해 올리는 데 악용될 수 있다. 동영상 AI에 유해한 단어를 포함한 동영상 창작을 요청할 수 없도록 하더라도, 애초에 웹상의 유해한 영상을 AI가 분석하는 데이터 세트에서 완전히 필터링하기는 어렵다는 한계가 있다.

출판

"과거 우리는 국민국가와 자본주의 시장이라는 상상 속의 질서 덕분에 힘을 가질 수 있었다. 그 덕분에 전례 없는 번영과 복지도 이루었다. 하지만 그 상상 속의 질서가 오늘날 우리를 분열시키려 하고 있다. 현재 우리가 마주한 커다란 도전 과제는 세계적인 규모로 새로운 상상 속의 질서를 만들되 국민국가와 자본주의 시장에 기초하지 않는 것이다. 국민국가와 자유

시장 또는 개인의 주권이나 자연의 지배에 기초하지 않은 채로
세계적인 규모로 새로운 상상 속의 질서를 만들 수 있을까?"

＊《사피엔스》 10주년 특별판 서문 중 AI가 쓴 문장 발췌

　유발 하라리 히브리대 역사학과 교수는 최근 자신의 저서인
《사피엔스》 10주년 특별판을 출간하면서 AI가 쓴 서문을 실었
다. AI에게 하라리처럼 서문을 써 달라고 요청하자 AI는 인터넷
에 있는 그의 책과 논문, 인터뷰를 수집해 글을 생성했는데, 언
뜻 보면 이 글이 《사피엔스》의 핵심 줄거리를 담은 것처럼 보일
정도로 논리정연했다. 하라리 교수는 AI의 서문이 자신이 했던
말들을 조합한 '가짜'임을 알아챘지만, 충격을 받은 것은 사실이
라고 고백했다.

　AI의 도전은 서문을 작성하는 데 그치지 않았다. 생성형 AI
프로그램을 이용해 책 한 권을 통째로 제작하는 사례도 국내외
에서 활발하게 시도되고 있다. 챗GPT로 책의 제목과 목차, 원고
를 작성하고, 삽화나 표지는 이미지 AI를 이용하면 된다. 이렇게
생성형 AI 기술을 활용하면 소설, 시, 자기계발, 철학, 경제, 역사
등 다양한 분야의 책을 획기적으로 빠르게 쓸 수 있다. 국내 한
출판사가 출간한 《삶의 목적을 찾는 45가지 방법》이라는 제목의
자기계발서는 챗GPT가 작성한 영어 원고를 네이버 파파고로 번
역하고, 표지와 삽화는 셔터스톡 AI로 만들었는데, 순수 원고 집
필에 들어간 시간이 단 7시간이라고 밝혔다. 인간의 역할은 기획

과 검수에 국한됐다.

하지만 AI로 자동으로 쓴 원고를 그대로 출판했다가는 표절 판정을 받을 수 있어 주의해야 한다. 영국의 일간지 〈가디언〉은 SF 단편을 온라인으로 접수해 발간하는 유명 사이트 '클락스월드Clarkesworld'가 챗GPT로 쓴 작품이 쇄도하는 바람에 접수를 중단한 사건을 보도하기도 했다. 표절이 문제였다. 평소 클락스월드에 접수되는 작품 중 표절 등의 이유로 거부되는 작품은 10편 정도였는데, 챗GPT 출시 후 갑자기 한 달에 100편, 500편으로 거부되는 작품 수가 기하급수적으로 늘었다고 한다. 전자책을 출간하는 킨들스토어 역시 챗GPT로 쓴 책이 급증하고 있다.

AI와 인간이 번갈아 책을 쓴 사례도 있다. 《파르마코-AI》는 인간 저자인 알라도맥다월이 글을 쓰다가 이어서 GPT-3가 쓰고, 다시 인간 저자가 이어 쓰는 방식을 반복해 집필되었다. 이 책의 소개에는 책의 집필 방식을 두고 'AI 언어 모델과 인간의 대화가 낳은 기타 문학'임을 강조하며 "GPT-3는 방대한 양의 학습 데이터를 토대로, 때때로 인간 저자가 예상치 못한 통찰을 보여주는 글을 생성해 냈다"고 평가했다. 인간과 AI가 어떻게 협력할 수 있는지 보여 주는 실험적 시도의 일환으로 볼 수 있다.

인공지능,
기회인가 위기인가

Chapter 03

크리에이터의 역설:
긴 업무 시간과 낮은 효율성

1인 미디어가 주를 이루는 크리에이터의 창작은 노동 집약적이다. 크리에이터 1인이 콘텐츠 창작의 모든 과정을 전담해야 하므로 효율성이 낮다. 일례로 일주일에 수 편의 동영상을 유튜브에 업로드하기 위해서는 전업으로 매진해야 할 정도로 기획과 촬영, 편집에 들어가는 시간이 많이 들며, 이마저도 동영상 편집 기술을 직접 보유하고 있는 경우에나 가능하다. 직접 동영상 편집을 하지 못한다면 전담 편집자를 고용해야 하는데, 1인 미디어 운영상 큰 부담이 된다.

유튜브 크리에이터들이 번아웃을 호소하는 경우가 있는데, 과도하게 긴 동영상 제작 시간 때문이다. 한국노동연구원의 〈미래의 직업 프리랜서〉 보고서에 따르면 크리에이터는 영상을 제작해 업로드하는 데 평균 35.9시간을 쓴다고 답변했다. 이를 환산하면 주 2회 업로드를 위해서는 71.8시간, 주 3회 업로드를 위해서는 107.7시간을 일하게 된다고 볼 수 있다. 요즘 크리에이터들 사이 '숏폼' 동영상 제작이 인기를 얻는 이유 중 하나는 10분 이상의 롱폼 동영상에 비해 제작이 간편하다는 점이다. 유튜브나 쇼츠(틱톡), 릴스(인스타그램)는 편집 필디를 제공하거나, 음원이나 효과음을 제공해 동영상 편집 없이 숏폼 동영상을 제작할 수 있도록 접근성을 높이고 있다.

웹툰의 경우도 마찬가지다. 한국콘텐츠진흥원의 〈2019~2021 웹툰 작가 실태조사〉에 따르면 작가들은 웹툰 창작 활동의 어려움으로 '작업 시간 및 휴게 시간 부족'과 '과도한 작업으로 인한 건강 악화'를 뽑았고, 2021년 작가들의 평균 작업 시간은 하루 10.5시간 주 5.9일로 나타났다.

상업적 웹툰 작가들이 1인 미디어 형태로만 웹툰을 제작하면 성장의 한계와 빠르게 마주하게 된다. 발상한 시나리오를 원화로 그리고 채색하기 위해서는 전문 작가 수준의 편집 도구 활용 기술이 필요하다. 뿐만 아니라 드로잉과 채색, 편집이 모두 수작업 방식이기 때문에 제작 시간도 많이 필요하다. 고퀄리티의 웹툰을 연재하면서 2차 저작물 등으로 IP 비즈니스를 확장하기 위해서는 생산성과 효율성이 중요해진다. 효율성을 높이기 위해 웹툰 작가들은 그림과 스토리, 채색과 플랫폼 계약 등의 작업을 분업하는 에이전시 혹은 콘텐츠 제작사CP에 소속되는 경우가 많다.

유튜브 크리에이터나 웹툰 작가들의 초기 수입이 낮아 이를 부업 형태로 시작하는 사례가 많다는 것을 고려했을 때, 직장인보다 크리에이터의 노동 시간이 길다는 점은 크리에이터 진입의 허들로 작용하고 있다. 콘텐츠 제작 효율성이 떨어진다면 이미 크리에이터 이코노미에 진입해 활동하고 있는 크리에이터들의 성장 잠재력 역시 충분히 발휘되기 어렵다. 크리에이터가 되기 위한 관문들을 뚫고, 고정 구독자와 콘텐츠 팬덤을 확보해 안정적으로 수입을 얻는 크리에이터들은 이제 단순히 크리에이터가 아닌 1인 기업으로 성장하고자 하는 욕구가 높다. 따라서 이때부터는 효율적인 자원배분이 필요하다.

높은 생산성과 뛰어난 상상력을 가질
미래의 크리에이터들

생성형 AI는 콘텐츠 제작뿐만 아니라 소프트웨어 개발, 번역 등 업무를 대신해 생산성을 크게 높여줄 수 있다. 특히 자원이 충분하지 않은 소기업일수록 이러한 생산성 향상의 혜택을 크게 볼 수 있다. 생성형 AI를 이용한 블로그, 팟캐스트, 웹툰, 동영상 제작 방식을 살펴보면 AI가 콘텐츠 제작 작업의 기능 일부를 자동화하고, 빠른 결과물 생성과 공정 단순화로 제작 속도를 높여 주기 때문에 생산성이 크게 높아진다. 효율성이 높아지면 크리에이터는 다양한 플랫폼에서 다양한 포맷의 콘텐츠를 만들거나 많은 콘텐츠를 빠르게 제작해 경쟁력을 높일 수 있다. 그리고 콘텐츠 제작 외에도 팬 커뮤니티 소통, 신규 비즈니스 발굴, 홍보 활동에 시간과 자원을 효율적으로 배분할 수 있다.

최근의 크리에이터들은 그들이 주로 활동하는 플랫폼을 넘어 IP를 활용해 드라마나 예능 같은 2차 지작물을 개발해 OTT에 유통하거나, 책을 출판하고 자체 플랫폼을 개발해 상품이나 서비스를 판매하고 싶어 한다. 이처럼 사업 확장을 위해서는 효율성을 높이고 동시에 기업의 신규 비전을 실행해 줄 인재를 확보해야 한다. 하지만 1인 기업, 1인 미디어에게는 쉽지 않은 일이다. 이때 인공지능 기술을 적극적으로 활용하는 것도 하나의 솔루션이 될 수 있다.

스마트폰이 1인 미디어 시대를 열었다면, 생성형 AI는 1인 미디어가 전례 없이 높은 생산성과 뛰어난 상상력을 발휘할 수 있는 두 번째 문을 열고 있다. 챗GPT의 작문 실력은 유명 작가나 연구자만큼 뛰어나고, 이미지 AI는 실사 수준의 사진과 전문 화가 정도의 그림을 만들 수 있을 정도로 강력하다. 이들을 새로운 창작의 무기로 삼은 크리에이터는 이제 전문 콘텐츠 시장까지 진입할 수 있게 됐다. 지브리나 픽사, 마블 같은 전문 제작사나 스튜디오 정도에서 높은 제작비 투자해야 가능했던 완성도 있는 콘텐츠 제작 영역까지 크리에이터가 도전할 수 있게 된 것이다.

생성형 AI는 크리에이터 이코노미의 진입장벽도 낮추고 있지만, 크리에이터가 도전할 수 있는 한계도 무너뜨리고 있다. 크리에이터 이코노미가 고부가가치 산업으로 거듭날 수 있다는 가능성을 내다볼 수 있다면, 미래 세대의 도전 역시 거세질 것이다.

생성형 AI의 윤리적 문제와 크리에이터 이코노미의 과제

새로운 크리에이터 이코노미를 열기 위해서는 생성형 AI의 기반이 되는 초거대 AI 기술의 발전이 중요하다. 그러나 생성형 AI를 콘텐츠 장르별로 전문화해 크리에이터가 실제 작업하는 환경에서 적합하게 발전시키는 것도 중요하다.

현재 초거대 AI 기술을 기반으로 한 콘텐츠 창작 AI 툴이 봇물처럼 쏟아져 나오고 있지만, 적합도가 높은 툴만이 최종적으로 살아남을 것이다. 생성형 AI의 적합도를 높이는 데 필요한 것은 크리에이터의 실질적인 데이터 인풋과 피드백이다. 이 과정에서 크리에이터는 창작 실험을 통해 피드백을 제공하고, 생성형

AI의 강화학습Reinforcement Learning from Human Feedback: RLHF을 촉진하게 된다. 즉, 생성형 AI의 데이터 세트에 양질의 콘텐츠들이 포함될 수 있어야 한다.

하지만 생성형 AI 기술을 사용하다 보면 의도치 않게 타인의 콘텐츠 저작권을 침해하는 경우가 생길 수 있다. 달리, 미드저니, 챗GPT 같은 생성형 AI 툴의 창작은 데이터 세트에 포함된 수백만 개의 개체에서 추출한 특징을 기반으로 만들어 낸 새로운 샘플에 불과하다. 기존의 창작물 소스로부터 가져온 것들을 섞어 놓은 합성물이기 때문에, 생성형 AI는 잘못 사용하면 인기 있는 콘텐츠를 쉽게 도용하고 저작권을 침해하는 카피 AI로 쓰일 위험성도 크다.

최근 이미지 AI 도구를 활용해 유명 화가 스타일의 아바타를 만들거나 그림을 그리는 것이 유행하면서, 이런 행동들이 창작자의 고민과 아이디어를 담은 실제 창작이 아니라 명령어를 입력해 기계적으로 얻은 결과물에 불과하다는 비판이 일고 있다. 미국의 일러스트레이터 로린 입숨은 〈워싱턴포스트〉와의 인터뷰에서 사진과 비디오를 편집하는 AI 프로그램인 렌사가 자신의 색깔 조합, 붓터치, 텍스처, 그림 스타일 등을 동의 없이 베껴 썼다면서, 저작권이 있는 이미지를 도용했다고 항의하기도 했다. 애리조나주립대의 컴퓨팅 및 증강된 지능 학부School of Computing and Augmented Intelligence의 서바라오 캄함파티Subbarao Kambhampati 교수는 "(고흐가 오늘날 살아 있다면) 사람들이 고흐

미드저니를 사용해 만든 반 고흐 스타일의 그림

출처: reddit.com

스타일로 자신의 사진을 만들기 위해서는 고흐에게 라이선싱 비용을 지급해야 할지 모른다"고 말하기도 했다.

생성형 AI 기업을 상대로 한 저작권 소송도 늘어나고 있다. 게티이미지 같은 디지털 이미지 판매 기업, 유명 화가, 컴퓨터 프로그래머 등이 자신들의 창작물을 생성형 AI 프로그램들이 무단으로 가져가 이용하는 것에 반대하고 나선 것이다. 타인의 창작 스타일을 그대로 따라 하는 것을 창작이라고 볼 수 있을지는, 창작의 윤리적 문제이기도 하고 경제적 문제이기도 하다.

AI 툴을 악용해 유튜브 동영상이나 웹툰을 복제하는 것을 막지 못한디면 크리에이터 이코노미는 위기를 맞이할 수도 있다. 카피 AI를 방지하고 각각의 장르에서 적합한 성능을 발휘하는 생성형 AI의 개발을 촉진하기 위해서는 앞으로도 기술, 문화, 제도적으로 보완해 나가는 노력이 필요하다. 생성형 AI는 저작권이 있는 콘텐츠를 무분별하게 참조하지 않고, 제공 동의를 받은 콘텐츠를 사용해야 한다. 또한 AI 툴을 사용해 대량 생산된 콘텐츠들은 도용에 의한 어뷰징 콘텐츠일 가능성이 높으므로 콘텐츠 노출과 광고 수익화도 막아야 한다.

이와는 별도로 생성형 AI 시장에 창작자들의 IP 가치를 경제화할 수 있는 새로운 산업과 생태계 조성을 생각해 볼 수 있다. 가령 유료 구독 방식의 생성형 AI 프로그램의 경우 데이터 세트로 콘텐츠 제공에 동의한 크리에이터에게 수익을 배분하거나 서비스 내에서 사용 가능한 크레딧을 지급할 수 있다. 대형 음반사와 협상해 음악 저작권에 대한 스트리밍 로열티 지급 구조를 만들어 성공했던 스포티파이의 사례처럼, 콘텐츠 저작권을 소유한 기업이나 작가들의 저작권을 관리하는 협회와 콘텐츠 제공에 대한 협상이 필요할 수도 있다.

각 장르마다 AI가 더 우수한 능력을 발휘하도록 피드백을 통해 강화학습을 장려하는 데 크리에이터가 참여하게 만드는 유인책도 필요하다. AI를 고도화시키는 데 필요한 피드백을 제공하는 크리에이터에게 크레딧이나 토큰을 지급하는 웹3.0 방식의 보상 구조를 만들 수 있다. 이렇게 크리에이터의 기여와 IP를 보상할 수 있는 인센티브 구조를 수립하고 협력한다면 생성형 AI 기술은 긍정적인 방향으로 나아갈 수 있다.

15세기 구텐베르크의 금속활자는 책의 대량 생산을 가능하게 하여 중산층이 글을 배울 수 있게 했다. 당시 필사본 성경 한 권의 가격은 작은 농장 하나와 맞먹었으나, 금속활자 발명 이후 한 세기가 채 지나기도 전에 그 가격이 10분의 1 이하로 낮아졌다. 이러한 인쇄술의 발전은 중세 유럽에 정보혁명을 일으켰으며, 이 혁명은 1,000여 년간 이어지던 중세의 장막을 걷어내고 르네상스로 이어졌다. 글을 읽는 능력이 대중화되자 성서, 연감, 뉴스 등의 출판 제작자는 더 많은 독자층을 확보할 수 있게 되었고, 이는 출판과 언론 산업이 확대되는 결과로 이어졌다. 즉, 구텐베르크의 금속활자를 시작으로 텍스트 콘텐츠의 생산성이 향상되어 출판물이 대중화됨으로써 출판, 신문, 뉴스라는 새로운 산업과 경제가 생겨난 것이다. 그에 비해 우리나라의 금속활자 기술은 구텐베르크보다 앞섰지만, 지식을 대중화하고 새로운 경제를 만드는 데 사용되지는 못했다. 창작 AI 모델이 창작 기술을 대중화하고 비용을 낮춰 현재보다 더 많은 아마추어 제작자들에게 기회의 장을 제공한다면, 우리는 지금까지 볼 수 없던 또 다른 크리에이터 이코노미를 실시간으로 목격할 수 있을 것이다.

epilogue

산업과 일자리의 미래 '크리에이터 이코노미'

크리에이터 이코노미는 개인의 재능, 지식, 열정이 그 출발점이며, 콘텐츠와 커뮤니티 같은 무형자산이 핵심적인 생산 기반이 된다. 이것을 만드는 주인공은 다름 아닌 자신만의 콘텐츠를 만드는 평범한 사람들이다.

이들은 특정 조직에 소속되지 않으며, 자신이 사랑하는 일을 한다.

이들은 기존의 시장이 놓치고 있던 니치한 영역에서 강력한 팬덤과 영향력을 가지고 경제적 가치를 만든다.

이들은 혁신적이고 독립적이면서 집요하게 무언가를 만들어 내는 사람들이다.

이들은 차세대 경제 혁명을 이끌어 낼 새로운 가치의 창출자이자 창의적인 경영자이다.

우리는 지금 막 크리에이터 이코노미로의 전환을 목격하고 있다.

크리에이터 이코노미에 장밋빛 미래만 있는 것은 아니다. '크리에이터 계층에 중산층은 없다'라는 지적이 나올 만큼 이들 간의 소득 격차는 매우 크다. 한국콘텐츠진흥원의 설문조사에 따르면 동영상 플랫폼 크리에이터의 월평균 소득은 최저임금 수준인 157만 원에 불과한 것으로 나타났다. 이들은 각종 사회보험에서 소외되어 있으며, 치열한 경쟁과 불안한 수입 속에서 번아웃에 쉽게 빠지기도 한다.

여기서 필요한 것은 크리에이터 이코노미를 우리가 보완하고 활용할 수 있는 방안에 대한 질문들이다. 개인, 기업, 정부는 어떠한 새로운 기회를 만들 수 있을까? 미래세대가 원하는 양질의 일자리는 무엇이고 어떤 지원을 통해 창출할 수 있을까? 창업가로서의 크리에이터를 육성하기 위해 필요한 교육, 제도, 지원 사업은 무엇이 있을까?

크리에이터 이코노미는 지금도 진화 중이다. 따라서 이러한 질문들에 성실히 답을 찾아 나간다면 더 많은 사람이 창의적인 활동을 하며 나로서의 가치를 인정받는 시대가 올 것이다.

부록

숫자로 읽는
크리에이터 이코노미

크리에이터 이코노미 규모(2022년 기준)

출처: sellcoursesonline.com

1,042억 달러
(138조 원)

국가별 전체 인구 대비 크리에이터 수

출처: overcasthq.com

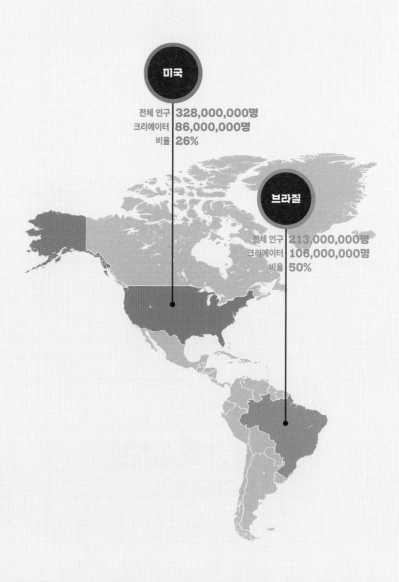

미국

전체 인구	**328,000,000명**
크리에이터	**86,000,000명**
비율	**26%**

브라질

전체 인구	**213,000,000명**
크리에이터	**106,000,000명**
비율	**50%**

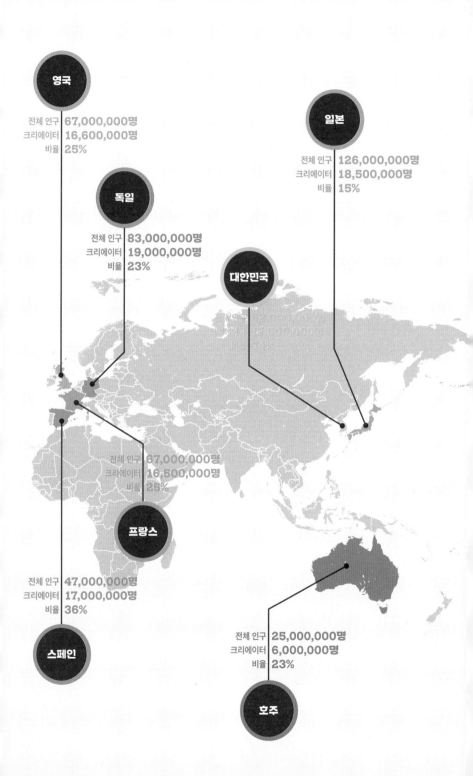

영국
전체 인구 67,000,000명
크리에이터 16,600,000명
비율 25%

일본
전체 인구 126,000,000명
크리에이터 18,500,000명
비율 15%

독일
전체 인구 83,000,000명
크리에이터 19,000,000명
비율 23%

대한민국

프랑스
전체 인구 67,000,000명
크리에이터 16,500,000명
비율 25%

스페인
전체 인구 47,000,000명
크리에이터 17,000,000명
비율 36%

호주
전체 인구 25,000,000명
크리에이터 6,000,000명
비율 23%

플랫폼별 크리에이터 총수입

출처: zippia.cpm

220,000,000달러

340,000,000달러

460,000,000달러

1,420,000,000달러

4,000,000,000달러

수익 창출 크리에이터 수(추정치)

출처: zippia.cpm

  27,000명

  177,000명

   928,000명

  2,190,000명

  3,140,000명

  4,850,000명

  5,640,000명

크리에이터의 수입원

출처 : https://sellcoursesonline.com/creator-economy-statistics

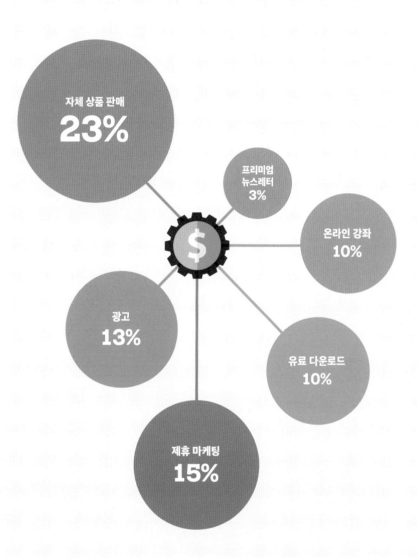

2022년 유튜브 수입액 톱5 크리에이터

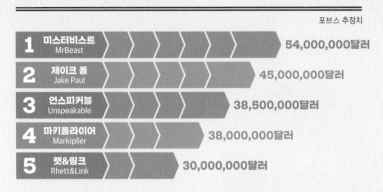

포브스 추정치

1 미스터비스트
MrBeast — 54,000,000달러

2 제이크 폴
Jake Paul — 45,000,000달러

3 언스피커블
Unspeakable — 38,500,000달러

4 마키플라이어
Markiplier — 38,000,000달러

5 렛&링크
Rhett&Link — 30,000,000달러

2023년 인스타그램 포스팅당 평균 광고 단가 톱5 크리에이터

인플루언스마케팅허브 추정치

1 크리스티아누
호날두 — 2,397,000달러

2 카일리 제너 — 1,835,000달러

3 리오넬 메시 — 1,777,000달러

4 셀레나 고메즈 — 1,735,000달러

5 드웨인 존슨 — 1,713,000달러

2022년 틱톡 수입액 톱5 크리에이터

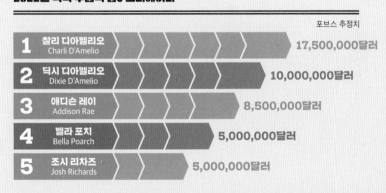

포브스 추정치

1 찰리 디아멜리오
Charli D'Amelio — 17,500,000달러

2 딕시 디아멜리오
Dixie D'Amelio — 10,000,000달러

3 애디슨 레이
Addison Rae — 8,500,000달러

4 벨라 포치
Bella Poarch — 5,000,000달러

5 조시 리차즈
Josh Richards — 5,000,000달러

1 https://influencermarketinghub.com/creator-earnings-benchmark-report/
2 https://www.ibisworld.com/global/market-size/global-movie-production-distribution/
3 https://www.forbes.com/sites/rosaescandon/2020/03/12/the-film-industry-made-a-record-breaking-100-billion-last-year/?sh=e91458f34cd6
4 https://kk.org/thetechnium/1000-true-fans/
5 https://twitter.com/ArielRenous
6 https://twitter.com/alexandre_dewez
7 'State of Crypto 2022(Andreessen Horowitz)' 중 Estimated Creator Revenues by Source*(2021) 내용을 그래프화한 것임